南方报业
是如何讲故事的

杨兴锋　江艺平 ◎主编

南方日报出版社
NANFANG DAILY PRESS

图书在版编目（CIP）数据

南方报业是如何讲故事的 / 杨兴锋，江艺平主编 ；罗永新，吴自力编选. -- 广州 ：南方日报出版社，2012.3
ISBN 978-7-5491-0542-7

Ⅰ. ①南… Ⅱ. ①杨… ②江… ③罗… ④吴… Ⅲ. ①报纸—新闻工作—广州市 Ⅳ. ①G219.246.51

中国版本图书馆 CIP 数据核字（2012）第 042332 号

南方报业是如何讲故事的

杨兴锋 江艺平 主编　　罗永新 吴自力 编选

出版发行：南方日报出版社
地　　址：广州市广州大道中 289 号
电　　话：（020）83000502
经　　销：全国新华书店
印　　刷：广州市怡升印刷有限公司
开　　本：787mm×1092mm　1/16
印　　张：16.75
字　　数：300 千字
版　　次：2012 年 3 月 1 版
印　　次：2012 年 3 月第 1 次印刷
定　　价：32.00 元

投稿热线：（020）83000503　读者热线：（020）83000502

网址：http://nf.nfdaily.cn/press/

目录

这是来自新闻第一线的“作战报告”。一次重大新闻事件的调查报道，对于记者来说，无异于一场重大战役。本章将告诉你记者是怎样的小心求证、步步为营。为真相，我们一直在路上。

第二章　来自新闻冰山下的声音 / 49

这是来自新闻冰山下的声音，是新闻背后的新闻。这里将揭示新闻真实之后的真相。新闻往往会遭遇许多不确定因素的狙击，于是许多精彩变成了“沉没的声音”。这里，正试图打捞点上来。

第三章　坚持立场还是顺应民意 / 107

对于中国媒体而言，民意是一杆秤，它度量着媒体的善恶优劣。但对一个经过详细调查、明晰事件来龙去脉的记者而言，假如民意是错误

第五章　沟通是采访的最高技巧 / 217

成功的报道总是相似的，失败的报道总是有各种各样的原因。鲍小东说，世事多艰，多少采访都必须如此曲曲折折地进行，从外围渐渐逼近核心；其实，采访并无技巧，只有沟通。

序　言

读懂复杂中国的智慧实践

展江

改革开放三十多年来，媒体领域的一大变革是，一批市场化媒体作为公民社会的重要力量诞生。若干市场化媒体最终能够在权力和资本的双重裹挟之下生存下来，最重要的就是依托它所生产的新闻的品质。一篇稿件的质量，重要的衡量标准在于它对转型中国的民主和法制的推动作用，如果再进一步说，在于它在保证每一个公民权利和生命尊严方面的力量。2003年《南方都市报》“孙志刚”案的报道之所以取得如此好的社会效果，原因就在于它是以新闻专业主义指导下的调查性报道而站在国内媒体的前沿。

深受国人期待的媒体舆论监督通常有三种形式：第一种是通过报道海量的信息，让公众知道权力是如何运用，并使权力运作透明化。第二种就是调查性报道，媒体对事件做深度报道。这是一种亡羊补牢式的监督，也被认为是最重要的监督。调查性报道影响很大，但费时、费力、风险大。第三种监督形式就是媒体发表意见，刊登各种评论，对权力滥用以及相关的现象做抨击、揭露，依托报道从个案中有所升华。

2008年6月22日，胡锦涛在人民日报社发表讲话时把我国当下的媒体划分为三种：官媒、都市类媒体、网络媒体。在这三类媒体中，毋庸置疑，对权力起到监督制衡作用的往往是都市类媒体和网络媒体，而囿于网络媒体没有采访权，只能在转发放大舆论效果上发挥强大的作用，所以真正的采访报道还要来源于都市类媒体。都市类媒体要真正承担公民社会“主心骨”的责任和力量，最终绕不开以上三种舆论监督形式。在这三种形式中，而尤以调查性报道最为当下中国人所瞩目。

调查性报道对当下中国的改革之所以管用和必要，原因在于伴随着中国经济快速发展的同时，社会矛盾层出不穷。每当一起群体性事件发生时，人们在追逐公平正义的过程中，最希望得到的就是事件的真相。乌坎事件的妥善解决就是明证。在媒体和公众舆论的追问和倒逼下，广东省委省政府最终承认了人们维权行动这一事实合情合法，从而促成事件向良性方向发展，任何扭曲真相的说法都可能促使事件向负面效果发酵。所以说，未来中国是调查性报道的天堂，这一说法并不为过。

调查性报道以深度挖掘真相、还原真相为己任。调查性报道之所以费时、费力、风险大，核心的原因在于获取真相的难度极大。引用书中的话就是，“一次重大新闻事件的调查报道，对于记者来说，无异于一场重大战役”。“潜伏富士康”报道、“77元廉租房”报道、“山西黑砖窑”报道、“汉芯造假事件”报道等在调查取证上无不如此。正因为有这么大的难度，真相的获取和还原也才是调查性报道的魅力所在。

那么，究竟怎样去挖掘和还原真相，这是个需要去做经验研究和探讨的问题。但得到学界共识的应该是，在挖掘和还原真相上必须要坚持新闻专业主义精神。只有在专业调查和取证的基础上，所呈现的事实才能够被人们所信服。新闻专业主义的打造和形成离不开两股力量，一种是他律的力量，来自于新闻法制。一种是自律的力量，来自于新闻伦理。对于新闻媒体来说，如果自律作用不成，他律的作用必然就要介入，这种介入又和新闻自由是矛盾的。因此，新闻专业主义的形成更应该依靠于媒体自身对伦理和规范的坚守。

本书中一些一线的调查记者和学者，从媒体法制和媒体伦理的角度，对新闻媒体究竟该如何挖掘和还原真相做出了实践性的回答。例如，傅剑锋从法制和伦理结合的角度，对富士康诉一财案做出了思考，在媒体的专业主义上提出了策略性的建议。这就是媒体的自律不成，必然导致他律介入的必然结果。这让读者想起了最近发生的“达芬奇”案中案，这也是媒体在资本的诱惑面前丧失职业伦理的典型案例。

在书中，记者们更多地是从媒体伦理的角度对新闻专业主义做出了思考。《邓玉娇案，一个记者的立场》、《警惕媒体与民意的断裂》、《黄健翔报道检视》、《许霆案：热点新闻我们该做什么?》、《现实的困境和媒体的选择——谈黄静案报道》、《〈南方都市报〉深度报道天地广阔——我写重庆钉子户报道的两点体会》、《窦唯与八卦焦虑症》等。这些文章在向我们展示并回答了报道该如何平衡、客观、公正、准确等问题。这些都是新闻专业主义操作过程中重要且容易犯错之处，特别是在当下自媒体时代，信息多元化在拓展话语空间的同时，也给传统新闻报道带来了难度。

通读本书，发现书中不仅呈现了记者们对采访技巧的理性思考，而且向读者展示了记者在采访过程中的辛酸而又难忘的人生经历。无论是理性思考的阐述还是采访经历的回顾，都撇开了宏大叙事，在细节处体现记者对新闻的执着与坚韧。也让我们感受到媒体法制和媒体伦理的研究对新闻专业主义的形成与推动作用之巨大。此外，南方报业的撰稿人素来注重文本的精粹，在厚重题材中展现生花妙笔，这也是南方报业的一个招牌。

对于新闻传播学界来说，本书是连接学界和业界的一座桥梁，书中一线记者们讲述的采访经历和体会以及自己对问题的思考，为学界的研究提供了鲜活的材料。学界也应该多和业界的记者们互动沟通，这样学界研究的问题才能引起业界的关注和反思，才能从业界得到超出本书以外的一些宝贵的研究资料。

本书的作者，已经离开南方报业不乏其人，有的踏进新媒体探索新路，有的成了独立专栏作家，更多的转入其他传统媒体担任要职，将南方报业的血液和基因带入更多的报刊，影响了大江南北的新闻实践，带动了新闻专业主义在国内的发展。

正因为如此，本书不仅是一线记者学习的案头书，而且是立意做深度报道记者、特别是调查性报道记者的有志之人必备的一本活教材，同时也是学界了解业界，对其进行学术研究必备的参考书。愿本书的出版在以上这些方面发挥它应用的价值。

（作者为北京外国语大学国际新闻与传播系教授）

第一章
为真相我们一直在路上

这是来自新闻第一线的“作战报告”。一次重大新闻事件的调查报道，对于记者来说，无异于一场重大战役。采访过程中有怎样的艰辛与精彩，有多少执著与无奈，“潜伏富士康”、“77元廉租房”、女教师卖身供弟上学、山西黑砖窑采访等诸多报道的全程记录，将告诉你，记者是怎样的小心求证、步步为营。为真相，我们一直在路上。

“潜伏富士康”报道出台始末

●傅剑锋

新闻人所追求的卓越之事，莫过于做一名引领者。但现实中更多时候，我们可能沉浸于痛苦中，追逐热点，疲于奔命，老调重弹。

在富士康员工连续自杀事件的报道上，《南方周末》算是相对成功的。但《南方周末》在许多新闻题材上，也是跟着别人跑的。我想以富士康的报道为例，来探讨新闻竞争中的一些成败要素。

一

这里说的引领者不是指碎片化信息的第一个发布者，而是指那种最接近全面真相的阐述者。它所呈现的事实与判断，因揭示真相与真问题本身的魅力，而被其他媒体追随、仿效，被舆论反复解读。

那么，这个意义上的引领者，必然和它在纷繁复杂的信息碎片中提炼特征、辨析方向的判断力直接相关。

当富士康员工在2010年3月出现连续自杀时，我就开始思索，它为什么会连续发生？它与富士康的管理、企业文化到底是什么关系？它与新一代工人的命运之间存在隐喻或因果吗？

A4 纵深

富士康"八连跳"自杀之谜

破解富士康员工的自杀"魔咒"

在这个悲剧的时代，同样的悲剧总是反复出现，不管是矿难、血拆，还是自杀。一个普通民众可以选择麻木与失语，但一个媒体人可能就得追问，不断地推翻成见，去寻找更加有效的观察角度与解释工具。

在这方面，给我启示最大的是新闻部总监郭光东。在江苏东海自焚血拆报道因外部原因受挫后，他就提出，我们能不能不做单一个案？我们有没有可能总结类似的个案，找到一种趋同的东西？结果，发现血拆之后，官员极少被问责是一个还没被人挖掘过的重要特征。正是在这种提炼的基础之上，有了曾轰动一时的《拆出人命的地方，官员果然个个还在》的《南方周末》头版报道。

在思考富士康时，我也在想，如何超越那些零碎的个案报道，死者与生者，他们到底有着怎样被舆论忽略又事关根本的真相呢？

不能不说，在进行这一思考时，香港社会学者潘毅的《中国女工》一书给我提供了养分。对许多问题的观察，我们只有站在专业研究者的肩膀上，才可能看得更远。

潘毅为了做这个学术研究，在深圳一家电子厂以女工身份打了一年工。她概括出中国女工身上的三座大山：权力、资本和家庭。她描述了机器异化下的女工们的无意识挣扎、重压下的尖叫和梦魇……感慨之余，我不由羞愧，为什么以前从来没有在国内的新闻报道中，看到过如此清晰、血肉丰满的中国女工形象？为什么描述中国女工的真实生态，居然不是由新闻报道，而是由一本学术著作来完成？

我只能说，不少媒体人，包括我本人，长期处于浮躁的信息生产中（像王克勤那样能沉得住气深入调查的记者太少了），有时反而迷失了对一些基本问题的关注与沉潜心态。

如"蚁族"与北京唐家岭，这么一个忧虑深重的社会现象，云集京城的诸媒体，包括南方周末，都没有发现，而是由一位踏实又敏锐的学者首先发现的。

这说明，即使你有最卓越的判断力，如果没以沉潜之心研究问题，这种判断力也是凌空蹈虚、徒有其表的空壳。我有没有可能让自己慢一点？我们的报纸有没有可能慢一点，像《中国女工》那样，以沉潜之心去描摹、探究中国工人——这个时代的基本力量之一？

在搜索了不少富士康工人的资料后，我愈加认为，这种尝试是值得的。被国外观察人士所概括的"中国模式"，很大一部分就是靠"世界工厂"支撑的。所谓"世界工厂"，其实就是利用中国低成本的资本要素资源，尤其是人力资源，为国际工业资本代工。富士康作为有80万人的全球最大的代工厂，显然有足够的样本价值。

《中国女工》的调查方式也启示我，对这个失语的巨大群体，体验式报道或许是最好的。富士康的安保措施与封闭性闻名媒体圈，以打工者身份潜入富士康，也是了解自杀之谜的不得已方法。

我在一次周会上介绍了这一设想，报社领导对这一选题无一例外地表示支持，并认为这是一个值得投入的重要选题，派记者做一个月以上暗访的设想也获批。

二

我虽然认为一个新闻人的判断力至关重要，但我又对它保持警惕。当一个媒体人对判断力过度自信，往往也就会变成偏见与成见，发现真相的眼睛就会被蒙蔽，所谓引领者一说也只能流于空谈。判断必须要随着调查本身的变动，不断地修整，甚至是推翻。调查富士康员工自杀之谜就经历了这样的冒险历程。

富士康招的普工年龄普遍在18－23岁之间，南方周末没有如此年轻的记者，武汉大学的实习生刘志毅毛遂自荐，在做了全面的安全设计防范（如外部的安全呼应、不进有毒高危车间工作的前提）后，他以普工身份潜伏进富士康，在2010年4月11日后成了一名仓库保管员。

公开采访与主笔的记者是杨继斌。他是一位出色的调查记者与特稿记者。更重要的是，他对富士康这个选题有激情、有冲动、有想法。

确定选题几天后，分别又有三名富士康员工在4月6日、7日跳楼，“六连跳”触目惊心。

杨继斌也在4月11日后开始在深圳采访。我们的思路是要去寻找诸多自杀背后的“血汗黑幕”，然后再以这些黑幕来折射富士康工人、新生代打工者的更为普遍的生态状态。

其时，不少报纸也开始调查连续自杀谜团，认为自杀是军事化管理、严苛的等级制度、过劳的加班时间所致，但没有严密的证据链作证。直接原因是采访难度太大：警方不愿说、富士康能透露的东西极有限，家属又只有一面之词而缺乏证据。

我们有“潜伏者”，当时还认为揭黑会胜他们一筹。开始的一周，杨继斌不断地采访“六连跳”的知情者与家属，刘志毅也试图在厂内探寻自杀的可能秘密。但十余天后，我们发现，多数自杀的直接原因都非常私人化（如婚恋、家庭变故等），与富士康之间的直接因果关系很难建立。刘志毅的暗访还发现，富士康的用工制度，相对于其他多数代工厂，不管在工资、福利还是管理规范上，仍优于它们。但直觉告诉我们，这些工人的自杀应是与富士康的管理制度、工作强度相关的，与新生代打工者更为普遍的生存状态也应是相关的。

这种相关性的证据在哪里？我和杨继斌都陷入了困境，在电话中反复讨论后仍无果。我意识到不能再固执己见，需要转变思维方式。

但如何转变呢？在《中国女工》一书中，潘毅通过学理的演绎，发现一个女工经常性的梦中尖叫，甚至痛经，都是她反抗机器压迫的一种方式。那在解释自杀与富士康之间的关系上，有没有一种令人信服的学理演绎？

我到了深圳，决定与杨继斌一道，约刘开明博士聊聊。刘开明是对中国产业工人有良好实证研究的学者，我希望他能为我们解开思维方式的死结。

没想到，这个困扰我们的问题对刘开明来说，根本不是问题。他直截了当地说，像富士康这样的连续自杀，他一点也不感到惊奇，这是迟早会发生的事。他说，表面上看，不少自杀各有其因，但实际上还是与富士康深刻相关。微观方面，富士康的12小时工作制已经异化了工人的整个感觉系统。他们的生活单调到除了面对机器，就是睡觉。人际交往的时间、娱乐的时间都极有限，维系他们作为人的社会关系、情感维度都因此变得非常单薄与脆

南方周末
第一千三百六十九期
在这里，读懂中国
广东转型：悬崖上的战役
岭南论见 地方样本 转型之旅 引擎之变
南方周末潜伏全球最大代工厂28天，探寻新生代打工者的死与生
富士康"八连跳"自杀之谜
难以用统计解释的"八连跳"
[B11]
"否定地震比预报地震成功率高"

弱。他们常常需要靠极为有限的情感关系与社会关系才能抵抗机器异化，暂时获得人生快乐。一旦情感、家庭等社会关系受挫，他们的生存意志就极易崩溃。宏观方面，这个新生代打工群体，没有独立的工会维护他们的权利，也没有其他像样的自组织，人与人被权力与资本分割成一个个孤独的原子，长期被超经济剥削，工资低廉，只能勉强养活自己。户籍制度、高房价把他们挡在了城市化之外。但又由于他们是失去了土地或不会种地的民工二代，以后回不去农村，他们前无进路后无退路……所以，这个群体有着强烈的孤独感、无助感、焦虑感和被机器压榨后的脆弱感。而富士康又组建了世界工业史上都没有过的巨大的工业园区与居住区，人长期处于这种环境和气场中，出现自杀和自杀氛围的传染都是可以想象的。

刘开明的学理分析，使我们找到了个体自杀与群体命运之间的深刻关联性。先前非要找个"黑幕"的想法也改变了。转而去寻找造成自杀事件的那些多样化的资本、机器、权力、制度的现实细节。正是这种种细节，这种种看似不确定的要素，汇流成摧毁那些自杀者生存意志的原因。我们要揭示的不是自杀与富士康之间非黑即白的因果关系，而是自杀与富士康、与整个不合理社会机制之间潜藏又必然的关系。

思维方式转向后，千水万山豁然见。刘志毅在潜伏期间发送回的手机信息，也在印证这一判断。

这里不能不赞一下刘志毅作为一名观察者的深入与勤奋。他在28天的潜伏中，共发了3万多字的手机短信给杨继斌。当他出来的那天，杨继斌发现自己的手机"杯具"了，整个软件系统都崩溃了，估计是接短信接累的。

这里还需说一下容易被忽略的细节，就是对重要的采访，编辑最好不要坐在办公室里空想。遇到困难时应到现场，与记者并肩战斗，解决问题的灵感与方法才能不断被碰撞出来。我想，如果我不去深圳这个现场，可能不会那么快与记者一道解决这一难题。

事态的恶化超出我们的想象。就在采访尚未结束的5月初，富士康员工卢新又跳楼自杀。得知这一消息后，我立即决定，把整个报道计划提前。同时，我作了一个大胆的决定，我们应该直接采访富士康高层。这个决定的依据是，发现富士康在舆论压力之下表现得开明了一些，我就赌不会有被打压的风险。

果然，富士康高层表现出了开明姿态。从新闻办主任刘坤，到行政总经理李金明，都接受了我们的采访，说了他们的看法，还同意让摄影记者王轶庶进入厂区拍照，获取了大量有价值的图片。

报道的信源因此变得更为多样与客观。我和杨继斌对整个报道的写作框架也达成了一致：以生写死，以死写生，探讨新生代打工者的死与生。

令人痛心的是，富士康此后发生了“13连跳”。尽管郭台铭迫于压力提高了工人基本工资，但如若针对中国工人的整个资本、社会、政治的制度体系不改变，我仍难以乐观。况且，还有更多比富士康更差的代工企业，还没有被媒体关注。事后来看，这个报道在采编上，仍是有些缺陷的，如观察的方法相对单一，除了运用社会学、心理学观察方法，还应该用经济学的视角作分析。如果这样，可以找到新生代打工者命运与全球资本之间的逻辑关系。如潜伏手记，处理应更节制一些，让更多的事实、而非情绪来说话。采访一开始，我曾想请记者去揭开富士康保安人员的种种问题，因为不少人对自杀事件与保安人员之间的关系也有怀疑。但由于其保安群体的警惕性与封闭性，使我们难以接近这个群体，这方面的疑点仍未解开……

但报道推出后的反响，仍是卓越的，并戏剧性地让“潜伏富士康”成为同行们的效仿方式，据说近日前后已有逾百名记者以打工身份进入过富士康。这一次报道，仍难脱诸多偶然性的机缘相助。一个新闻人，要想在更多的涉及社会重大命题的报道上超越同行，我认为仍需依凭于判断力和创造力的不断提升，依凭于对真相的谦敬，更依凭探究真问题的沉潜之心。

我想起诸多报人在这方面的雄心和价值观上的自信自励。记得程益中曾说过大意如此的话：“我不是一般的高，我是超出人群的高……我不关心怎样去追赶人家，我只关心怎样让人家追着我跑。”这是一种身不能至，而心向往之的境界，它值得我与同道诸君去追寻。

（作者时为南方周末资深编辑）

一个“卧底”的“自白书”

●刘志毅

此前各媒体已经披露了不少关于富士康扑朔迷离的“内幕”，但连续自杀这个极端的死亡方式仍旧在逻辑与情感上都让人难以接受。于是编辑部决定派遣记者，以打工者的身份亲历富士康，还原真相。出于年龄上的考量，我有幸成为最终人选。

去往富士康之前，我从未想过“潜伏”、“富士康”这两个关键词会成为我的准记者生涯里的第一次巨大挑战，可能面对的一切都是未知的。然而未知，却成了让我前行的最大动力。这次特殊的调查，从2010年4月10日晚踏上前往深圳的列车开始。

从偏见到细节

进入富士康之前，我与几个在厂内工作了很长时间的老乡取得了联系。他们的回答让我有些诧异，之前媒体上很多的所谓“黑幕”，他们确有听说，但是涉及层面似乎并不那么广。例如保安打人，门禁严格，稽查苛刻，他们甚至都有自己的一

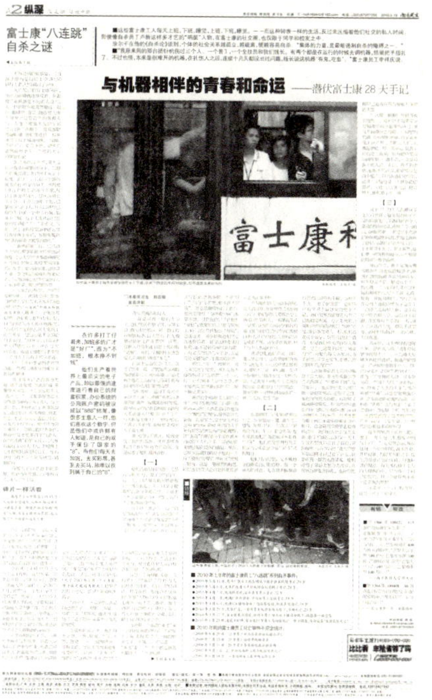

A2 纵深

富士康"八连跳"自杀之谜

与机器相伴的青春和命运
——潜伏富士康28天手记

套"化解方法"，就像是在学校里逃避老师的管理一样，学生们总能各显神通。那么这样一个厂区，何以自杀频发？

进入前，我最大的担忧并不在于会面临多少未知的危险，而是如果厂区里一切正常，根本发现不了什么问题，即便有问题，也只局限在一个很轻的程度与很小的范围内，难以由此为因，导出自杀之果，那么这篇调查要何以为继。但是与两位老师的讨论让我暂时搁置了这种疑虑，因为这种极端结果的接连发生，是不可能没有原因的，背后必然有某种制度或文化上的原因。我的想象或许还是过于单纯了，进去之后只需完整客观地反映全部细节即可。

经过7个多小时的排队，一整天的体检，岗前的教育、分发，我最终顺利进入富士康开始工作。前三天的工作甚至让我觉得太过轻松：没有什么活干，新人不让加班，工友彼此之间也还不太熟悉，采访任务也不急于开始。这样的节奏，调查自杀，似乎是八竿子打不着的事。我进入之前最担心的事已然发生了。此时我的"日记"便戴上了明显的"有色眼镜"，把每种现象每个细节下一个结论，试图把员工们的生活状态往压力过大、没有自由、管理制度有问题等等方向上靠，那段时间甚至只要从员工嘴里听到"压力"两个字，都能让我变得兴奋，我会立即记录下来。我总觉得在一步一步接近答案。但事实上，真相这个时候却在远离。

第一次以"卧底"记者身份与杨继斌老师碰头是正式工作的第一个周末。在一家酒店十几层上的咖啡厅，大致说了说工厂里的基本情况，然后望着高楼大厦胡发了一通感慨，兴奋于自己又暂时回到了真实的身份。关于选题，当时我印象最深的一句话是杨老师问到"你觉得这个题是语文题还是数学题"时，我不假思索地回答"语文题"，也许是因为我还没有做"揭黑"之类调查的经验，也许是因为对于环境的一种直觉，我总觉得这一周我看到的东西，即便是戴着"有色眼镜"往那几个能逼死人的方向上靠，也显得牵强无力。但杨老师提示我这应该是“数学题”，一环一环的故事与细节最终导出自杀的结果。如果不能建立这样的逻辑关系，那么这次调查就是失败的。当然，一切还在进行中，选题的变化还要看进一步的材料积累。我的作用只是忠实地做好一台摄像机与一台文字输出机，“有色眼镜”必须摘下。进行过这次调整之后，从内线发回的文字已经客观真实，动用身体上的一切感觉器官，我只求细致与鲜活，而更少或者根本不去考虑调查的结论。工友们开心、幽默、青春、时尚，我也都一一记录下，甚至有时候篇幅比他们的焦虑、无奈更长。这样的记录让我很安心，因为我只需与看到的真相、感受到的情绪站在一边。稍有遗憾的是，内线实习记者与外线记者的第一次碰面，在我的预想中，应该更早些。

心灵的孤独之旅与强大的心理暗示

28天、35000余字。我现在也难以想象，我在富士康的宿舍里是怎样用手机向外发出了这么多字的短信。这与记者的调查材料一起，成为了后来回忆、写作的最原始素材。幸运的是，我在厂里的工作是仓库的搬运工，并不危险，也不会一直都很累，难以支撑。最煎熬之处在于一个记者进入了一场旷日持久的采访中，需要长时间地忘掉自己的原本身份，试着去体会、学会他们的习惯、他们的语言、他们的喜怒哀乐，保持表面的寻常普通，不能转换回来。周围的人从同学变成了工友，一个月内我都不能使用自己的“语言体系”与许多行为习惯，以至于一走出富士康，即便文本还未开始写作，我已如释重负。同时背负着体力劳动与有目的的访问这样的双重任务，一开始的新鲜刺激早就变成了名副其实的孤独之旅。

这需要一颗“足够强大的内心”，承载生活中的两个面。我一直这样告诉自己：我现在就拥有这样一颗内心，或者至少渐渐地已经在拥有了，与我一起工作的他们，就像是我的人生中另一条岔路上会遇到的人，我们就是一样的同龄人，在一起的人，那么我们的生活也就是一样的。这么多一样的人在一起，又有什么好孤独的呢？你只是需要体验，这条路上的人们，到底在想些什么，做些什么，他们的生活里最重要的又是什么，然后告诉大家。就是这样的心理暗示，不断地支撑着这段孤独之旅。同时，不断发现的生动细节与突然迸出的句子段落都让这段旅程多了许多难眠的兴奋。

邓布利多说：“事实上你永远感到痛苦，这正是你最坚强的地方。”唯有绝不麻木地，甚至痛苦地去体验与经历，才有可能发现最有价值的细节。如果为逃避痛苦而完全与他们混得一样，那么你的眼一定会被看似一成不变的每一个工作日所蒙蔽。所以保持清醒，同时保持痛苦，是一个记者应当做的。清醒源于职业，痛苦则源于灵魂。

潜伏：隐匿还是出众？

为了不在打工者中过分突出，我特地挑选了平日里最不常穿的几件衣服，让自己看上去更像个刚从学校出来的打工仔。在小商店里购置日用品时，几乎全选最廉价的商品。说的话也一概去掉“对不起”、“请问”、“谢谢”等，唯恐太文质彬彬而受欺负，或是显得与众不同。事实证明，这些“隐匿”的方式让我的生活看上去与他们全无二致，说话方式的改变也让我不自觉地融入了他们的谈话之中。气场相合，方能聊出更多的信息来。这也成了后来得到不少故事的“语言基础”。

但是在接下来的采访中，情况并不那么简单。采访大学生时，我要化装成正在进行社会实践的大学生，与他们平等地交谈；与线长组长交谈时，不光要想出让他们注意到你的“噱头”（事实证明，只有我说不想干了，他们最会和我谈），还需要拿出更多一点的见识来，去与他们探讨这个大工厂里基层干部的升迁与前途。当我号称自己“要离职”而与线长“谈心”的时候，他本来是想要留我的，但我完全不关心“我自己”的前途，却只从他的角度来看这个巨大的工厂：人多，机会少，基层干部压力大，带的人流动性太强，出不了成绩，就爬不上去——这都是我这些天观察的结论。他仿佛换了个人，不像和别的有离职意向的员工交谈时那种家长式的“教诲”，而是真正谈起了他自己的故事。他说起自己的学习经历，在富士康等一些类似厂里的工作经历，现在做线长压力大了，但级别没动，工资一点也没涨。最后，连他自己也说“没办法，富士康就是这样的”，“要是情况还没有起色，也许我也就干到今年年底了”。坚持隐匿，但有需要时也不必害怕“出众”，极大地延展了我的“潜伏”体验。我甚至逮住一次占理的机会，直接与另一线的线长发生了争执，去看最终会怎样解决。

成功地变换两三个身份，去与受访者平等地交谈，才是获得故事最好的途径。当然，“卧底”期间，兼有的身份越多越危险，所以这种变换最好在后期完成，以防有变。

文本呈现：过软还是过硬？

关于文本内容，我最初的设想是回答两个最基本的问题：他们为什么而死？他们又是怎样活着的？这一定是读者最感兴趣的点，也是我们可以下大力气深挖的点。

有观点批评我们的报道太软，没有回答第一个问题。然而调查采访的推进中我们明显地感觉到，第一个问题，也是最大的问题，是我们的力量难以正面解决的：死者死因各不相同，有的甚至很抽象，并不由于具体事件；生者的状态中也难以找到突破性的线索，每日工作、下班，再工作，一个井井有条的巨型工厂按照自己的时间表不停息地运转着。没有先前想象的内幕，也没有之前试图建立的严密的逻辑链条，报道应该如何呈现？此时的报道已经转为一篇解释性报道而非之前的硬调查。那么文本的重点就集中在第二个问题上，这个问题是我们最有发言权的，同时也是具有极大价值的。只要这个生态可以在我们的笔下再现出来，这同样不失为一篇成功的报道。我们尝试用一种揭示与阐释的方法去描绘他们的生活图景，完完整整地摆到读者面前，在其中采用故事与细节进行充实，一定程度提高了报道的可读性。剩下的超出记者能力范围的问题，用配稿中社会学家、心理学家的观点进行回答。范围外的问题不去强行求解，只需秉承真实情况进行反映，这也是记者的职业操守之一。

但是问题出来了，报道没有正面回答也没有强行去回答自杀的原因到底是什么，那么这就不再是一篇硬调查，但是否因为这篇报道缘起自杀，就必须在写作时一味筛选出与自杀有关的细节去描述呢？我的答案是否定的。

写作时以一般打工者的生活状态为主即可，呈现出的图景与自杀的因果联系，有则有，无则无（真实体现出来的状态不可能没有联系），不必刻意遮掩掉快乐与青春，而一味放大焦虑与痛苦，应以事实为基础平衡这一对矛盾。解释性报道与调查性报道的操作区别是天然存在的。

新闻本非论文，记者心里可有预设的结论，并一步步证实之，但是这个结论本身并不一定正确，只有客观的事实材料才是最终可以倚靠的，呈现出的文本应以真相为蓝本。退一步说，即便这个预设的结论正确，也不能因为结论的存在就将事实本身进行目的性地增减、筛选。况且后来经过讨论这个选题已经变成了一个“语文题”，那么这道“语文题”的解法就应该更“发散”些。

新闻伦理的考量

报道中有关新闻伦理的考量分为两个方面：受访者与采访者。

对于受访者的名字使用，我们之前的想法是，只要不涉及工人们的负面信息或者隐私，用真名是没有问题的，这样做也是出于报道的真实性的考虑。但是报道出来之后，有个别员工不愿意自己的真名出现在报纸上，有关自己的细节被误读，现在他面临着极大的压力，情绪也十分激动。这是我们所未想到的。

尽管未涉及负面、虚构或隐私情节，而且新闻事件的公共价值也很大，但每个人的情感与认识都不一样，难免产生预计不到的后果，故个人更信奉“最小伤害原则”。在未经受访者同意的情况下，还是使用化名进行写作更为稳妥。如果要增强其真实性，可以在联络到受访者本人，征得同意之后使用真名。所以我们在接下来的一期报纸中就注明了“所用名字为化名”这一点，力求弥补。由是看来，“有不说的真话，但决不说假话”也并非一成不变的，因为真话与假话一样，可能伤害无辜的人。

进入富士康之前，我与傅剑锋老师、杨继斌老师仔细分析过作为“卧底”的我可能出现的风险：其一，被发现真实身份，结果无外乎是开除，问题不大；其二，可能被分配到危险的岗位，此时我所做的就是必须要想办法调离，或者，放弃这个岗位，再出来排一次队。最终这两种情况都没有发生。但为求稳妥，如果在出发前能够有一个成文的风险应对策划，则更为完备，其中可以包括各种危险出现时的处理，乃至结束之后的心理疏导。在对一些重大公共事件的报道之后，比如地震，许多记者的心理需要疏导。虽然我的心理感觉还比较正常，但这样的采访方式可能带来的问题都需要进一步探讨。

于现在的我而言，我倒希望尽快揭掉身上的“富士康”这个标签，继续我的准记者生涯，因为一个记者必须靠他不断写出的好作品来说话，而不是一个标签，甚至成为新闻事件本身的一部分。但做到这一点只有两种方式：其一是停止努力，直到被大家忘掉，这个难度很小；其一是马不停蹄地再次踏上某辆通往某地的“列车”，走在通往新闻的路上，这个难度稍大些。但我由衷希望是后者。

（作者时为南方周末实习生、武汉大学学生）

南都“77元廉租房”报道始末

●彭美

2011年年初《南方都市报》（以下简称南都）报道的“77元廉租房”事件，我们参与其中的每一个人，都只当进行了一次惯常的政要报道操作，远未想到会引起如此大的反响和质疑。写下此次报道的始末，也当是对外界质疑的说明和回应。

第一次回访

2010年12月30日下午，南都时局编辑辛省志首先在新华网看到了这条新闻：中共中央总书记、国家主席、中央军委主席胡锦涛在北京实地考察保障和改善民生工作。总书记到廉租房住户郭春平家中看望时问：“一个月租金多少？能不能承担得起？”郭春平答：“一个月77块，承担得起。”

按照南都政要新闻的操作守则，记者应第一时间回访这户人家，由其讲述与总书记见面的过程。同时，编辑对77元的真实性也有疑问。这个采访任务很快落在时局记者娜迪娅、陈佳、实习生杜强头上，采访突破经验丰富的时局记者杨章怀统筹。

娜迪娅通过其他媒体找到了郭春平女儿的手机号码，电话却始终无人接听。杜强随后赶往郭居住的小区。娜迪娅和陈佳则联系政府部门，希望采访到北京建委，从官方渠道了解郭的身份、北京廉租房政策条件和廉租房月租计算方法。

A44 时局 南方都市报

胡锦涛元旦前在北京考察保障房项目建设区

廉租户告诉总书记：一月房租77元

近年元旦前后，总书记总理在哪里

北京还有月租74元的廉租房

本报记者实地走访北京朝阳区管庄路保障房项目区

遗憾的是，两条采访路径都不顺利。杜强赶到北京东五环外这个偏僻的小区，物业处已经下班，才搬入小区一月的郭春平家与邻居还素不相识，只得一户户敲门采访，得知小区里确实住着不少廉租户，房租与面积相关，有的74元，有的78元，其他住户的说法基本能印证郭春平说的月租77元。

而央视《新闻联播》刚播出这一新闻就引来网友围观，大多网友都怀疑77元为假。我对广州廉租房政策比较了解（1元/月·平方），直觉认为北京77元的廉租房租也不会太离谱。但北京的廉租房月租计算方式非常复杂，一时难以用通俗易懂的方式向读者解释清楚。

当晚，娜迪娅、陈佳、杜强3人根据走访情况完成稿件《北京还有月租74元的廉租房》，作为胡锦涛考察活动稿件的配稿，告诉读者该小区还有比77元月租更低的廉租房。

千余字的《北京还有月租74元的廉租房》其实是一篇全国独家稿，虽然稿子的瑕疵显而易见：除了没有采访到郭春平本人外，文中写“南都记者拨通了郭春平女儿的电话，但电话始终无人接听”不够严谨。对方没接电话的情况下，记者不能证实这一手机号码确实为郭春平女儿所有。

这个瑕疵，后来也被个别网友歪解和误读。次日，网上有评论写：南都记者寻找77元廉租房，证实该户家庭并不存在。之后，我们也进行了内部业务探讨，表述成“由于时间关系，记者未能联系上77元廉租户，但探访到一户比77元还低的74元廉租户”，可能更客观稳妥。

第二次回访

接下来是元旦假期，我们也放松了网络监控，没有继续跟进这一新闻。直到1月4日，网上已是一片沸腾，在一边倒的质疑声中，网友关注的角度也从77元的真实性转至郭春平母女的身份。

在百度贴吧网友“光明的祈祷1”最先贴出了一组疑似郭春平母女在全国各地旅游的照片，引来不少网友开骂。还有人信誓旦旦称：“郭春平真实身份为北京市公务员，工作单位是朝阳区交警大队。”也有网友搜出了“朝阳区总工会2009年救助困难职工名单（第二批）”，其中确实有郭春平的名字。一时间，郭春平身份和家境成谜。

我们决定再次跟进，探求事实真相。

时局记者陈佳和实习生杜强、孟卫刚3人中午再次奔赴郭春平家，希望无论如何都要采访到郭春平本人。

娜迪娅则留在办公室，采访官方：郭春平是否确实在朝阳区交警大队上班？北京市廉租房的房租如何计算？郭春平是否符合条件？网上在全国各地旅游的疑似为郭春平母女到底是否为本人？如果不是，她们是谁？

前方记者辗转找到了所有廉租户的花名册，里面有郭春平的手机号码。郭在电话中接受了采访，气愤地说自己已从亲戚那里听说网上质疑其身份，她失业好几年了，有失业证为证，并答应见面采访。

可是记者赶到与郭春平约好见面的地方，却遇到了北京市和朝阳区的政府官员，他们正好安排了两家港媒的驻京记者来采访郭，随后带走了郭春平，不允许其他媒体采访。

无奈之下，陈佳3人一边与政府有关部门沟通，一边在郭春平家门口等候。事后证明，这纯粹徒劳。郭春平母女到晚上7点也没回家。

相对而言，进行旁证采访的娜迪娅进展较大。一方面，她从朝阳区总工会证实了“朝阳区总工会2009年救助困难职工名单（第二批）”文件的真实性，郭春平确实为该区的困难人员之一。她还找到了郭春平同在朝阳区三间房乡工会工作的前同事。这位女士证实，2008—2009年

南方都市报 时局 A17

廉租户郭春平：网上传言太不靠谱

南都记者昨日实地探访获悉，郭春平曾在乡工会做保洁员，现失业，女儿尚在读书

廉租房房租怎样计算？

郭在乡工会获得了保洁员的工作，并表示自己看到了网络上对于郭春平身份的质疑。她敢保证，网络流传的那位到处旅游吃东西的母亲绝对不是郭春平。

另一方面，娜迪娅在网络上试图寻找第一个贴出疑似郭春平母女照片的网友，并在贴吧中该小组一些知情的网友处得到证实："大龙mm和她妈妈不是77元母女，完全是网友们善意的调侃导致悲剧。"遗憾的是，娜迪娅最终未能联系上到处旅游的母女，由她们自己来辟谣。

此外，杜强从朝阳交通支队（并无朝阳交警大队这一单位）了解到，单位员工名单中没有郭春平。

当晚10点，郭春平一家仍无突破。迫于官方的压力，她不再接电话，进一步采访她无望。记者只能通过短信劝说郭春平，得到一些简单的回复。不过我们基本可以确认：郭春平一家确实贫困，77元没有造假。随后成稿。

第二天，香港媒体对郭春平本人充分采访的报道转载率并不高，反而是南都这篇只有1300字的报道高挂于各大网页头条。有网友评论："我本来是不信的，南都报了，所以相信了。"

当然，质疑也铺天盖地。不少人都认为，这不符合南都的风格，南都肯定被政府收买了。媒体同行的争论也很多。据说，某报社的主编和副主编指着南都电子版在办公室大吵，一方说这类报道风险高，不应碰；另一方则说，这才是真正的时政报道。更极端的观点认为，南都的这组报道是个耻辱。

显然我不认同这一观点。我们只是按照正常的新闻操作进行事实报道，没有想站在哪一方，只想尽最大可能地还原真相，忠实于事实。很多人认为，我们被收买了。而事实正好相反，在追寻事实的过程中，有关部门一直在阻拦我们，不让我们介入，为此我们很无奈和恼怒。

政要新闻操作

纵观整个报道，"77元廉租房"报道是一次典型的政要报道操作。作为一份都市类日报，南都没有直接采写国家领导人活动、行程的权限。按照不成文规定，任何涉及国家领导人的报道，均需转载新华社、人民日报等中央官方媒体。

政要报道无疑是时政新闻最重要的一块阵地。因此操作这类新闻时，南都一直奉行折中的方式：第一时间回访与国家领导人面对面接触的当事人，从他们的角度和视野来还原国家领导人的活动路线、流程、工作重点。早在

2005年温家宝总理考察广州时，南都便安排了10多名记者守在逢源街道采访与温总理面对面接触的街坊，随后用两个整版还原了整个考察过程。

从2006年起，温家宝总理邀请基层代表到中南海座谈、征求《政府工作报告》意见即已形成惯例。时局版2009年开设后，一旦新华社公布此消息，记者就会设法联系到基层代表，说服他们接受采访，挖出很多有意思的故事。

2010年2月1日，中央人民广播电台播出一条消息称，两天前，温家宝总理赴河北滦平县偏桥村，向农民们征求《政府工作报告》的意见。消息十分简单，但新华社和央视都还没有报道此事。出于对这个领域的长期关注，时局记者杨章怀发现，这是总理的又一个创新，首次将《政府工作报告》带到田间地头。

杨章怀立即辗转联系到当地村支书，在电话里确认了总理来到该村的消息，并采访了现场谈论的情况。第二天，南方都市报刊发了《总理首次下乡问计政府工作报告》的独家时政报道，而新华社在当天下午才发稿。

2010年温家宝总理在湖南考察时，某企业以一张总理漫画相赠，南都也第一时间找到画漫画的女孩讲述了整个画画、送画过程。

2011年1月初，李克强副总理访问欧洲三国，每到一国，都在当地报纸发表文章，这在国内外都比较罕见。南都立刻联系《南德意志报》外交新闻首席编辑，了解到中方联系报纸、中德方沟通、文章修订、德国各界对文章的评价等诸多细节。随后刊发了《中国领导人访欧连发三文》的报道。

在当下的新闻环境和语境下，这种报道方式常能挖出很多幕后故事，可读性强，最大限度弥补了生硬报道的缺陷，同时也可验证新闻的真实性。我想，这已是我们能想到的既能出彩又保证安全的政要报道方式了。其间，采访突破的艰辛，有时并不亚于突发新闻、调查报道。

（作者为南方都市报记者）

读者，媒体的敌人之一

●杜强

2011年1月5日，南方都市报“77元廉租房”的澄清报道出来以后，新浪官方将其作为头条在微博上进行转载。其后的评论中有这么一条：南方都市报此举极为不智，大家喜欢你是因为你的犀利，而不是稀泥。

“南都拍马屁”、“南都变五毛”类似评论不在少数。这种现象向我们揭示了一种风险：除了强权，媒体也或许会因屈服于市场和大众的期望而失掉其应有的品格。这一风险在互联网日益发达的背景下愈发严峻。

一

“77元廉租房”的报道要不要做？反对意见分两种。

一种认为敏感，把握不当，危及媒体安全生产。这种看法不值一驳。

“77元廉租房”的新闻从1月1日起在网络上持续发酵，成为热点事件，对此进行追踪报道是媒体人的天职。更何况，“言论空间需要维护和拓展”，已经成为媒体人的共识，在这种情况下因敏感而放弃，无疑是在开新闻业的倒车。

另一种反对意见（这种反对意见也许在事实查明之前并不存在）则认为，“77元廉租房造假”的澄清或者说辟谣，是在为政府背书，不是南都惯有的姿态。

二

上面提到的问题不能简单地归结为南都惯有的立场和姿态使然。

《中国青年报》1月13日撰文称，目前国内一些公共事件在解决过程中，已经形成了一种新的模式：网络提出议题—传统媒体关注—全社会参与—政府行为。

且不论公共事件是否完全按照这一链条进展，但这样一种现象确实存在。近期出现的“郭寒韵卖身救父”事件，就是当事人对这一现象十分熟悉并加以利用的表现。上访群体中更是流传着“上访不如上网”的说法。

归结起来看，由于体制存在的缺陷，很多社会问题、社会争端按照制度设计的方式难以解决，于是只能求助于媒体和舆论。当下中国媒体扮演的角色、发挥的作用已经远非媒体的本义所能涵盖，而这又有着深刻的社会根源。

由此带来的是：公众对什么是“好媒体”的评判方式发生了改变，大家不满意媒体的功能仅停留在提供客观、准确的资讯，而是呼唤媒体更具批判性，要求媒体担负起“道德责任”，甚至要求媒体“为民请命”。而且公众“奖励”符合他们期待的媒体。

这样一种评判媒体的方式应该早已有之，只是社会矛盾愈加激烈，导致公众的诉求更多更频繁；同时，互联网的发达使得意见表达空前畅通，导致公众对媒体和媒体人的评价能够更加直接地到达并产生作用。

三

但焦点在于，媒体是报道新闻的，不是专门回应公众期待的。尤其是在公众期待和新闻事实不一致的时候，媒体就被置于十分尴尬的位置上。

要新闻事实还是要公众的“好评”？编辑记者应该按照自己的标准去判断报道何种内容，还是在“好评”的指引下去寻找新闻？

鉴于当前中国的政治环境和新闻管制，那些与政府、权力保持距离的媒体受到读者特别的礼遇。但是，造成媒体堕落的，不只是权力的淫威，还有市场的诱惑，甚至是公众的期待。

新闻的生命在于客观、真实、准确，而非其他；一个媒体的生命则在于其独立——既独立于权力，也独立于市场。

现在的南都也因其力求追求媒体的专业精神而被欣赏，但在“不盲从，不媚俗”上，仍应该继续保持警惕。

一张报纸的品格，应如孤松独立，而非墙头野草。

（作者时为南都时局版实习生、中国人民大学新闻学院2007级本科生）

关于乡村女教师卖身供弟上学的采访经历

●傅剑锋

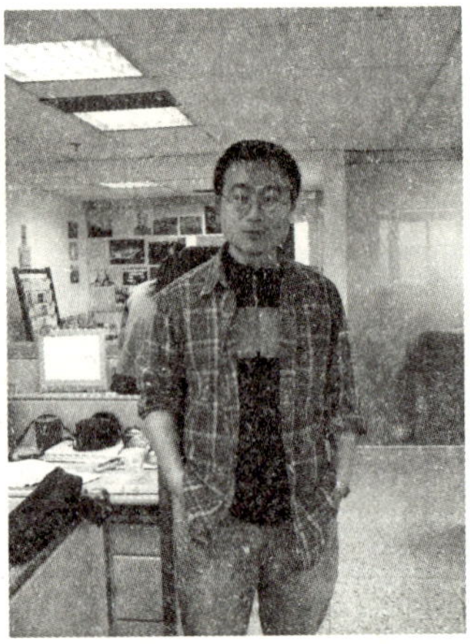

乡村女教师徐萍（化名）卖身供弟上学以及被拖欠工资的线索，南方周末是在2005年11月底接到的。这位女教师是因为被拖欠了三个月工资，并且经常被克扣，在忍无可忍之下向我们反映了她的整个身世际遇。头版编辑杨瑞春曾先后想安排记者南香红和李海鹏去作调查，但因为他们有其他事脱不开身，这一线索就交给了我。

在这一过程中，实习生马小六与这位女教师保持了良好的电邮、电话沟通，为此后采访这位女教师打下了良好的心理基础。我与编辑老师杨瑞春商量的结果，认为这个稿子能不能最终刊出把握不大，其一是事件的尖锐性，其二是卖身经历的难以求证性。但经过一番权衡，我告诉杨瑞春老师，我还是愿意去。如果调查属实能刊出是最好，如果不能刊出，哪怕作一个对中国农村的个人记录也是值得的，这其实是一种历史责任。并且，都要过春节了，这样一位老师被欠着工资，实在让人于心不忍，调查之行即使最失败也应可以讨回她应得的工资。

二

2006年1月16日，经过大约五六小时的长途车颠簸，先到了徐萍所在的一个地级市。我们在当地的车站口见到了徐萍。这是一个瘦小的女孩，尽管我们知道她才23岁，但脸相显老得像二十七八岁，只有她清澈的眼神与脑后那根马尾辫还能让人感到她其实还没那么老。我猜测这和她的经历，特别是长期的心理压力是有关的。

她带我们到了她男朋友的家。她的男友是一个普通蓝领，有着一间靠按揭贷款的近百平方米的房子。男友是徐萍在2005年认识的，对她很好，每月给她一些生活费，她则把工资省下来全部供弟弟们上学。这位20多岁的男子看到我们到来，笑得很和善，他的脸看起来敦厚有些福相。

他和徐萍一样，都是虔诚的佛教信徒。他告诉我们他早已知道女友的卖身供学经历，他说他能看淡这些，能理解并宽容她的过往，然后就上夜班去了（这里的详细情况因要保护个人隐私，稿子里没有涉及）。

在那一天，我和实习生马小六与徐萍有了深入的交谈（全部作了录音）。她也把一些重要的证据，她的日记、教师证、工资卡，她曾经的部分病历，部分学生写给她的信与纸条（在她的学校宿舍还保存了许多），给了我们看，我都一一拍了照片。另外，也从她那里获得了了解她卖身经历的她的几个朋友的电话，其中有当地的一个公务员（他要求不公开他的姓名）、中山大学的学生李俊，以及另一大学的一名研究生（他也要求不能公开他的姓名）。他们作了旁证，使我们初步确认了她的经历的真实性。

在整个叙述过程中，徐萍保持了极度的克制，她说信了佛教后，已经没有过去那样痛苦了。她讲得很平静，就像在讲别人的故事一样。

她也非常单纯，对我们非常信任，一些极度隐私的事情，她也不隐瞒。当时我想，如果是女记者来采访可能更好些，因为涉及到卖身经历的身体伤害可以更直接地印证，但对于男性记者，这必然是新闻伦理所不允许的。

实习生马小六已和她在前期交流中建立了良好的关系，她告诉马小六，其实她心里一直很苦，她觉得做姐姐要帮三个弟弟交学费好辛苦，她希望来世只做别人的妹妹。她希望马小六像哥哥一样摸一下她的头，她说："我在下课时摸摸孩子们的头时，他们总是会很开心，感到老师是那么爱护他们。”马小六真的就像哥哥一样摸了一下她的头，徐萍很开心地笑了，我站在一旁眼睛不由得有些湿了。一个才这么点年纪的女孩，不但没有享受到她这个年龄应该有的快乐与爱情，却为家庭承担着如此沉重的生活负担，到底是什么造成了这样的命运？

二

第二天，我们再坐车用了近两个小时来到了徐萍所在的乡村学校。学校已放寒假，在她的教师宿舍里，我们看到了学生送给她的许多图画与小纸条。2005年9月份，学生们知道她因为生活困难想去做尼姑，就写了许多纸条与信安慰她，说不想老师走。在宿舍一个角落，还堆着些米、鸡蛋和红薯。这是2005年11月份时学生们送的。当时有另一老师告诉学生们，徐萍老师虽然被拖欠三个月工资却还在坚持上课。懂事的学生们就拿这些东西想帮老师渡过难关。我们也采访了该校的另一位老师。这位老师也知道徐萍以前卖身供学的事，但他认为这么一位爱学生的老师是不错的，他不愿在徐萍过去的事上做交谈。他和学校的其他老师更多地向记者反映了教师工资被克扣与拖欠，以及学校经费紧张等事。

当天下午，我们和徐萍坐了一辆过路车去她的家。刚到家门口，一群当地镇政府的官员就迎了出来。

原来，徐萍在请求我们过来时隐瞒了一些事。因为她急着讨回工资，已在我们到达的前两天给人民网写了投诉信。投诉信在人民网上被公开了，人民网记者也打电话向当地官员查询此事。所以，当地官员不但知道了徐萍卖身供学的事，而且这些官员已对记者前来调查此事作好了准备，他们一开始还以为我们是人民网的。并且，徐萍在给我们报料前，曾给凤凰卫视“冷暖人生”的编导王卓慧写过信，王卓慧一度想让陈晓楠采访她，后来徐萍又考虑到可能会给家庭带来过大压力而反悔。最后是一直想帮助她的朋友——中山大学的李俊建议来找本报的（在报道后的几天，徐萍委托记

者拒绝了大部分媒体的采访，她说只想过平静的生活，但最近接受了凤凰卫视的不出镜采访）。

此后，官员们无时无刻不盯着我们，对他们家正常的采访已经无法进行。于是，在此后的两天里，我们就暂停对徐萍一家的采访，转而采访当地官员，主要集中于拖欠和克扣教师工资，乡镇的义务教育和教师待遇，基层政府的公共财政收支，农民的收入和供学情况。因为这些庞杂的调查有利于观察徐萍这样一个家庭的命运变迁的各种要素和背景。

在这两天多的采访过程中，拖欠工资的情况基本清楚了，当地政府也表示将很快把拖欠的工资打入四十多位老师的账户中。我们就向他们作了告别，他们也以为我们已经走了。其实，我们又到了徐萍家，对她的父母和弟弟作了详细的采访。但需要说明的一点是，虽然徐萍的大弟弟和母亲知道她以前卖身供学的事，但徐萍希望我们不要问这件事，她怕爸爸知道会想不开。所以，对这件事我们虽然旁敲侧击，但出于基本的人伦常理，确实无法开口直接求证。然后我对这个村的一些村民作了些简单的日常情况访谈（在我们的报道出来后，徐萍读高中的二弟弟不相信姐姐做出过这样的牺牲，徐萍的母亲拿着报纸告诉他："报纸上写的是真的，你只有读好了书才能报答姐姐。"）。

在我们告别他们一家的时候，当地官员称拖欠的工资已打入账户。我和编辑杨瑞春、实习生马小六给了徐萍一家600元的治病钱，希望不要误了她妈妈的病。徐萍当时就哭了，在裸露着板砖的家门口，她的双肩微微耸动。

三

尽管徐萍反映的情况属实，但因为涉及到部分被调查者的隐私，或者是他们不愿公开他们的真实姓名，或者是涉及到人伦常情不宜直接求证，所以一旦放诸文本中间就不得不隐去一些重要的证据，容易产生孤证的嫌疑，甚至使读者怀疑报道的可靠性。另外，尽管徐萍同意报道她的事，但如果报道给徐萍一家的现实生活带来伤害，我也会于心不安。所以我一度和编辑杨瑞春说，这样一个题材，我们帮她讨回工资，写一个内部报告就行了。杨瑞春也一度认为，如果真会对她家造成伤害，那我们宁愿选择不发。

此后差不多有一个月，我没有决定要写此稿。在这些日子里，我和编辑杨瑞春讨论最多的是这个稿子可能涉及到的各种新闻伦理问题。我们达成的一致想法是，尽管这个女教师家人的遭际是反映农村问题的既极端又充满多种共性的样本，但如果这个稿子对她的家庭产生了什么后果，也应该是我们能控制与帮助的范围内的，如果这种后果超出了我们的控制范围，那还是不发为宜。

2006年2月初的那几天，关于新闻伦理的考虑使我天天在焦虑中度过而无法动笔。在那几天，我依然与这位女教师保持着联系，时时刻刻地关注着这个家庭、这个村庄的一些变化。她也知道了我没有写这篇文章的原因。于是，她给我写了一封信，信的大意是说为了让社会了解像她那样的家庭与农村教师，我们应该写下来。她还说她不怕，如果真因此丢了教师工作，她也还是想当老师，哪怕去西部支教。正是她的这些话，使我有了写出来的决心。

四

稿子最后被通过了，我觉得这无论如何是一种胜利，是南周坚持固有传统与追求的表现。

但令人遗憾的是，我的述评却因种种客观原因无法发表。那篇述评主要是从这个家庭的命运变迁，来观察乡村伦理资源被透支的情况以及大学高收费与乡村贫困的紧张关系、农民抗风险能力弱和致富途径缺乏的关系、后税时代乡村基层公共财政薄弱与教师待遇的关系。这其实是能够表明主稿的价值取向与观察视角的评论，编辑杨瑞春对此也很满意。此文后来发在了《南方都市报》评论版的“记者手记”专栏上。

在写那篇述评前，我本是想请“三农”问题专家温铁军先生来发表看法的，但他说对此事他没有足够的调查所以不发表看法，但他告诉我们，看了我的文章心里在滴血。我当然知道，如果是一个像温先生那样的读者，他会明白我在主稿里真正要表达与传递什么样的信息。他也会从这样的信息里思考更完善的建设性意见。但普通读者在一个充满着如此多冲突与矛盾的事件面前，如果没有一个合适的评论引导是很容易误读的。

所以，我给关心此稿的一位好朋友发了短信，说：“没有这篇评论，我预感到稿子发出来后一定会有一场不小的风波，一场被误读的风波，甚至可能是诋毁南周的风波。”他说我过虑了，我说我有这种直觉。

五

这篇文章报道发表后，果然有了一轮如我所料的社会关注与风波。

对于那些善意的比较，例如所谓的“南周知音化”，是可以一笑置之的，因为南周在这样的文本里所要传递的信息与《知音》的价值取向是完全不同的。

对于各种恶意的攻击，我觉得是没有必要作出回应的。

我只想在太阳下埋头工作，让汗顺着眉尖流下，让眼睛看到阳光与阴影，让心稳稳地贴于大地……

六

但对于正常的业务批评，我是乐于参与讨论的。

我想，这篇稿子遇到的最大的困扰是，因为涉及当事人太多的隐私以及若干敏感的地方利益，使不少方面无法用真实具体的名字。在中国的政治语境和新闻语境下，如何在保证新闻要素和保护当事人隐私间达到两全呢？如何在遵守新闻伦理与满足读者对真实感的追求上达致完满呢？如何在坚守新闻理念与保障政治安全间找到平衡呢？这个问题目前我还没有想明白，也想请教诸位同仁。

另外，正如部分有见识的同事所指出的，这个报道在描述这个女教师的性格冲突上还存在不足。这种心理冲突主要表现在“平时是天使（乡村教师），周末是魔鬼（卖身供学）”，我还没有细致地描述出来。我想，从记录这个时代的受苦者的心灵史的角度看，这种调查是必要的。其实，许多宏大叙事碰到这样的心灵史时，一下子就会变得苍白与空洞。但我还没有很好地记录下来。

调查时间上，我也觉得不够，在五天多的采访中，有两天多被耗在与官员的周旋中，所以实际采访女教师卖身供学的时间太少。如果有更多的采访时间，就可以寻找更丰富的材料，也可能因此找到更令人信服的表述方式。但不能不说的是，这篇稿子正如前面已谈到过的，因为涉及诸多新闻伦理的问题，所以当时并没有一定要做的决心。如果在上版前再作一番补充调查，也许可以使稿子做得更扎实更有力量。

（作者时为南方周末记者）

模糊的伤口

●杨瑞春

记者傅剑锋在网上贴出文章，公开回应对《平时是天使，周末是魔鬼》这篇报道（以下称徐萍报道）真实性的指责之后，类似声音从此销声匿迹。但对于这篇报道的一些遗憾，作为操作者，无论是从记者到编辑，我们从未讳言。尽管它取得了如此巨大的社会影响。

在徐萍报道的采编过程中，我们面临了一些困境，稿件最终的呈现，是这些困境下的一个妥协方案。但我们今天以这种方式探讨它，就是因为这篇报道所面临的困境绝不只是某一篇报道的困境，这些困扰可能所有同道中人都会面对：在类似敏感题材的新闻操作和处理上，保护当事人和寻求真实性如何统一；如何解决坚持新闻原则和新闻把关制度的冲突；写作上记者如何取得表述的创新与突破，等等。

因此，徐萍报道可以说是这个时代新闻艰难操作的一个样本。正如徐萍报道本身，假如你们只是看到一个女教师周末卖淫以供弟弟上学的悲惨故事，那么，我们很遗憾，我们本来想给你更多，我们本来想让你看到的，是一个时代的伤口。

我们选择，我们承担

2006年2月22日，做版，我盯着屏幕出神。电脑技术的方便，让我可以按下一个“替换”的命令，就把6000多字的文章中，女教师本来很有特点的名字全部覆盖，而换为那个后来众人皆知的名字“徐萍”。我是仅有的几个人，看到过这篇稿子以真实人名和地点出现的原貌。那感觉完全不同。

南方周末

Southern Weekly

解读“新农村建设”

转移支付或达数千亿

乡村女教师含泪供弟上学

“平时是天使 周末是魔鬼”

导读

一个支农学生的梦想与挫折

巩献田：英雄还是罪人？

20斤炸药中周旋9小时

《改革不可动摇》发表前后

榆林：“中国科威特”的成长烦恼

胡戈：玩笑开大了

方舟评论

聚焦改革争论

“徐萍”，一个我临时取的、毫无个性的名字，这个名字可以让有过屈辱经历的女教师隐藏在茫茫的人海中无迹可循，不受打扰，这让人安慰。

但在隐去了所有的，从核心人物到次要人物的真实姓名，甚至隐去了故事发生所在省份之后，这还是一篇新闻吗（我原来保留了故事发生的城市，但最终审阅稿处理得更加彻底）？在我的新闻从业经历中，这是绝无仅有的一次。

报道只剩下了一个影子。正如报道的配图：头版，主人公有个靠窗的侧剪影，数码照片本来有更多的面部细节，我们调大了照片的反差，让那些细节隐于黑暗之中。2版，背影，女教师在她自己的宿舍里坐在床上。选择这张照片是因为画面里有块写满了英语单词的小黑板，这对她的英语教师的身份是一种说明，或者说，我希望用一种小心翼翼的方式，用照片的直观可信弥补文章真实性的遗憾。但后来傅剑锋看到报纸后，专门向我抱怨这张照片选得不妥，因为那块小黑板和墙上贴的观音像等细节透露了太多的东西，对徐萍的隐私保护不利。

对徐萍的报道，一开始关键点是确认其真实性的问题，因为是徐萍主动

和《南方周末》联系，我们对这件太过惊人的事情是否可信充满怀疑。从她和我们联系到记者真正出发去调查中间为时几周，徐萍几次和实习生马小六说到因为被拖欠工资，她的贫困已经让她不能承受。马小六询问我是不是应该先给她寄点钱的时候，我的态度却还是谨慎——说起来真是有些“冷血”。一直到傅剑锋和马小六出发，我拿了200块钱给马小六，还叮嘱他确认情况属实再给徐萍，要是假的就给我拿回来。

但当记者见到徐萍，并且发现这个事情是真实的之后，报道的主要矛盾就转变为如何既报道徐萍又保护其隐私的问题。傅剑锋对这个问题疑虑重重，特别是在《南方都市报》关于女大学生卖淫的报道出了麻烦之后，他多次打电话和我讨论这个问题，希望我们不要重蹈覆辙。我的建议是让他充分和徐萍本人沟通，在这个问题上尊重她的意见。

当时因为我们的介入，徐萍等教师被拖欠工资的问题已经得到解决。我们的想法是，不能报道出来固然是损失，但至少这次采访会解决一些弱势人群的生活问题，也算没有白去。

徐萍是个本性单纯的女孩，她一开始一点都不为会被认出来担心，因为她所在的那个小地方平常根本看不到《南方周末》。但傅剑锋当时甚为忧虑，即使和她讲了公开报道有可能带来的损害，有可能对她依然是不公平的，因为她对于一篇《南方周末》头版报道所带来的影响还是没有准确概念。但后来给傅剑锋触动的是，她的决心很大，希望媒体能够关注像她这样的人的命运，即使付出被人认出的代价，她已经做好了最坏的打算。徐萍的这个做法，倒是让我觉得作为佛教徒的她确实有大乘佛教的精神，因为之前碰到的许多报料者，大多更为关心自己的利害（当然也无可厚非）。

所以在其后，我们一直希望寻找到一个合适的点，在这个点上，真实性和隐蔽性的结合能够达到最好。但正如在照片问题上显示的，事实上这个尺度很难把握。我不认为现在连省份都隐去的方式是最好的，但什么是最好的，我其实也不知道。

做记者做编辑做到一定程度总会面临一些新闻伦理方面的困惑，并且逼迫你必须要作出一个选择，也许你伤害到一个人，但报道会推动实现更大程度的社会正义。此时如何选择？一些新闻学教材里提出很多类似的案例，并且给出一个是非的评判。但我觉得有些是非是很难按斤两计算的，我只能说这次非常幸运，我们没有被逼迫做出最坏的选择。

回想起来，无论是从记者到编辑还是最高层，我们一直把徐萍安稳生活的权利置于报社利益之前，我对此深感自豪。即使我们因此遭遇过某种程度的质疑，但与因伤害了一个人而怀有的负疚感相比，我们宁愿承担质疑。

当然，这是对新闻标准的一个挑战，一篇报道的基本要素退到何处才是边界？我想我们是做了一次尝试，在别无出路的情况下。

《南方周末》的加法和减法

在讨论徐萍报道的这期评报会上，我问新闻部的同事，你们认为这个题材适合上头条吗？没有人反对，而且有人非常鲜明地支持说当然应该上——但事实上，在我们北京站的评报中，有人曾经提出这一题材是否应该拿到头条来的问题。顺便说一下，《南方周末》的业务讨论气氛非常自由，我认为这是我们最为珍贵的传统之一。

所谓头条问题，内涵应该是《南方周末》的方向问题，也就是《南方周末》的选择标准的问题。以徐萍上头条，反对者主要的想法可能是认为“卖淫女”题材严肃性不足而猎奇色彩有余。

在徐萍这样一个色彩复杂的题材上面，每个人都能看到他们自己所需要的东西。但我在内部评报会上说到一个观点，“没有猎奇的题材，只有猎奇的操作”。讨论类似的问题就好比在讨论是否应该将《茶花女》或者《羊脂球》称为严肃文学。

我们在徐萍这个事情上，真的可以了解什么叫“生活比文学更为荒诞”。正因为事实本身的不可思议，我们比其他题材更强调其庄重性和严肃性。在第一个层面上，我们希望这是一条充满了人道主义关怀的报道，我们希望呈现这个女教师身上的一种朴素的人性的光辉。

但是还不止于此，我们不能只告诉读者一个故事就结束。梅尔文•门彻在他的著名的新闻学教材《新闻报道与写作》（中文版）中说：“一个负责任的记者应懂得把事件放在特定的社会背景中来思考，来发现其原因和结果的重要性。这意味着，记者不仅要不断发展采访报道的技巧，还要扩展对人的理解，对所处的文化和社会的理解。”徐萍之所以吸引我们，是因为，从一开始，我们看到的就是一个置身于一个国家、一个时代、一种制度甚至是一种文化中的女教师。我们希望通过徐萍，来探讨关于中国农村的一些非常重要的问题。

我相信，在很多时候，评判新闻的高下，其实是在评判一种价值判断的能力。优秀的报道应该能够透过表象，看到问题的实质，优秀的报道应该赋予事件以意义。我们在操作徐萍稿件的时候，一直清醒地意识到这一点。

在我们的框架中，解决这一问题的纵深稿非常重要。这就是那篇未能刊发的纵深稿《不让姐姐再流泪》，具体观点不在此赘述。承载这些功能的部分，我曾经考虑由专家对徐萍的事情发表评论，但后来还是决定让傅剑锋以记者手记的方式来呈现。因为傅剑锋对于这类问题一直有所积累，而我们都希望这是一个有所集中、有所发散的评论，重要的是点出问题，启发读者思考。

傅剑锋拿出那篇稿子之后，我甚至比对他写的主稿还要满意。这两篇稿件的搭配使整组报道的分量都大大加重。很可惜，我们在这方面的意图最后没有出来，而这一重要的缺失确实对于读者理解我们的意图产生了困扰。因此，只是报纸呈现的部分，让读者产生南周在追求猎奇效果的印象，其实并不奇怪。

事实上，在使用材料方面，因为徐萍对记者彻底敞开心扉，关于徐萍和她的家庭，如果追求猎奇，记者有太多的材料可以去吸引眼球。如果是一家小报，那么这些内容将会是填充版面的最精彩内容。但是，我们最终舍弃了很多东西，因为这与我们要表达的主旨无关。

我想说，在做这些加法和减法的时候，我们的选择是《南方周末》式的。“正义、理性、良知、爱心”，是这份报纸的精神核心。

记者的宿命

美国有个普利策新闻奖被取消的案例，《华盛顿邮报》记者珍妮•库克的一篇关于8岁吸毒男孩的报道，被证明纯属伪造，当时那位记者提出因为保护被采访人的缘故，不能使用真实姓名。

我一定比那篇报道的编辑要轻松得多，因为通过对记者采访过程的密切跟踪，我知道真实性不是我们报道的问题。但在采访和呈现方面，我觉得我们确实还有很多东西需要提高。

同样是没有真实名字的报道，我相信反而是普利策奖那篇伪造的报道看起来更加天衣无缝，它要赢得那么多苛刻评委的心，要有很多的故事，很多打动人的细节。

需要说明的是，徐萍文章中有些让人生疑的地方，事实上是后期的一些不当的处理导致的，但我们讲故事的技巧确实还带有一定遗憾。

特别是报道对徐萍的行为逻辑的探讨和性格塑造方面，感觉不够充实。傅剑锋非常诚恳地指出了这一点，他后来跟我说，他有些后悔，应该再回去一次，进行更为扎实的采访。但同时他表示苦恼，因为这个题材的特殊性，一些问题他感觉到很难问出口。比如说，到徐萍家里做采访时，徐萍提出来她不希望记者过多和弟弟们谈这个问题，因为除了大弟弟，别的弟弟根本不知道徐萍的经历。大弟弟也知道得不多，他们平常很忌讳谈及这个话题。这个要求说起来无可厚非，但对傅剑锋来说，他无疑是放弃了能够拿到更多细节，从而增加文章可信度的机会。

有一个说法，一个优秀的记者应该对事件“冷静而又充满关切”。但事实上，需要冷静到什么程度？关切到什么程度呢？南方周末上海站的记者朱红军曾经写过一个故事，在他去调查一家民营慈善医院的时候，对院长本身的动机产生怀疑，在第一次采访之后，他“赶着准备了十余个自以为极其犀利的问题”，“我的设想是，把他问得拍起桌子来，就是最大的成功”。

结果，第二天，院长在办公室里会见客人，他们只好在隔壁房间等。十分钟后，隔壁传来“院长昏倒了”的叫喊。他们出得门去，看到老院长已经被众人围着，躺在了沙发上。老院长在一帮人的手忙脚乱下，接上氧气，被推进了重症病房。这期间，朱红军还试图等待片刻，以便继续到病房里采访，但被他家属挡了驾。

回来的路上，朱红军为采访未遂，焦虑不安。但同去的南方周末摄影记者王轶庶说了一句话，让他陡生尴尬：“你丫当时要是还想着采访人家，我就要鄙视你了。”

但朱红军一直怀疑老院长在“作秀”，直到半个月后，院长的儿子打来电话说，院长去世了。这个消息对他震动很大，他问自己的问题是，为什么“一个生命就倒在面前，我因为职业的要求，因为自以为正确的怀疑，连一丝对生命的敬畏都没有”。

而傅剑锋的烦恼则来自另一方面。也许这是记者的宿命，只要身为记者，就无往而不在困境之中。

但在徐萍的报道中，确实还有未能充分利用的空间。比如说，在不能过多用言语去探求真相的时候，我们可以用细致的观察来弥补不足。也许一些关键意义的细节呈现会让文章更为可信而生动。

我们应该可以做得更好，甚至好很多。当然这会有些其他的原因，我和傅剑锋多次像祥林嫂一样自责：“假如我们早知道能够发出来的话……”

（作者时为南方周末头版编辑、新闻部执行总监）

山西黑砖窑采访全记录

●朱红军

我在山西！河南人不见了，云南人又冒了出来！

（2007年6月14日）

现在是晚上11点，我在山西运城某县一网吧，住的地方没网络，没长途电话。关老爷护佑，安全无虞，呵呵！

一天的实地奔袭回来，跨越了两个县域，N个乡镇，黑色的摄影包已经成了黄色，至少表面上，山西并不全是黑的，这里没有煤矿，遍眼是沟壑丛生的黄土地，从一处高坡下来时，远处收割完但因为缺水还迟迟不及播种的麦地，黄色一片，浮游的尘霭中，疑是黄河在前。

我一度觉得，其实中原大地蛮美。那些砖窑就这么见缝插针地占着沟壑一角，站在高处，看着蚂蚁一般奔忙其间的工人，真不知道，究竟黑工几许？

前日，奔赴山西的路途，波折不断，90块的大巴，居然空调坏了，经半路修理，晃荡5个小时到达目的地后，已经是深夜12点。偏偏又下雨

南方周末
Southern Weekly
香港 回归十周年特别报道
那一夜 这十年
洪洞黑砖窑身世调查
焦点
重点
评论板块
全新亮相
还有另外一个台湾
是虐待工人还是役使奴隶
长期执政需要自我变革
一块猪肉引发的通胀焦虑
庄稼叙说的历史
九江大桥
人民币升值加速跑
杀师案

了，家长们担心，天一下雨，窑场要停工，该怎么找孩子。

下车的时候，一大摞资料和寻人启事又被掉在了车上，等到发现，回头去找，车站已经大门紧锁，于是忐忑了一晚。这里是运城的另一个县，我们租了车随意寻找，400公里内，竟然发现了不下50家的窑厂，条件的简陋，只能说，不到现场无法想象。

废弃的砖窑里，一道阳光从数米高的窑口投射下来，底部就是工人们的被褥，以及蜷曲的身体。名副其实的井底生活。我带了相机，但为了不暴露身份，留不下这令人感慨的画面。

此行的失落，在于当地已经启动清查。上午的时候，派出所已经实地调查，未成年孩子和所谓的残障成年人，并没有大规模出现，尤其河南人成了敏感的字眼，几乎所有包工头在抵触的同时，拨浪鼓般摇头，我们这没有，没有。

有包工头破口大骂，“该死的记者，杀千刀的记者，胡写八写，害得我们……”

河南人“不见”了，但云南、甘肃的又冒了出来。

在一处数十家窑厂积聚的地方，我们的到访，惊扰了大约二十个孩子的工作。

这些身高也就一米三四、稚气满脸的孩子，被问及年龄，下意识地说，17了，18了，他们都来自云南。

可是，我敢保证，他们最多十一二岁。

他们像机器人一样移动着打砖坯的机器，我试了一下，不下七八斤重，而他们差不多要每天重复数千次。

当地的司机说，他们其实觉得很正常，不以为意，因为生活啊，要挣钱啊。

真的是我们这些都市的人，不识清苦滋味，而徒发怜悯吗？

并没有看到极端的如洪洞一般，打人致残的恶例。也许即便有，已经迟到的我们，也看不到了。

只有一个20岁的窑工，见到陌生人来，下意识地遮掩着左臂，天很热，他就露天躺在黄土地上，一边拍着嗡嗡的苍蝇，一边努力地打盹。

他有点口吃，被问到为什么不回家的时候，才带着哭腔说，“没工资，没路费”，左手臂露出来，有骨折后扭曲的痕迹，说是“跌的，跌的”……窑场主礼貌地把我们这些所谓的“河南家长”请了出去。跨省解救的日子还没定下来。几十拨记者正在赶往山西的路上。

三年后是否还得清查？（6月16日）

山西大规模的清查已经开始了。

运城昨夜一点，市里紧急开会，下面县里当夜就大规模出动了。

我们决定去昨天看到小孩的那片窑场聚集地，村部里，警察和劳动监察人员正在给窑场主和包工头录口供。听得最多的是，“没有，我们没有童工”。他们恨死了记者。

那些面孔，我昨天分明见到，在他们的窑场里，身边是20多位云南的孩子，还口口声声骂娘，说本地人黑心，才给那么点承包费。

办案的人员，显然不知道我们曾经造访过窑场，他们的回答是，目前还没查到童工的存在。

路上，送我们的司机说，“扯淡啊，这里谁不知道有童工？”他是本村人，补充的数据更是吓人，说早三年，遍眼都是孩子，这两年好多了，好多了。

事实上，就是这片窑场，在运用童工上，屡有前科，三年前，就被查处过，还惊动了劳动和社会保障部。

可是，死灰还是复燃，就像三年后的昨天。我们的亲见。

若是，这样地清查，也许，再三年后的哪一天，又得反复。

明天出发，去漩涡中心！（6月16日）

下午，和摄影记者会合，算起来我们已经一年多没有并肩作战了。不

南方周末

中纪委"5·30"通知：
对腐败官员的"最后通牒"
方舟

近两个月，关于山西众多黑砖窑扣留大量未成年人充当苦力的消息，在河南省上千个失子家庭中飞快地流传。百位父母自发组队，遍访山西运城、晋城、临汾等地的数百家窑厂，一条血泪铺就的"黑工之路"由此被逐渐揭开。

6月9日至12日，河南全省公安展开专项行动，共解救被强制劳动的未成年人29名。山西运城等地警方也展开了类似行动。在公安部的协调下，更大规模的跨省解救行动已在酝酿中。

少年血泪铺就黑工之路 豫晋警方酝酿联手解救

导读

民主社会主义在瑞典

政治舞台上的北大毕业生

南方暴雨

境外赃款 如何追讨

"鬼妻"

经济适用房房号，18万1个

深发展：股改幕后的推手

离不开主旋律的日子

过，很温暖，又有了同伴。

央视"今日说法"的记者，晚上回了北京。在运城，我们吃了告别餐，临走时，他嘱咐我注意安全。

我们是最早赶赴河南和山西两地的记者，一路上，风尘相伴，配合默契，难得的好兄弟！

同行的几位家长，也接连散去，这趟寻子之旅，对他们而言，注定大海捞针。他们其实在帮我。

50岁的老乔有一次把我拉到一边，说："你和我年轻时候一样"。他当过兵，白天看着我赤着上身，和拒绝我们进入窑场的包工头对峙，他说，"好担心你啊"！

临走前，羊大姐趁着我在外采访，帮我洗了衣服。下午匆匆撤退时，我看到房间内晾在椅架上的衬衫，心里堵得慌。

整整一天，我的电话被打爆了，因为那篇《少年血泪铺就黑工之路　豫晋警方酝酿联手解救》。一位市委副书记说向我致敬，我采访过她，她是我喜欢的官员，这句话胜过许多东西。

历史学家朱学勤老师，看到报纸后，在夜里对我说，"愤怒得睡不着"，他说他要写文章。我想，他的文章一定好看，如果《南方周末》能登，读者有福了。

那么多电视台和电台，要求电话连线，可是，真的对不起，我还在一线，我还得继续工作，只能勉强答应几家。

外国媒体的朋友不理解我的拒绝，"为什么啊？""我们不是可以自由采访了吗？"我不好解释，只能抱歉，再抱歉。他们是真不明白，还是假不明白？

密集性的新闻轰炸已经来了，几十拨记者云集郑州，网络的新闻即时更新，中央高层频频表态，留给南方周末的空间越来越窄。

编辑说：“别焦虑，第一篇已经超额完成任务了。”他在帮我出主意，后续怎么办。

我想，还是继续上路吧，新闻在路上，一定还有发现的。

明天出发，去漩涡中心。那个叫洪洞的地方。

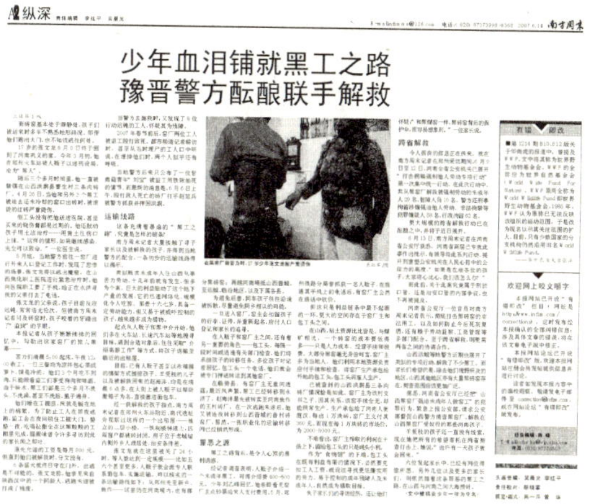

纵深

少年血泪铺就黑工之路
豫晋警方酝酿联手解救

我是如何找到窑主他爹的？（6月20日）

风端是我们的网站总管，《洪洞黑砖窑身世调查》稿子还在电脑房排版的时候，他上msn对我说，“一个字：硬。”

风端：窑主他爹是怎么被你找到的？

朱红军：第一天傍晚，别的记者都走了，我们继续留着，死磨硬泡，取得信任，夜里窑主给我们电话，但没说要见我，就说觉得我人还不错。

朱红军：我们就第二天清晨5点出发，把他堵在山上的窑洞门口了。

风端：别的媒体都说他人间蒸发了……

朱红军：一句，您入党多少年了，这家伙哇地哭出来，在山梁上好响。

朱红军：我拉着他换了地方，结果翻来翻去，到了一个深山里的老婆婆的窑洞里。

朱红军：吃了本年度最有滋味的汤面。

朱红军：于是采了两个小时，但是他看起来不是谈得很彻底，没办法。

朱红军：还是精明的人。

朱红军：宣布他取消党籍当天夜里，我们11点又去了一趟。夜里在山里转悠，害怕。

风端：他恐惧大于忏悔？

朱红军：是。但事情复杂的一面出来了。

风端：他为什么把党籍看得那么重？

朱红军：谁知道，也许是老党员，也许是以此表忠。

风端：靠，这单子事不知道最终能怎么收场。

风端：还是写写博，与稿件形成补充阅读吧。

面对丑闻的两类公安局长！（6月23日）

在洪洞，公安局一位副局长正埋头写文件，估摸着和黑砖窑事件有关，我们不请自来的时候，一听又是记者，眉头皱成一堆，下意识地把桌上的文件遮住。

既而指着另一叠文件，恼羞成怒地说："就是你们这些记者，把我们害得……你们想干什么啊？"我仔细一瞅，竟全是我们那篇《少年血泪铺就黑工之路》报道的复印件。

看得出，他是真的生气，接下来的话，说明了生气的原因："本来我们都可以破案立功了，现在反倒成了罪魁祸首。"

他还公然撒了谎，明明包工头已经押解到洪洞，他却理直气壮地反驳："谁给你们消息了？我说没有就没有。"

我忍气吞声了一回，示意旁边的同行替我掩护身份，于是就成了某某周刊的实习生，只要不让他知道我是南方周末记者就行。

出来的路上，同行责怪我："这种人，就该拍着桌子，修理他一下。"同行觉得我的忍耐很窝囊，我说，"要不，咱们再回去"，他哈哈大笑。

三天后，从洪洞回郑州，临上飞机的间隙，陪着羊大姐，去赴另一个公安局长的约，羊大姐担心对方的来意，特地要我陪同，以防不测。

一帮人马，五个人，一介绍，什么刑侦大队长、指导员，全都来了，从山西来，几百里的路，大早上的车，等羊大姐半天了。不抽烟，不骄横，一见面，就道歉，感谢的话，不管是不是真心，但听者很暖心。

两个月前，羊大姐去他们辖地找孩子，吃了窑主的亏，和媒体诉了苦。"局里很重视"，这位局长说，"本来大队长来就行了，但我还是要来，一是诚意，二来表示重视。"

他们的来意有两条：一是询问下地方砖窑当时的情况，好回去对付那些死活不认账的窑主和包工头，另一层是，看看有无基层派出所态度傲慢或失职渎职的情形。局长说："一旦查实，饶不了。"

究竟饶还是不饶，不好说，但起码，这姿态好，像个人民公仆，于是借这里，表扬一下。

窑洞里难忘一碗汤面滋味（6月23日）

村支书王东记"哇哇"哭完，悲戚的哭声，在6月20日清晨5点的山梁，有点感人。说那句"只要保留我党籍"的时候，我也相信，有那么点真诚。他带着我们爬过几座山冈，再下几处陡坡，到了这位大娘的窑洞。

大娘很热情，来了客人，张罗着倒水，后来不顾我们劝阻，硬是扯了几碗面，清汤寡水中，还有肉丁，味道真好！

王东记说，老人家患癌十几年了，不打针，不吃药，和老伴在这深山里，放羊砍柴，不给子女添负担。居然一直活到今天，看起来身体还健康。

我们临走的时候，真想留点东西，可是出来匆忙，除了相机笔记本，什么都没带。给钱吧，怕玷污了老人家的盛情，还是算了吧。

大娘，在窑洞门口，示意路向，看着我们上山坡。我们走了，肯定也不会回来。记者就是这样！

欢迎某省同志前来核实情况！（6月25日）

真是树欲静而风不止，我都离开山西快三天了，也不会再写任何相关报道了，偏偏还有同志记挂我。

今天下午，据说，某省公安同志夹着一大叠《南方周末》及其他媒体的报道，专程跑到郑州，找河南失子家长们核实情况。据说问了好多问题，比如，"这记者你见了吗"，"和他谈了多长时间"，"去哪些地方"云云……

都说不惮以最坏的恶意揣度别人，可我怎么也想不出，若此消息为真，"同志们"这时的用意究竟是什么？

是为了向家长们询问破案线索吗？那似乎反应慢了点。不是说该抓的都抓了，该查的都查了，该解救的都解救了吗？

是遵照省长指示，欢迎媒体提供情况吗？那也该找记者本人啊，看来我得准备好录音，准备好笔记，欢迎来问了。

还有一个插曲，有点意思。也是今天下午，又一家境外媒体记者不知道从哪弄到我的电话，一个自称新闻助理的标准普通话女声，居然开口就问，"听说报道山西黑砖窑的事情的记者，现在受到压力了？"

外国朋友的路数，真是异曲同工，上次采访厦门PX我也遇到类似情况，相比新闻事实，他们似乎更关心这个，呵呵。

我说，“没有啊，至少我没有任何压力”，然后礼貌地道歉，“不方便接受采访”，再挂断电话。接完这个电话，5分钟后，传来了上面讲的有待核实的消息。.

羊大姐，这个晚上，真替你高兴！（6月26日）

晚上，在商场买衣服，电话响，是羊大姐的。

电话里气喘吁吁，但听得出来的高兴，张口就是：“老弟，告诉你一个好消息。”

我本能地问：“找到孩子了吗？”

“不是。但快了，最多两三天吧。”

原来，她寄出的求救信算是直达天听了，作为对她揭开黑砖窑事件的额外馈赠，高层专门示意省市，无论如何得帮她找到孩子。

晚上，派出所的同志告诉她，“孩子有线索了，生命无虞，再两三天就有结果了。”

她正在回家的路上，想起来要告诉我这个千里之外的小老弟。

我很欣慰，回话的嗓门高了许多，老婆在旁边直示意我“小声，小声”。

这真是一个高兴的夜晚。

洪洞县里皆好人（6月28日）

在洪洞县采访黑砖窑虐工事件，地方官员私下感慨最多的是“意外”、“突如其来”。该县公安局一领导，甚至手持报纸，大光其火，“不是你们这些记者，我们本可以报功的”，后来干脆有干部“斗胆”说了实话，“没想到媒体从另一个角度进入”。

潜台词是，原本的角度不是这样的。

原本的角度是什么？可能是这样的——

基层干警，不辞辛苦，深入一线，救民于倒悬；长篇报道《5·27砖窑命案成功侦破纪实》新鲜出炉；倘若操作得当，被解救农民工还会敲锣打鼓，感激涕零，赠送锦旗。半个月后，广胜寺镇派出所集体荣立三等功（如果命案是两条或者更多，立功等次逐级提高）。

村支书王东记，关键时刻大义灭亲，不愧为32年党龄的优秀老共产党员，堪称县人大代表的楷模。

县领导某某某，亲临医院看望被解救民工，并送去慰问金多少元云云，领导现场激情洋溢讲话，着重强调，县委县政府高度贯彻中央构建和谐社会精神，切实保障农民工合法权益。

不日，以“打造地方优良投资环境，营造农民工安居乐业之家”的主题行动全面铺开，劳动监察部门奉命清查全县用工，结论是：王兵兵砖窑是“极端的、个别的”现象，除此之外，本县再无第二例，从此农民工兄弟工作无虞。

与此同时，各界“为农民工兄弟送温暖”活动如火如荼，共募集捐赠多少元，实物多少件。

当地报纸发表评论文章，反用《苏三起解》旧语，曰：洪洞县里皆好人。

请以新华社报道为准！（7月3日）

下午5点，临汾中院的法官们还在开会，大事来了。

刑庭管内勤的同志说：“电话太多了，媒体太热心了。呵呵。”

明天是7月4日，如果不出意外，上午8点30分，临汾中院一号庭，山西黑砖窑虐工案将迎来第一场审判。

被烫伤的少年张，被打折腿的窑工申，他们和他们的家属，正在去往山西的路上，在电话里说：“朱记者，最好你再来一趟啊。”

可是，我去不了，于是打了一圈电话，问问半月前在一线的记者们，似乎去者也寥寥，都在说：“不是以新华社报道为准吗？”

等啊等，等啊等（7月4日）

早就知道了7月4日，山西洪洞砖窑开审的新闻，因为《南方周末》，又恰在周三定稿，编辑想了想，还是不去吧。

我自己想去，但想到次日日报铺天盖地，去了恐也来不及发出什么像样的东西。

于是，我保守地想，如果周三，法院的效率高，结束得快，说不定，我还能通过电话和前方兄弟的帮助，连夜写个千字后续文，好歹使本人的砖窑报道，有始有终。

事先采访了家长、律师，听了一遍起诉书内容，要到了主审法官的电话，窑场主家属那边也能随时联系到，剩下的就是等，等啊等，等着庭审早点结束。

中午的时候，知道上午的进程慢了些，控辩只完成了2/5，预感不妙。

下午，索性拟好了草稿，只等空缺的开头填补内容。

等啊等，下午6点钟，编辑在线上问："好了吗？"

我赶紧打电话到前线，朋友、家长、律师的手机全部关机，看来还在审理。

6点30分，报社截稿了，我的草稿只能存进废文盘了。真郁闷。

谁是"400位父亲"的网络代言人？（7月10日）

几天来，我的手机总是不断响起，一位以自己独有的方式推动黑砖窑内幕被曝光的母亲，正身陷忐忑之中。

她离开了家，居无定所，换了手机号码，不愿意被某些人找到。

我从不主动找她，只是等她的短信，然后知道她还安好，有时忍不住还劝她："别自己吓自己，以免方寸大乱。"

摘录部分短信，因众所周知的原因，恕我隐去部分关键内容：

6月30日：朱记者，您好！……心中虽无恐惧，但还是不免掠过一阵寒意，我只是说出了一个真相而已，真的不值得……最可怜的是那些孩子和他们的父母，仍然在远隔天涯……

7月5日：朱老师……他们因怕受牵连已躲起来，我不会怪他们，我会坚守我的执著，因为我是母亲，自认为是一烈性女子，所以无论面对多么险恶的处境，我都不会违背自己的良心……还是那句话，黑夜给了我黑色的眼睛，我要用它去寻找光明！

7月5日：朱老师，我想回家，我想结束尴尬的，流亡生涯。

7月5日：我会尽力调整心态，争取尽早以一种平和的心态去面对并解决这些问题……

山西黑砖窑案受害人赔偿成最后悬念（7月20日）

17日晚，接报社紧急通知，再赴山西。

山西省宣的同志说，早一天的纪委的新闻发布会，因为低调，引得省长不高兴，命令一定要公开，于是才紧急邀请记者。我们据说是因为频繁报道黑砖窑，所以被点名邀请。

盛大的发布会，据说共有90位记者到场，包括中央、山西本省的媒体，以及像南方周末这样的8家省外媒体。

长枪短炮，大致数了下，不下四五十架。中央电视台甚至全程直播，可见举国重视。

山西省高院的刘副院长，看来准备异常充分，有问必答，甚至发布会结束了，我追着一路下楼，一路发问，他倒也来者不拒，最后还连声抱歉，才钻进了离去的公车。

记者答问环节，我举了半天的手，只碍前面的转播机器阻挡，终没获机会。

不过同行们，提的问题大多还靠谱，这个刘院长，答得也不卑不亢。

中午，自助餐，席间，居然和劳动保障部一司长同桌，于是拉着攀谈了好一会，直到最后离开饭厅。

司长已经在山西呆了近一个月了，甚好沟通，聊得最多的是，事件的复杂，以及未来的杜绝之道。分手时，交换了手机号。

晚上，山西省劳动保障厅一主任，寻到我的电话，说是，拜读文章，尤其是最近的关于“400位父亲”网络代言人的文章，问能否提供具体的名单。被我婉拒。

第二天，和省办公厅一副主任匆匆一见，印象良好。

（作者为南方周末记者）

于幼军的选择和媒体的责任

●林楚方

前不久我和同事到山西采访黑砖窑事件，见到了山西省长于幼军。我们做了两篇报道（《于幼军坦陈心迹》、《黑砖窑风暴中的山西官员》），文章发表后，看到两种截然不同的反应，一种认为两篇报道非常好，甚至用“完美”一词；一种人极其愤怒，认为报纸成为山西人和于幼军的工具。

有的话更难听。

其实指责我们的人，我觉得几乎是为了指责而指责。《南方周末》从开始就介入报道事件，将此事件推到公共舆论中。综合看《南方周末》的报道，既有事件本身的还原，又有山西各级官员的角色调查，这应该是一流媒体的常识性选择，但传播常识有时也需要勇气。

事后，我一直思考，在这样的“黑色事件”中，媒体应该充当什么角色。我相信，所有人在开始时，都义愤填膺，媒体从业者也不例外。所以，媒体的早期报道都在竭尽全力地渲染黑砖窑之黑，官员之恶，受害者之多。

但实际上事情并不简单。并不是说所有的砖窑都是黑砖窑，所有的黑砖窑都像洪洞县的砖窑那么黑。就我们记者的调查看，确实如此，那么为什么媒体的报道却给人以这样的印象？我相信，大多数媒体在报道之前就已预设立场。

比如黑保护伞之说，常识看，保护伞一定是追求最大利益，而黑砖窑比起煤窑来，赢利是微不足道的，保护伞们为什么放着煤窑不保护，而去保护砖窑呢？其二，媒体报道中有一个细节，警察对着一个家长说："不是你的人你不要带走。"但媒体报道根本没有交代语境，当时警察和河南记者以及家长出现在砖窑，把砖窑现场负责人带上了警车，而这个时候，和孩子无关的家长，提出把孩子带走，警察当然不能同意，同意才是渎职。但媒体呈现的效果是：警察无情，警察恶劣。

事件的本质，我理解，就是底层社会人之间丧失人性的摧残，但负有监管责任的政府机构却"麻木不仁"。这种麻木不仁足够令人震惊，为什么还要用夸张甚至是移花接木的办法来报道呢？那媒体应该充任什么角色？当然是揭示真相，但这个真相必须是立体的，而不是局部的。

黑砖窑事件中还有其他细节，比如当地政府在媒体大规模曝光之前就在处理一些黑砖窑，这个信息，几乎没有一个媒体愿意涉及，比如，在黑砖窑事件中，官员群体究竟充当了什么角色，也没有人愿意开掘，只是告诉读者：这里很黑。

其实大多数事件中，媒体都愿意把注意力放在渲染黑暗上，比如重庆钉子户事件，也是如此。《南方周末》从钉子户事件中就在总结，如何提供立体的真相，因此我们在钉子户后期报道中，呈现了当地政府、司法机构在事件中的角色。此次黑砖窑事件，亦是此思路。

但显然，这种思路，还不能为一些同行所接受，只要你给政府提供言论平台，你就是被政府利用。这种情绪真是要不得，如果所有人都以仇恨心态看待政府，国家还有什么希望？如果全社会被仇恨情绪所覆盖，到处都弥漫着死磕，生活还有什么指望？有些事情是政府有责任，但是有些时候，政府之外的媒体也有反省之责。

总结起来，就是以传播立体真相为己任，以制造政府与舆论之对立为殷鉴。

再说风口浪尖的于幼军，不幸的是，他也是媒体舆论的受害者。他几次出来检讨、道歉，都被一些舆论咒骂。我们看过那么多的灾难，SARS、禽流感、触目惊心的污染、痛心疾首的矿难，但我们何尝看到过道歉、检讨、忏悔？

面对黑砖窑事件 于幼军坦陈心迹

2007-07-05 17:27:26 来源：南方周末 网友评论15条 [查看评论]

选择文章字体大小：大 | 中 | 小

山西省长于幼军陈杰 / 图

在发达地区工作和在山西工作，于幼军感受不同

面对黑砖窑事件 于幼军坦陈心迹

“不能漠视民生，不能怠慢人民”

不道歉，不反省，与其说是一种劣行，不如说是一种理性选择，道歉要付出代价，你要承认自己是错的，要承担责任。中国还不能和西方人比，西方人发明了引咎辞职等制度，比如，出了问题，你省长、州长，甚至内阁，都要下台，要承担“概括责任”，但中国还没有到那个阶段，“道歉”已经“走在前面了”。

于幼军不会不知道“引火烧身”的道理，但他其实可以躲在舆论的后面，指示《山西日报》报道他几个批示，估计媒体也不会说什么，因为大家习惯了，但这次他道歉了，反而成为众矢之的。

试想，如果今天于幼军站出来，舆论就攻击他，那以后谁还会站出来？谁还敢站出来：看，于幼军这个傻瓜……

对待黑砖窑事件，我和同事聊天时谈起，我们无法宽容那些“反人类”的罪行，但我们也应该探究事件的肌理，肌理是复杂的。而如果我们把石头不分青红皂白地砸向所有人，那不是我们的选择。我们需要更真实地还原复杂的事件，更少地去判断我们所不能穷尽的事实。

仅靠愤怒解决不了中国问题，仅靠口诛笔伐，不会制造出和谐社会，仅凭单线逻辑，不会制造出民主制度，只去渲染仇恨，最后连渲染者也会被仇恨淹没，最后就是全民死磕。

媒体的责任，在今天可能比以前更重要。我觉得我们除了要“揭露”，还要多做一些“揭示”的工作，除了谴责，还要多做一些沟通工作，至少不应该渲染仇恨、仇视。更不要觉得自己就是“中国通”了，我们经常对“中国”这两个字理解得很肤浅。

（作者时为南方周末编辑）

第二章

来自新闻冰山下的声音

这是来自新闻冰山下的声音，是新闻背后的新闻。这里将揭示新闻真实之后的真相。新闻往往会遭遇许多不确定因素的狙击，记者的采访于是像一场超过时间的百米冲刺，或者记者成了手段高明的侦探，无所不知。但最后的作品，只能是记者的，而不是运动员或侦探的工作总结。于是，许多精彩变成了“沉没的声音”。这里，正试图打捞点上来。

曾十面埋伏过，孤独感不赤裸
——关于汉芯造假事件的记者手记

●杨琳桦

2006年第一案

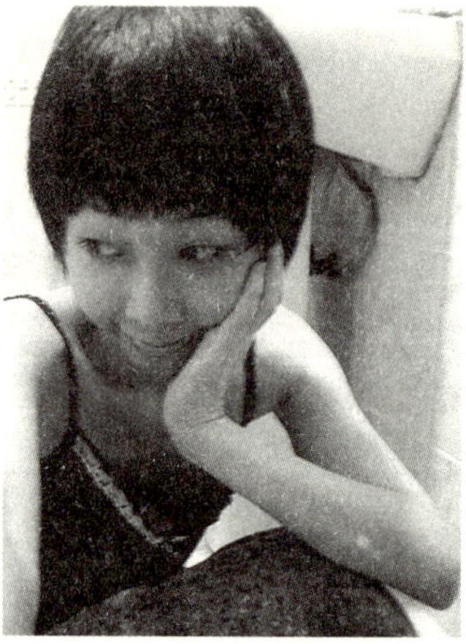

2006年1月17日，当清华大学的BBS曝出“汉芯造假传闻”时（举报人称，所谓“汉芯一号”是陈进雇用民工将从美国购回的MOTO芯片表面的字样磨掉随后加上“汉芯”标志），舆论距离“哗然”尚远。“汉芯一号”涉嫌造假人、上海硅知识产权交易中心负责人陈进对此“否认”的口气相当坚决，我亦轻松地与他相约，将采访他“辟谣”的时间定在1月21日下午。

但此后两天，我的多个电话被他以各种理由拒绝。与陈进的微妙转变不同，网络举报人渴望信息公开，然而在其有生命安全隐患的时刻，造成我们之间最大的距离仍是：个人对媒体的信任感。

从1月22日下午开始，举报人始终未接我手机，直到当日晚上11时，我的手机出现回复，他的短信仍语气狐疑：“如果我告诉你，你敢写么？”

在进入事件的门口，当一方“缺席”，那么与之博弈的另一方是无论如何必须抓住的线索，因为这是深入事件的唯一可能。也就在这个时间，《21世纪经济报道》IT版面负责人丁秀洪给我打来电话。在听我说完情况后，他向我要了举报人的手机。

半小时后，丁秀洪来电：“今天晚上采访。”为最大限度地争取举报人的信任，我决定用手机采访，但这使录音显得十分困难。

“我们的通话是被监听的。”在一开始，举报人告诉我，“谈话必须尽量简洁。”1月23日凌晨1时，结束采访后，我表示希望能与他见面。因为从当时掌握的情况看，即使有举报内容，但从法律角度都不能作为证据，如果能拿到书面资料，在保证“证据”的同时，也能尽可能弱化媒体报道的风险。但举报人沉默片刻，仅回答说：“我先看到报纸再说吧。”

动笔的同时，我心里十分沉重，因为——如果事情属于诽谤，一个举报人能把“造假”描述得如此详细和具体是相当让人匪夷所思的。

1月23日，陈进的手机转为无人接听。23日中午，已初步做完稿子的我来到交大微电子学院，希望能遇到陈进，但与《第一财经日报》的记者王如晨一起被陈进的助手栾先生礼貌地挡在其外，并言：“年初开学后，交大会为此做一次公开反驳的新闻发布会。”

当日下午3时，我听到《第一财经日报》和《东方早报》封杀“汉芯报道”的消息，想起22日听到《每日经济新闻》已被“封杀”。至此，陈进态度转变的原因已值得怀疑，我也开始真正意识到这个事情并不如想象中简单。

“深喉”现身与“未名空间”

1月24日，因为接到国务院网络监管单位通知，新浪、搜狐、TOM等国内网站同时删除了“汉芯”举报内容，并禁止转载任何其他媒体关于汉芯涉嫌造假一事的调查和报道。

同日，《21世纪经济报道》第一篇“汉芯报道”——《“汉芯一号”造假传闻调查》出炉，但鲜见网络转载。我在自己的博客贴出了报道，朋友keso看到后，也在IT界颇有名气的网媒“donews”上进行了转载。

与此同时，举报人终于同意见面。1月24日凌晨，我来到电话中约好的地点，对方在白色车中向我示意，为保证安全和隐秘，我们每谈话20分钟，车就往前行驶一段路。

这或许是举报人最为危险的一段时间，因为——局势尚未明朗，而信息发布的渠道正在被堵塞，因此谈判中最关键的是：必须让他明白，与尚未被封杀的主流媒体保持密切接触，是保证其生命安全的重要方式，而时至2006年春节，这是任何新闻最容易被冲淡和被公众遗忘的时间。

交流的两小时，举报人不时接电话，我尝试偷偷在口袋里打开录音笔，但被他机警地阻止了。令人失望的是，除了可以摄影和记录一份资料的文字内容外，他同样对是否能提供这份书面“证据”犹豫不决。

我不知道这是否是我与他见面的唯一一次机会，为了增加说服力，我偷偷给丁秀洪和《21世纪经济报道》上海站的编委王云帆发了短信，他们在第一时间与举报人通了电话，举报人最终把这份材料递到了我手里。

1月25日，第二篇“汉芯报道”——《夜会“神秘人”》出炉，这是2006年春节前《21世纪经济报道》的最后一期报纸。

至此，事情的关键落在这份“证据”中提到的ENSOC公司身份上，因为举报人说这是陈进个人在美国注册的皮包公司，陈进通过ENSOC进行“左右手交易”，让资金流入了自己口袋，但how to testify it（怎样证明它呢）？

“曾十面埋伏过，孤独感不赤裸”，互联网的应用此时起到了巨大的作用。我也是跑互联网的记者，所以第一个想到的是去Googlemaps查询ENSOC公司地址，很快发现这是一片居民住宅，情况与举报人提供的信息相符，但我担心Googlemaps会存在系统更新问题，那么如何证实这一信息？

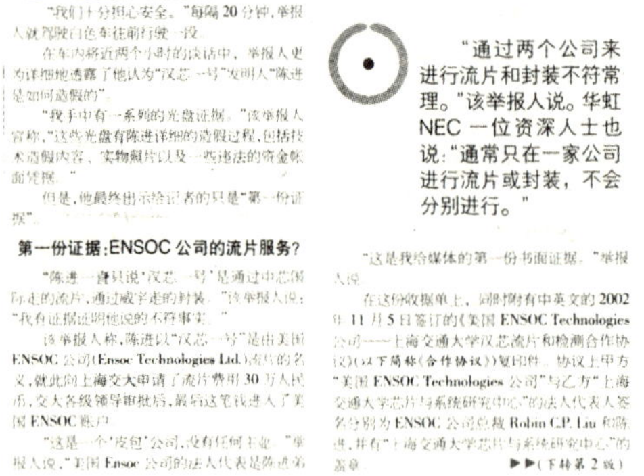

"汉芯一号"造假传闻调查之二

夜会"神秘人"

本报记者 杨琳桦 姚峰 李晓艳
上海、北京报道

24日深夜11时，喧嚣的上海人民广场已清冷寂寥。在一辆停着的白色轿车中，一位身穿浅色羽绒衣、微胖的年轻人对记者示意："我就是你要找的举报人。"

他说，经过一天考虑后，他希望与记者"见一面"——这是他第一次面对媒体。

"我们十分担心安全。"每隔20分钟，举报人就驾驶白色车往前行驶一段。

在车内将近两个小时的谈话中，举报人更为详细地透露了他认为"汉芯一号"发明人"陈进是如何造假的"。

"我手中有一系列的光盘证据。"该举报人宣称，"这些光盘有陈进详细的造假过程，包括技术造假内容、实物照片以及一些违法的资金帐面凭据。"

但是，他最终出示给记者的只是"第一份证据"。

第一份证据：ENSOC公司的流片服务？

"陈进一直只说'汉芯一号'是通过中芯国际走的流片，通过威宇走的封装。"该举报人说："我有证据证明他说的不符事实。"

该举报人称，陈进以"汉芯一号"是由美国ENSOC公司(Ensoc Technologies Ltd.)流片的名义，就此向上海交大申请了流片费用30万人民币，交大各级领导审批后，最后这笔钱进入了美国ENSOC账户。

"这是一个'皮包'公司，没有任何主业。"举报人说，"美国Ensoc公司的法人代表是陈进弟弟的妻子，陈进实际通过中芯国际走流片，威宇和安靠走封装，但另外又以上述工程名义向这个'皮包'公司汇款，以中饱私囊。"

举报人向记者出示了一份2003年3月5日，由美国Ensoc公司以"估费汉芯Edsp21600(即"汉芯一号")样片的测试、封装及开发系统"名义，出示给上海交通大学芯片与系统研究中心(上海交大微电子学院前身)35,080美金的到帐收据(Invoice)的复印件。

"通过两个公司来进行流片和封装不符常理。"该举报人说。华虹NEC一位资深人士也说："通常只在一家公司进行流片或封装，不会分别进行。"

"这是我给媒体的第一份书面证据。"举报人说。

在这份收据单上，同时附有中英文的2002年11月5日签订的《美国ENSOC Technologies公司——上海交通大学汉芯流片和检测合作协议》(以下简称《合作协议》)复印件。协议上甲方"美国ENSOC Technologies公司"与乙方"上海交通大学芯片与系统研究中心"的法人代表人签名分别为ENSOC公司总裁Robin C.P. Liu和陈进，并有"上海交通大学芯片与系统研究中心"的盖章。

▶▶(下转第2版)

我再次陷入了困顿，互联网上不仅没有这个“高科技”公司的任何营销信息（本身十分可疑），而即使如雅虎的Yellowpage也无法查出ENSOC的电话号码。

此时，我在美国的表姐向我提

议可以去“未名空间”求助，我想起以前朋友曾和我言，这个海外留学生的集中地潜藏了许多“技术怪人”。因为有人在“未名空间”抱怨了老婆一句，就有其他人将其姓名、地址、工作单位及其爱人名字、工作单位，甚至是其前女友的照片全部罗列。

那么，这正说明“未名空间”就是我要的地方。我深信，任何一个人在有限的时间内进行深入调查，能量也是有限的，这也再一次证明了第二代互联网的精华在于“分享”，如果你能接受这个前提，就可能获得很多意想不到的帮助。

于是，我在发布求助信息的同时留下了即时通讯工具MSN、Skype和Google talk，我希望留学生能帮我拍一张这个地址是私人住宅的照片，但结果远远超越了我的期望。新年伊始，大量留学生向我提供了类似中国“114”的美国“411”号码网，甚至帮我找出了陈进导师Jacob Abraham的联系方式。

与此同时，关于陈进是否具备在DSP设计领域的能力也是一个疑问。除了在官方网站寻找陈进的个人信息外，我开始用Google的blog搜索收集他个人的求学经历和业内人士对他能力的讨论和观点，包括陈进在美国的博士论文地址，而这一篇论文正说明了陈进的求学方向在测试（test），而非DSP设计。

2月16日晚6时，我与举报人进行了第二次见面，和我一起去的还有本报上海站的编委王云帆。举报人告诉我们，国务院调查组已飞临上海，他们正在协助调查，并称：“调查组内部已基本确认‘汉芯一号’造假属实。”

当日晚8时，我来到调查组下榻的“富豪环球东亚”酒店，前台证实确有一批由上海市政府统一安排、从北京过来的专家。

2月18日，《21世纪经济报道》的第三篇“汉芯报道”——《陈进与Jin Chen的对敲游戏》出炉，文章罗列和质疑了陈进的能力以及ENSOC的相关信息，如该公司地址是陈进在美国读书时其师弟Robin Liu的私人住宅等。

2月19日，我意外发现我的博客当日浏览量已超过5000，原来“未名空间”贴出了我博客的URL，并从我博客搜集和转载了我从开始涉入这个题目的调查和报道的所有心路历程。

这是互联网“天下大同”梦想的后遗症——如果你从分享中获益，那么你也必须接受灾难，和我报道一起暴露的是我的私人信息。但事已至此，我即在博客上添加了私人联系方式，希望能取得更多线索。

很快，这个博客地址被贴到“天涯”，然后被各个博客者像大饼一样互相贴。此后，我的博客和即时通讯工具出现了千奇百怪的人：有的是为骂我，有的是行业中人（感谢他们此后为我提供的IC技术支持），还有的是关心母校的交大学生。

而随着时间的推移和报道的深入，一些真正与“汉芯”有涉的核心人士也成为了我MSN的“神秘人士”。

陈进的策略

2月24日早上10时，我在家里接到了一个重要电话，对方言：“陈进23日已秘密飞往深圳。”丁秀洪和王云帆的第一反应是——“立刻求证、然后先发一个短稿。”

但按照陈进住酒店的习惯，我们的搜索无果。还有什么方式可以证实他已飞往深圳？只有航班记录。

24日下午，我开始想尽办法查询2月23日到24日之间飞往深圳的所有航班。终于，在上航获得一个信息，一位叫“陈进”的人在23日下午4时10分飞往深圳，但订票并不通过上航，而是通过一个售票中心走的。这时候的问题是，必须证明此人就是交大的陈进，但售票中心的接线员拒绝提供客人的私人信息。

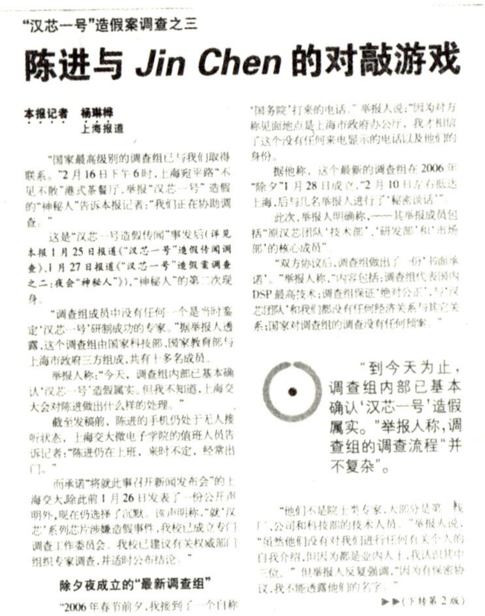

“汉芯一号”造假案调查之三

陈进与 *Jin Chen* 的对敲游戏

本报记者　杨琳桦　上海报道

“国家最高级别的调查组已与我们取得联系。”2月16日下午6时，上海宛平路“不见不散”港式茶餐厅，举报“汉芯一号”造假的“神秘人”告诉本报记者：“我们正在协助调查。”

这是“汉芯一号造假传闻”事发后（详见本报1月25日报道《“汉芯一号”造假传闻调查》、1月27日报道《“汉芯一号”造假案调查之二：夜会“神秘人”》），“神秘人”的第二次现身。

“调查组成员中没有任何一个是当时鉴定‘汉芯一号’研制成功的专家。”据举报人透露，这个调查组由国家科技部、国家教育部与上海市政府三方组成，共有十多名成员。

举报人称：“今天，调查组内部已基本确认‘汉芯一号’造假属实。但我不知道，上海交大会对陈进做出什么样的处理。”

截至发稿前，陈进的手机仍处于无人接听状态，上海交大微电子学院的值班人员告诉记者：“陈进仍在上班，来时不定，经常出门。”

而承诺“将就此事召开新闻发布会”的上海交大除此前1月26日发表了一份公开声明外，现在仍选择了沉默。该声明称，“就‘汉芯’系列芯片涉嫌造假事件，我校已成立专门调查工作委员会。我校已建议有关权威部门组织专家调查，并适时公布结论。”

除夕夜成立的“最新调查组”

“2006年春节前夕，我接到了一个自称‘国务院’打来的电话。”举报人说：“因为对方称见面地点是上海市政府办公厅，我才相信了这个没有任何来电显示的电话以及他们的身份。”

据他称，这个最新的调查组在2006年“除夕”1月28日成立，“2月10日左右抵达上海，后与几名举报人进行了‘秘密谈话’”。

此次，举报人明确称，——其举报成员包括“原汉芯团队‘技术部’、‘研发部’和‘市场部’的核心成员”。

“双方协议后，调查组做出了一份‘书面承诺’。”举报人称，“内容包括：调查组代表国内DSP最高技术；调查组保证‘绝对公正’，与‘汉芯团队’和我们都没有任何经济关系与其它关系；国家对调查组的调查没有任何预案。”

“到今天为止，调查组内部已基本确认‘汉芯一号’造假属实。”举报人称，调查组的调查流程“并不复杂”。

“他们不是院士类专家，大部分是第一线厂、公司和科技部的技术人员。”举报人说，“虽然他们没有对我们进行任何有关个人的自我介绍，但因为都是业内人士，我认识其中三位。”但举报人反复强调，“因为有保密协议，我不能透露他们的名字。”

▶▶（下转第2版）

世界充满了戏剧性。当我决定再打电话直接告诉对方我是记者并在追踪“汉芯一号”时，售票中心的一位接线员对我说，他看过报道，也十分希望能帮忙，但表示，这个客人没有提供身份证号码，而我可以做的就是再给他们下面的一个售票分支打电话，因为那个地方是直接出票的地方。

当我与接电话的人周旋了10分钟后，对方突然冒出一句：“上海交大是我们的老客户，售票没有记录身份证十分正常。”

同时，陈进助手栾先生表示，陈进仍在上班，但24日没来。此前，我已从陈进身边人士获悉，陈进平时只见领导，客户之间的事情由专门团队负责，因此陈进公干可能性很小。

另外，我们从秘密的官方渠道已获知，陈进已被限制出境，但常识告诉我们，假设其通过深圳走香港，护照并不会成为困难。

此时是24日下午3时，我告诉丁秀洪已确认陈进飞深圳，但不能排除陈进是为私人原因。丁秀洪说，也许我们应该兵行险招，以前写陈进过去，现在追问他最新行踪，希望能激将其出来说话。

与此同时，《21世纪经济报道》的第四篇“汉芯报道”——《陈进被限制出境？》出炉。我也未曾想到的是，丁秀洪的想法取得了引证，陈进很快通过中间人与21世纪经济报道北京站取得联系，表示希望能安排采访，但具体时间，还要等其电话。

这无疑是一个激动人心的消息：从新闻完整性角度，自不必说，而在面对面的对话中，陈进将如何针对细节一一作答？

但另一方面，我们也想到一个问题，为何陈进这时候愿意出来说话？形势是否在发生变化？此时，通过陈进手机已能联系到他。

2月25日晚，我MSN上的神秘人士告诉我，26日早上陈进将出现在上海硅知识产权交易中心的搬迁仪式上（陈进是上海硅知识产权交易中心CEO）。此时，同事左志坚和姚峰加入调查行列。

3月2日，《21世纪经济报道》第五篇“汉芯报道”——《陈进的私人档案》刊发，事情再次发生改变，一边是陈进再无与我们联系的消息，而他的手机再度恢复沉默。

至此，我们仍不明白究竟是陈进秉承一贯的性格又试探了我们一次，还是形势再次发生变化。但我感触最深的是，自己也犹如亲历故事会，新的矛盾和线索不断出现。而这一系列报道已不是一个事件性的新闻报道，在局势随时可能变化的情况下，新闻报道本身可能带来力量博弈的变化，从而影响形势的发展变化。

寻找“民工”

3月4日，《21世纪经济报道》第六篇“汉芯报道”——《“汉芯之父”

陈进背后的六个公司》出炉。

但形势依然不明朗，考虑到要找一个“不能翻案”的铁证，唯一方式可能就是寻找“磨芯片的民工”。如此看来，此前网易用“戏拟”形式做的大幅报道——《寻找民工》是颇有前瞻性的。

但考虑到付出成本和收益很可能非常不匹配，我们内部对这个调查方向也有很多争议。3月5日凌晨，我和左志坚在办公室。突然，左志坚MSN上一位神秘人士告诉左志坚：“确实有必要寻找民工，而‘民工头’原来与陈进关系不错，且‘民工头’和陈进正在打官司。”

上海法院网站显示：2006年3月，闵行区人民法院有一起诉讼，被告为上海汉芯通讯科技有限公司，原告为上海瀚基建筑装饰工程有限公司。

3月6日，《21世纪经济报道》第七篇“汉芯”报道——《汉芯造假案即将水落石出　神秘工程公司现身》出炉。

3月7日深夜，我、左志坚和姚峰计划在办公室熬通宵，因为打算详细梳理陈进财富游戏并做一个相关稿子。就在此时，一位曾是“汉芯”团队的核心人士表示可以到我们报社来，我们非常激动。

因为相关核心人士的出现，3月9日，《21世纪经济报道》的第八篇“汉芯报道”——《汉芯成员爆料：陈进与台湾芯片公司的秘密交易》出台。3月12日，《21世纪经济报道》的第九篇“汉芯报道”——《陈进的财富游戏》出炉。

时已至此，虽然媒体对“汉芯一案”的监督已经起到一定作用，但若以国家最终公布的结论为标准，事情还远未结束。

有一个问题始终困扰我们，即据陈进身边的多位人士称，陈进在回国前确实想成就一番大事，但为何他在如此短促的时间内选择了另一条“成功”捷径，中国的科研环境如何为他提供了足够的空间，以及为何谎言迟迟不能揭穿，是一个值得思考的问题。

杨琳桦的blog:

http://spaces.msn.com/barokoliebe/PersonalSpace.aspx?owner=1

（作者为21世纪经济报道驻沪记者）

作为记者工具的blog

●左志坚

一、从求助到主动发布

当一个调查性报道需要寻找国外证据，而记者本人又无法实地采访时，记者通常有两个办法。

方法一是借助Google等海外搜索引擎。方法二是找国外当地的朋友帮忙。

当汉芯系列报道需要查找一家美国公司时，我的同事杨琳桦很自然地去海外留学生聚集的BBS发了个求助帖。

未几，在留学生的帮助下，她从网上就直接找到了关键性证据——一份PDF格式的公司注册资料。

这个事情告诉我们，记者调查的范围能够借助网络无限延伸。记者的信息来源，借助网络之后，已经没有区域限制。

我对汉芯报道有兴趣，一个重要原因是，我觉得这种“跨国调查”模式有趣。为了吸引更多人帮助，我们便从求助变为主动发布文章，吸引眼球的同时也吸引到帮助。

此时，对我们而言，最重要的网络工具已不是那些流量很大的BBS，而是我们自己的blog。在汉芯报道之前，我和杨有各自的blog。只是这一次，更新blog变成我们日常工作的一部分。

二、blog取代读者来信

此时，杨琳桦独立调查的三篇报道已经在海内外引起轰动效应。海外华语BBS纷纷在讨论汉芯事件，议者甚众。

而她的blog上，来自全球各地的留言已经逐渐多了起来，有鼓励的、有分析的。

应该说分析者有各自的立场，也有各自的专长，但是这些分析、反馈，如果不是blog，记者是很难听到的。

这是blog的第一个作用，它的留言功能取代了传统媒体那种反馈模式——读者来信。这个反馈一旦完成，多少对下一步调查的方向有所帮助。此时的记者已经知道读者们在关心什么，记者必须继续为读者服务。

如果blog上的留言还太少，那么到blog后台管理平台上，记者可以发现blog访问者来自何方。后台有大量的链接，当记者点入之后，可以发现某篇博客已被大量转载到BBS，在那些BBS中，又有大量讨论。

这些网上评论，的确在不断修正记者的调查方向。

三、从blog到MSN

如果说blog只是与读者交流的话，它的作用与BBS没有太多的区别，仍然是web1.0时代的传统功能。

毕竟blog作为web2.0的标志，还是强调书写者的自主性。来blog的留言者看到的不只是关于汉芯的消息，还包括了blog中的大量的文章。这些文章使得作者本人的形象非常具体，而不是一个空洞的名字。

对于一个调查类报道中的报料者来说，他最担心的问题是记者本人是否有足够的职业操守、足够的勇气。这些光看报纸是看不到的，看记者的blog却能看到一些。

所以当报料者有心襄助记者揭开真相时，他看一下blog就能够免去很多沟通上的成本——记者与报料人合作的第一步工作，正是取得对方信任。

不过在网络时代，报料人保护自己的办法又多了一层，他们可以隐藏在即时通讯工具后面，完成与记者的沟通。他们连电话都不用打，这样记者将无从追踪其身份。当然，这些人在MSN上透露的信息，尚需记者辨明真伪。

我后来多次在blog中留下MSN，呼吁知情者帮助。目前已有40位人士加了我的MSN。这些人中，有些在海外，有些是当初的知情人士，也有一部分只是热心读者。但他们的参与无疑对整个报道都能起到作用。

而那些知情人士，正在屏幕的那一头不断输入关键信息。这些信息看似来自匿名人士，可信度有限，后来却大多被验证。甚至有人专门为此事注册一个MSN，向记者发来长长的邮件，或长聊一次，即消失在茫茫网络中。

这是blog的第二个作用，通过发布记者的各类信息，包括MSN号码，寻找到知情人。这种方式和点对点的打电话模式不一样，而是能招徕好多知情人，他们在与记者沟通之前，对记者已有所了解，web2.0的特点在此有所体现。

四、从blog出发的互动游戏

Blog作为内容平台，加上MSN作为沟通平台，两个常用的网络工具为记者与读者的互动开辟了新的场面。

在blog上贴出的内容，求助信息只是很小一块。更多的内容包括：未删节版的稿件，通常信息丰富程度要超过报纸；采访手记，这一部分内容告诉读者文章以外的信息。而在读者留言中，甚至出现举报人的报料。

在调查期间，作为个人blog的日访问量经常会超过2000,更有很多BBS会直接转贴来自本blog的文章。这意味着关心汉芯一事的读者，除了能够看到我们的连续报道外，还能看到报纸上未刊登的幕后新闻、记者采访手记，等等。

这些blog上的内容，有助于帮助读者解读新闻报道本身。重大调查报道禁忌颇多，春秋笔法通常不少，汉芯事件亦如是，登在报纸上的信息可能只是记者采访所得的2/3。而通过blog的指引，读者能够更清楚地了解新闻事件本身，推动读者对汉芯事件保持持续的关注。

读者则以评论、留言、MSN聊天等方式也参与到报道过程中来。更进一步说，相当多的读者成为这个调查报道的作者之一。他们对报道的贡献包括：第一时间搜集记者所需要的各类信息、从专业角度分析新闻事实、帮记者分析报道的角度、提供记者所需的当事人电话、直接提供新闻线索。

从某种意义上讲，这些读者已成为记者的新闻助理。他们自然对见报报道相当关注。我看到已经有人在评论汉芯事件因为网友的参与，而变得跟超级女声有些相似。即颠覆传统的中心辐射模式，让读者成为报道的参与者，决定媒体报道的结果。

说实话，在主动运用blog作为调查工具时确实有此想法，当时不过是希望提升读者黏度，让读者保持关注。至于由blog带来的调查突破，则有意外之喜。

五、三个印象深刻的案例

在汉芯事件的调查过程中，有三次突破给我印象很深。这些突破的前提都是，blog的读者已经成了MSN上的网友，他们帮助记者推动调查。

其一，是寻找打磨芯片的民工。民工是汉芯事件的关键当事人，但是如果按照传统调查手法，寻找民工几乎是Mission Impossible。但是MSN上有人告诉我，民工姓李，正在和汉芯打官司。我用法院搜索系统加baidu找到了民工，并经报料人确认。

其二，是寻找最核心的当事人。MSN上的人陆续给了我一些核心人士的电话，并告诉我哪些人有可能开口。最后我们找到一位最核心的人士，他果然愿意在深夜来办公室与记者相见。他提供了一个爆炸性的消息。

其三，是寻找一个关键事件的经办人。此人已远赴海外留学，姓名不详，在哪个学校也不知，找他跟找民工一样困难。但是在MSN上的网友提供了一些信息，得知此人在某所大学，网友再用该大学的检索系统找到他的信息，其中包含了E-mail。后来通过E-mail联系上其人，两个回合之后，该人士总算开口证实了关键信息。

应该说，这些突破在以往的报道中难度颇大。但是从blog出发，再借助各类网络工具，确实极大地拓展了记者的调查范围。

虽然MSN中聊天获得的信息很难直接写到报纸上，但是对于任何一个面对未知圈子的记者来说，他通过blog能够召唤到最有可能开口的人。而如果采用传统的调查方式（去现场、打电话），往往事倍功半。

六、作为记者工具的blog

汉芯事件在blog的帮助下不断突破，但这种方式目前能否复制要打很大一个问号。

汉芯事件有其特点：事件本身足够轰动、知情人为IT业内人士对网络工具很熟悉、是一个连续性报道需要层层挖掘。

如果能够同时满足上述三个特点的题材，我想这次的调查经验肯定值得再次尝试。但是这招在做禽流感时肯定不灵，那还得依靠辛苦的田野调查、现场调查。

但总的来说，blog、MSN这些网络工具应用正不断普及，这些都在扎实地改变着传统的交流方式。如果村民们能够熟练上网，关注blog，禽流感的调查效率会更高。

在不久的将来，我想在一些热点新闻上，blog作为调查工具的优势还会显示出来。没准哪天，又爆出一个类似汉芯的事件来了。

简单归纳一下作为记者工具的blog（包括MSN）有如下优势：

1. blog令记者形象具体化，减少沟通成本，它本身至少是记者的一个公关工具。

2. blog成为报纸文章的有益补充，突破纸媒的各种禁忌，帮助读者了解事件的全貌，提高读者黏度。

3. blog加上MSN的配合，将能够轻松快速获得突破。记者在blog上撒网，或许能很快找到一两个对事件比较了解（而他又不会自己写blog公布信息时）的人，这将对调查起关键性作用。

4. blog将报道置于网络背景下，而网络蕴藏着大量我们未知的关键信息，并且没有地域限制。借助网络，能够拓展记者的调查范围，包括联系海外当事人。

5. blog让读者成为新闻生产线上的一员，除了提升了读者黏度之外，势必会让报道本身在读者主动评论、转载过程中，收获巨大的影响力，而报道的源头正是记者的blog。

左志坚的blog：

http://spaces.msn.com/floyed/PersonalSpace.aspx?owner=1

（作者为21世纪经济报道上海新闻中心特稿部负责人）

《系统》采访幕后

●曹筠武

先说明一下，现在网上传《系统》的作者为“80后，资深网游玩家”。其实我不玩网游，我玩的都是单机版，《实况足球》、《NBA live》、《FM》，体育类游戏居多。我列举的最后一种，海鹏也玩，我们在河南采访的时候，还曾经深入探讨之……

在此之前，我对网游的了解仅来自于我表弟，他玩过传奇，那时候我上大学他上中学，暑假一回家，他就找我借钱，为此我对网游产生了一种朴素的抵制情绪，自己从来没玩过。

说实话，当初接这个稿子的时候，心理压力挺大的，老会不由自主地想：要是李海鹏自己来写，会写成什么样呢，然后心里就挺绝望的。

一

对《征途》的采访跟以前我所经历过的采访都不一样，以往都是采访某事件，冲过去剥洋葱，一层一层揭开，很有目的性，有序，也有成就感，像是跑马拉松，每一步都离终点更近一点。其间还会穿插诸如与线人接头，与政府智斗等等桥段，说起来挺刺激肾上腺素的。

这次挺难受，面对的是一个游戏，几百万玩家，还都是虚拟身份，想找个合适的采访对象，说大海捞针我觉得不夸张。就像面对一盘散沙，而诸位老师告诉我，“这里面有金子……”真的挺绝望的……

A6 特别报道

■编者按：在一款同时在线人数超过百万、全部玩家加起来可以组成一个超级城市的网络游戏中，它的游戏精神是指向乐趣，还是指向权力和金钱？它的社会规则是新世界的开放自由，还是率土之滨莫非王臣？这不只是对某一款游戏的追问，甚至也不只是对韩式网游的价值观的追问，而是对人与游戏、人与人的关系的追问。虚拟世界是现实世界的一部分，也有着人们必须捍卫的准则。

在当下中国最火的一款网络游戏中，玩家们遭遇到一个“系统”，它正在施行一种充满诱惑力的统治。这个“系统”隐匿无踪，却无处不在。它是一位虚拟却真实的垄断者。“如果没有我的允许，这个国家的一片叶子也不能动。”这是暂利俯独裁者皮诺切特的声音，悄然回响在这个虚拟世界之中。

系统

“泡菜”开的花 中国结的果

韩式网游的“精髓”

战争即将爆发

国王死了

海鹏玩过一点《传奇》，所以开始的时候对网游比我有发言权得多。他给了我一个方向：“在我们身边还有这样一个世界，而这个世界里发生着一些残酷的事情。”海鹏建议我找几类玩家，特别有钱也玩得特别好的，没钱且玩得特别惨的，还有在游戏里面做生意的。我们最初商量后觉得，把这几种玩家的典型故事写出来，这个残酷世界基本就可以呈现了。

然后就开始找人，很不顺，最大的问题是玩家们不愿意深谈：一方面我们的话题必须涉及到钱，另一方面，基本上玩家们都觉得玩网游不是件特别光荣的事情。比如我曾经找到过一个“国王”，他说这个事情不值得写到报纸上，啥时候他学雷锋做好事，欢迎我去报道。我想朋友介绍是不是会好一点，于是通过西政的学生找到几个西安的玩家，他们倒愿意说，但表示这个游戏太费钱，所以想收点采访费，“千把块就行”。我估计报社也不会给我报销，算了……

这样时间慢慢就过去了，11月底布置的题，到12月初人还没找到。本来还想采访史玉柱，请张春蔚老师出马，过了些天回来消息，柱子哥现在NB了，不接受单独采访。

说到NB的柱子哥，我们计划做他以后，他在纽约上市了，穿着身运动服

特别报道

系统

跑到纽约证交所敲了回钟，海鹏说，那就正是做他的时候……这算是很不顺的开头中的一个好消息。

春蔚姐姐把她对史玉柱的一次采访记录无私地传给了我，很长，大概几万字。这对了解史玉柱是个极大的帮助。柱子哥在回答采访中指点江山，很有点挥斥方遒的感觉。总的印象，在他创造的世界里，就像S.H.E唱的歌——他是光，他是电，他是唯一的神话，只能崇拜，没有更好的办法。

二

然后又是漫无目的地找人，被玩家拒绝了很多次，一般开始都还聊得不错，刚进入正题，听说我是记者，就跑了。这期间看了包括《三联生活周刊》的封面文章在内的很多材料，觉得他们给我们留的空间不多了，好在他们着重分析，而海鹏想要的是一个故事，我自信讲故事还是能讲得比他们好，当然，前提是我必须碰得到一个好故事，可哪有那么巧的事情呢？

还真有这么巧，那天我在成都站办公室发牢骚，说网游玩家们为什么要害怕记者呢，当年毛主席去安源，煤矿工人都跟见了亲人一样！这时候搞发行的同事刘春康说，他有个朋友，玩得很好，听说还当了“国王”，有兴趣的话他可以介绍认识。

这个“国王”，就是报道的主角，“吕洋”（很抱歉还不能透露她的真实姓名，她给我发消息，说现在请她签名的人太多了，请粉丝们不要学杨丽娟……）。

见到她是在一个饭馆，刘春康拉的场子，我们坐包间里等她下班。进来的是个穿白色风衣的姑娘，脸上带笑，走路一蹦一跳的。这个时候我才意识到这个“国王”是个女孩儿，而且……挺漂亮……尽管刘春康之前提过，这个“国王”是个女的，我还是没有把国王和漂亮女孩儿联系起来过。我很希望她有个好故事……

接着开始闲聊，建立基本的信任，慢慢聊到《征途》。她讲到她一不小心就杀死了一个“国王”，高兴得把电脑踹熄火了，我开始感觉到找对了人；接着她说起她们院长，她觉得在游戏里女人也可以统治男人，我觉得这个女人不简单。

后来她说，我已经不玩了，不想给史玉柱打工了。我觉得采访的主角可以定下来了。

后来又陆续聊了几次，包括她的丈夫，她在现实和在《征途》里的朋友。海鹏和我都觉得，我们要的这个故事，不仅仅是关于她玩游戏，更重要的是这个游戏给她带来的影响和变化，这个游戏如何改变她的生活。

三

慢慢到预定的发稿日期了，但是我总觉得还没法动笔，我对吕洋，以及“狼烟”等人玩游戏的经历很清楚了，但一涉及到游戏本身，还是觉得陌生。我跟海鹏说，现在还写不出来，我得自己去玩一把。

我建了个账号，开始自己的征途。我应该属于海鹏所说的玩得特别惨的那一类，在游戏里，我浑身上下只穿一条短裤，手里连根木头棒子也没有，在沼泽地差点被蚊子咬死……开始我只是想熟悉熟悉环境，但很快发现，如果不按游戏系统的设置一路往前走，我对这个游戏的了解也就只能仅限于一个“惨”字而已。

于是我找到“狼烟”，加入了他的家族和帮会，跟着他做任务，自己也试着跑出国逛逛，当然被秒杀了无数回。这里面杀人是不讲道理的，有一次我被堵在边界上，几个哥们守着我砍，他们挺开心的，我恨不得能在游戏里掏个记者证出来把丫们吓跑。后来我异常愤怒地请“狼烟”来把我救回去了……这时候的感觉，可能就叫做“入戏”吧。

对这个游戏的感觉，基本上就是在漫长地做任务和反复的被秒杀中一点一点累积起来的，堪称“一个体验式采访者的血泪史”……

说实话我一点没觉得这个游戏好玩，这不像玩《实况足球》，你技术好，拿中国队也能使得行云流水，拿着郑智这样的糙哥也能像卡卡一样从中场直奔对方禁区，完全是玩家智慧的体现，非常爽快。玩《征途》，面对的是这个游戏的设置，得完成什么什么任务，还得完成多少多少回，才达到它的要求，才让你升一级。这是谁玩谁啊？我跟朝格图还开玩笑，这不就是考评体系么，你得写多少稿，还得有多少好稿，才让你升一档……我在现实当中已经在玩了，干嘛还得跑游戏里去受虐啊。

我想，后来稿子里体现的意思，在这时就模模糊糊有些感受了。

在游戏里面我专门干些煽风点火的事情，比如喊一句，游戏好烂啊！就会有人回应。然后我就去找他聊。这招是吕洋教我的。游戏里骂《征途》的人遍地都是，但绝大多数又是在边骂边玩，海鹏说，这挺有意思的，能体现游戏对人的控制。

有一回我跟一个卖号的聊，有一句话当中有“系统”两个字，打出去发现居然变成了**。我很吃惊，就问他是怎么回事，他说早就这样了。我立即去问吕洋，她说，是啊，早这样了，我还为这个被抓进监狱呢。

这就是稿子后面一部分的由来，就是这么偶然，我从不知道游戏里还有过滤词，还有监狱，《征途》的官网介绍上也绝不会涉及。吕洋像讲笑话一样地回忆这段情景，我却听得有些后背发凉。1984和古拉格群岛的影子，就是在那时候出现的。

四

后来稿子里用到的东西，到这时候基本都搞到了，又到发稿日期了，周一晚上我对着屏幕坐了一晚，却一个字写不出来，我抽烟，听歌，洗澡，都没用。第二天，海鹏来要稿子，我只能跟他说没写出来。我以为他会飞过来砍我，但他只说了句“那下期抓紧啊”，就放过我了。我觉得他体现了一个知识分子应有的恬淡，坐看云卷云舒……嘿嘿。

接下来就是使劲地想，不是我敬业到废寝忘食，而是搞这个东东也很多天了，不由自主就会想到。那几天有些神神叨叨的，走路在想，吃饭在想，我记得有点开窍的感觉是在有回洗澡的时候，我觉得要写的应该是一个被控制和奴役的故事，这个故事和我们身处的现实那么相像，唯一不同的是在这个阴暗的故事的结尾还算有点阳光，因为有醒悟和逃离。

前些天有家报社的记者来采访，要“采访幕后的故事”。我挺难跟她解释的。这个采访很平淡，一点也不惊险，柱子哥也不至于愤怒到派人追杀我的地步，唯一的特点就是繁琐。后来我让她去问海鹏，海鹏说，这个采访不是用腿的，是用脑子的。我觉得海鹏说得很到位。

写稿一共用了8个小时，从下午一点到晚上9点，9000字。传给海鹏，他看后回了消息："稿子很不错，全写完了告我电话你，我跟你说。"他的意思是把配稿写完再通知他。但我很想知道"很不错"到底不错到什么程度，配稿写了没两句，干脆给他打电话了。

电话里海鹏的语气很兴奋，他建议把"控制与反控制"再突出一些，再贯穿始终一些。他说我们要写的就是政治。后来他又给我发了封邮件，说"1.这个报道的根底就是政治，中国社会的虚拟浓缩版；2.极权资本主义的脉络，贯穿始终，让信息扣题，让整个报道的力量更大"。

应该说，到这里，这个稿子的形态最终被固定下来了。我搞出了一堆算得上漂亮的部件，而海鹏就是那个给这些部件插上电的人。

在整个采编过程当中，我觉得最精彩的部分应该是海鹏发给我的一个消息，他说，想了个标题，"系统"。反正我当时就觉得黑衣服帅哥尼奥从我眼睛前面飞过去了，这不就是黑客帝国么，不就是Matrix么。我感觉我写的不是稿子，我是在给拯救地球的尼奥写传记。

唯一的问题是主稿太长，自己写的东西狠不下心删，海鹏说他一个字也不想删，所以这个问题只能交给了伍小峰老师。他说："那就给两个版吧。"多么英明神武，嘿嘿。

五

后来的事情就不用多说了，表扬确实很多，各地同学都有来电来函。那些天我的MSN很热闹，很多人跟我说话，包括天天跟我说话的吴晨光啊朝格图啊等人，也有两个月没跟我说过话的邓科老师，半年没跟我说过话的伍小峰老师，一年没跟我说过话的杨瑞春老师……当然最high的是李海鹏，他在各论坛里诲人不倦……

我不想搞得像拿了奥斯卡一样感谢CCTV感谢channelV，但是我必须说，写了一个不错的稿子，就有这么多同事单纯且真诚地感到高兴，让我觉得我确实是在一个集体里工作。嗯，我不是一个人在战斗……

后来跟海鹏老师、吴蔚老师聊天，吴蔚老师提到一点，他说当初设计网游的时候，大家想的都是建一个网上乐园，但现实是，韩式网游，或者说东方式网游，不可逆转地成了丛林。乌托邦的梦想就是这样异化的。这和我们的历史又是多么相像啊。当然要细细溯源，这又是另外一篇稿子了。但我觉得吴蔚老师的建议非常中肯。

再后来得了总编奖，我唯一的意见是，张春蔚、王铁庶和刘春康也应名列其中，这个稿子离不开他们的配合。总编奖的评语很漂亮，其中说："母词系统的深度发掘，不仅是对现实的有力映射，更是对新闻易碎品属性的一次挣脱。"我想，评语中的其他部分，我可以和海鹏共同受之，但这一句，专属于李海鹏。

（作者为南方周末记者）

《21世纪经济报道》上海社保案幕后

●左志坚

2006年7月末，随着上海社保局长祝均一被“双规”，一场10年一遇的反腐大戏正式开场。

但是在7月末乃至整个8月，即便是颇晓内情的记者们也未必就敢断定，此案将埋葬一名中央政治局委员的政治前途。

事实上，上海社保案的系列新闻调查，是在一场迷雾中徐徐展开的。不确定的因素至少有两个：第一，中央调查社保案的真正意图当时并不清晰；第二，新闻媒体可报道的空间也不明确。

《21世纪经济报道》的记者和编辑，就是在这样不确定的因素中，开始了一场漫长的新闻长跑。

事后，不止一个读者问我们，你们的报道有什么背景？如果了解这一系列报道产生的过程，答案会自动浮现。

一、第一篇报道前后

7月下旬，上海社保局长祝均一被“双规”的

星期一 2元
2006.9.4
21世纪经济报道
苏泊尔董事长：一口锅无涉产业安全
浙江省发改委发出"外资并购"预警，要求"关注外资并购动向"
周正毅再"协助调查"
北大的教师群体是优秀的
华源重组收官？
华润50亿，鼎晖20亿
福利树上的"瘤"
土地出让金改革的宏观经济效应

星期一 2元
2006.8.28
21世纪经济报道
七银行否认进入内蒙电力违规项目
秦裕"失陷"上海社保漩涡
刘晓光开释
围剿二氧化硫

消息逐渐在上海滩流传开来。

虽说祝均一只是一位厅局级官员，但此案显然跟其他厅局级贪案不可同日而语。

首先，上海滩已多年没有局级官员因经济问题下课；其次，“双规”祝均一的是中纪委而非上海市纪委，显示此案颇不寻常；其三，祝执政的社保局多年来并不为人所关注，不知会牵出什么经济问题。

即便记者能够调查出祝的经济问题，领导还需要考虑的是，如何规避“异地监督”的风险。毕竟我们是广东省的报纸，而调查一个上海市局级官员的腐败案显然需要冒一定风险，更何况此案在当时看来就已显得颇为复杂。

背后关系摸不清楚，如何敢贸然出手？

最终，7月24日，《21世纪经济报道》头版头条刊出了长篇调查报道，标题是《上海社保基金“违规投资”疑云》。

这篇报道在导语中即点出“祝均一被中纪委‘双规’”的关键信息，但其后的数千字完全围绕上海社保基金运作来写，并没有写祝均一如何腐败。

这样的新闻操作方式取决

于以下几个因素：第一，时间极其有限，记者尚未查清祝均一腐败情节；第二，详细报道个人腐败有“异地监督”的嫌疑，不如改变方向调查制度问题，对事不对人，能够规避“异地监督”的风险。

在该报道中，尽管指出社保基金有违规入市之嫌，但也道出地方社保支付缺口所导致的投资冲动。总体来说，是以一种超然中立的立场在报道。同一期报纸还及时报道了上海富豪张荣坤协助调查的新闻。报道民营企业家的违规，相比之下就少了“异地监督”的风险，关于张荣坤个人的报道就相对详细一些。

这两篇报道在周六问世，在当时尚未引发大规模的震动，只被视作民企违规的一个案例。

但是我们此前对张所在的上海公路业有所了解，在采访中早已知道张的背景，所以对张“出事”非常震惊。

二、波折

这是真正的新闻记者都渴望参与的新闻，然而考虑到新闻“纪律”，显然不可逞匹夫之勇。

尽管第一篇报道规避了相当多风险，但考虑到案件可能背景很深，在形势并不明朗的情形下，我们还是选择了观望一下。

这一观望，就引发了其后戏剧性的波折。

在当时的形势下，从新闻实际操作角度来说，唯一可以深挖的是张荣坤。张本人并非政府官员，不会有“异地监督”之嫌。但是按照我们的经验，这种案子可能很快就会出禁令。

尽管可能出现禁令，但记者还是继续在搜集资料，调查证据。事情相对比较顺利，毕竟作为一份专业的经济类报纸，做富豪调查是我们驾轻就熟的一类题材。然而，禁令在第二周就到了。

禁令本身，大致只针对社保问题，写张荣坤未必就违反纪律。但此案确实特殊，因而编辑部就继续观望。虽然外电已有相当多针对张荣坤的报道，但在我们看来，他们的报道还只是浮在表面。

就这样过了近两周，眼看对张荣坤的调查即将永远封存，孰料峰回路转——上海电气集团又出事了。

2006年8月7日星期一，报社多位记者得知上海电气集团副总裁韩国璋已于上周被中纪委“双规”。根据我们了解的情况，此案与张荣坤不无关系。

上海电气是香港上市公司，透明度应该很高，更没有“异地监督”之嫌。但在获得官方确认之前，考虑到案件之特殊性，已经写好的报道还是压了一期。

就在一两天之间，官方公布了消息，而我们在此日将已准备多时的稿件发了出去。尽管在时间上落后于一些证券类的日报，但因为操作时间长，内容也是最详细的。

诸多媒体的聚焦让我们失去了做独家新闻的机会，但也显示张荣坤案已没有那么敏感，可以放手一做了。

三、高潮

在接下来的几期报纸中，我们每期都有关于上海社保案的大幅独家报道，一时间洛阳纸贵。

可以调查的方向有很多。在当时，我们所能想到的方向包括：张荣坤的身世之谜、张荣坤的发家轨迹、上海电气出事之谜、社保资金违规入市情况、相关企业如何善后、社保资金管理制度反思等。

等8月中旬上海电气董事长王成明出事的时候，我们已经提前数日铺开了记者网络。上海特稿部、政经组、金融组、财经组各个条线上的记者，甚至包括驻香港站记者，都利用原有的资源展开调查，显示出一个全国性大报强大的资源优势。

其中特稿组记者，立即赶赴张荣坤的苏州老家，次日发回了报道。留在上海的特稿记者则盯住随时可能出现的新情况，因为此时的上海滩已是山雨欲来风满楼，记者们每天交流的信息都是“听说谁谁谁也被‘双规’了”。

政经组记者去了上海电气集团，同时利用私人关系与张荣坤的律师和手下交流，并与办案人员接触。

金融和财经组利用强大的资源优势，将社保资金的运作手法调查得非常专业、详实。同时已经开始采访相关企业重组事宜。

香港站记者则在香港第一时间专访到风暴中心的上海电气新掌门人。

北京站的记者不失时机地采访了专家和部委官员，对社保资金的管理提出反思。

就这样，一组组调查扎实、反思有力的报道，以每期数篇的规模出了数期。海内外媒体纷纷跟进，分别在报纸或网站的显要版面转载。

至8月25日下午，有消息传来，宝山区区长秦裕被“双规”。此时，我们已经掌握了相当多材料，知道此人的分量——陈良宇10年的秘书、案发前刚调至宝山。

21世纪经济报道

星期三 1元

秦晓首次解密：招行不引进战略投资者

中共中央决定对陈良宇同志严重违纪问题立案检查

H股热 A股冷 工行IPO力推五大卖点

市场化地梳理中国利率结构

警惕3.0“创新误区”

13道课题研究“新上海模式”

由于官方的新华社晚上11点就已披露此消息，因此我们可以及时地在次日做深度报道。第二天，仅仅半天时间，一篇调查报道就告出炉。

关心上海社保案的读者大多知道秦裕的身份，上海社保案的指向已经相当清晰，我们的报道至此达到了一个高潮。

一位办案人员评价我们的系列报道，“及时、准确、深入”，而这也正是我们报道之初所设立的目标。

21世纪经济报道

星期一 2元

民生董事会换届：那十小时发生了什么？

上海社保基金“违规投资”疑云

上海港海外收购起锚

应对萨班斯法案，中国企业还有时间准备

铁老大的“二八法则”

四、2006年9月25日

在秦裕之后，尽管上海滩依旧流言漫天，但被官方确认“出事”的人已经不多。此时，又一份与前次内容相似的禁令来到。不过，一些全国性媒体依然在报道，虽然都是炒冷饭，但显示了报道社保案的风险甚低。

其间，周正毅戏剧性地再

次遭受调查，本报在第一时间独家做出报道。此后，除了陈良宇昔日的小兄弟、新黄浦集团董事长吴明烈被“双规”外，没有太大的风浪。

9月25日早晨，我连续收到两条短信都说陈良宇落马。开始还不太相信，到中午，凤凰网就发布了消息。随后，新华社、CCTV相继公布了这一消息。新华网还在当日配发了多条评论。

报社的记者聚集着，看了CCTV报道的视频。记者要考虑接下来的几个小时时间里，如何报道陈良宇被查的新闻——可以想象，这是一个具有重量级的调查性报道。

根据新华社公布的陈良宇四个问题，我们在之前的调查中均或多或少掌握了一些信息，只需要花时间写出来而已。

两小时后，文章写出来了，拿去给领导把关，结果领导笑着说刚收到禁令。这是一个可以预料到的结局，所以也就无所谓沮丧。

过了一会，领导考虑了一下，觉得不妨打个擦边球，看陈被“双规”后各类人的反应。但这个决定还没有来得及付诸实施，又一道更严格的禁令来了。

朋友提醒我应该把这些记录下来，留个纪念。我写了一篇blog，居然也被网管删除了。

最终，我们还是打了一个擦边球，即反思上海模式。尽管文章最后见报时，删改比较多，但还是发出了声音。

几天后，上海市委办公厅主任孙路一落马。借着写他的名义，把许多与陈案有关的信息隐晦地写入了报道。

至此，一场规模和级别都空前的连续性调查报道基本收场。

五、天时、地利、人和

现在可以很简单地回应读者的疑问，“你们的报道有什么背景”？显然，并没有什么背景，从未有官方授意提供的材料。我们与官方的正式接触，也是一如既往地碰壁。

报道能做到这个程度，天时、地利、人和三个因素都不可或缺。

所谓“天时”，就是在狭小的新闻操作空间中，判断模糊的“新闻纪律”下我们能做什么？从一开始的主动观望，到后来的趁势而起，显然都与我们对“天时”的判断有关。现在看来，当时的一些判断都相当精准。另外一个客观条件就是，我们的报纸今年是一周三期，意味着比以往更为强大的发布平台。

所谓“地利”，则是上海新闻中心的资源优势。《21世纪经济报道》在上海的记者人数在全国媒体中可谓首屈一指。虽然上海本地媒体占有的资源更多，但他们无法报道本地的黑幕，因此我们在那一个多月间，大多数新闻均为独家。

最后说的“人和”，就是在新闻一线的记者们了。《21世纪经济报道》以调查报道闻名于财经界，几乎所有记者都对调查性报道相当熟悉。而我们的记者是如此之多，每个人又在各自领域拥有一定程度的采访资源，所以当他们跨部门展开合作时，最终呈现在报纸上的报道就会显得“及时、准确、深入”。

这一组报道大多署名为陈芳，其实在这一个名字背后有10位记者。他们从业时间大多不到5年，在一份创刊不到6年的报纸上，阐释着中国的新闻报道能够获得多大的空间。

（作者为21世纪经济报道上海新闻中心特稿部负责人）

瞧，好选题在这里！

●吴晨光

“我文笔不好，能否当记者？”常有初学者提出这样的问题。

对于新闻来说，精彩的表述固然重要，但更关键的是拿到核心信息——也就是“料”。“巧妇难为无米之炊”，记者感觉文章写得晦涩，并非因为文笔，而是采访不到位。

但与文字、采访相比，选题的价值则是新闻人更应该追求的。好的选题是熊掌，不好的选题是白菜，即使你把白菜做得很美味，又怎么能和“红烧熊掌”相提并论？所谓“低端拼写作，中端拼采访，高端拼选题”。我们谈谈什么样的选题是吸引眼球的。

互联网给大家提供了最便捷、直观的方式。请打开搜狐新闻http://news.sohu.com/，把鼠标向下移，再下——最下边，打开“传媒地图”，哪条新闻最有传播率，一目了然。

先强调一点：好选题肯定是有高关注率的，因为追求最广泛的传播是新闻的天性。但反过来就不一定成立了——有些东西关注率很高，但不一定是好新闻。这一点，放在后面详细讨论。

这是2006年圣诞节前夜的搜狐新闻排行，以点击次数计算，第1到第10位。

在当天的数千条新闻中，它们为什么名列“Top 10”？

1．第一个关键词是“富豪”，是个“敏感词汇”；第二个关键词是“地产业”，房子问题和生活息息相关，所以这个选题的贴近性很强。而把“富豪”和“地产业”联系起来，又是一种强烈的对比——老百姓整天抱怨房价高，是不是积攒一辈子的钱都被大老板给挣走了？

2．第一个关键词是“公开处理”，这是个在法律、伦理上饱受争议的处理方式；第二个是“卖淫”，对“性”的关注，是人本能所致；第三个是“安全恐吓”，也具备冲突色彩。

3．只有一个关键词：“性”。

4．“高校掌门”——教育是备受瞩目的地带，而高校的校长是至关重要的人物。他们的特点可能影响到大批孩子，所以关注度较大。

5．“邱兴华”——全中国都关注的名人。而“不怕死”则是这个杀人狂的心态，是人性深处的东西。此案新闻时效性强，属于持续热点。

6．汽车和我们的生活太接近了。

7．还是“性”和“冲突”。

8．中、日之间的冲突。

9．依然是房价问题，生活之本。

10．维权、官司　　是冲突；而“开瓶费”也是个贴近消费者的新闻，虽然没有房价重大。

虽然这10条新闻领域各异、形式不同，但通过分析，我们可以看出很多共同点：

1、2、7、8、10都有冲突；

2、3、7有“性”；

1、4、6、10是影响每个人生活的，就是现在流行的“民生新闻”，或称贴近性的新闻；

4还强调了新闻的重要性；

5里面有名人，有人物内心的挣扎，还是一条时效性很强的新闻。

每天观察排行榜的动态是我的例行工作之一。在其他两个门户网站里，也有类似的排行。经验表明，关注率高的选题大多数具备上述特征。

以下我们再就这些特性作分析——

时效性。新闻是对新近发生的客观事实的报道。在这个信息爆炸的时代，时效更是新闻的生命。中国新华社记者报道美、伊开战的消息，只比第二名早了10秒，但这是决定性胜利。而对时效性的理解，可以让我们的写作变得更生动。比如说，一条新闻是过去发生的，但有新的由头或者进展，就可以用倒叙的方式阐述。

名人效应。世界的不公平在这一点上再次反映出来。温家宝穿“双星”牌运动鞋就是新闻，但我等穿坏100双“双星”也不会被关注。去他们的身上找新闻吧：政治家、艺人、富豪、大律师、名作家……

重要性。福建三明的滨江公园里，淹死了1个孩子，这或许并不能构成新闻。但如果死者变成了21个，就成了《南方周末》1192期的头条。同样，看病贵并不是新闻，但哈尔滨一个病例多收500多万，是2005年重大新闻。数字是反应新闻重要性的指标之一，很多时候，我们把它放在标题里，让读者知道，这里有一条重磅新闻。

矛盾与冲突。大街上两个人打架，会引起围观。同样道理，新闻里的矛盾与冲突会吸引受众的目光。世界上最大的冲突是战争，而战争的极端是核战，所以，在朝鲜核试验的时候，媒体会连篇累牍地报道。法制类报纸能取得好的销售量，就是因为此类报道充满的矛盾与冲突——无论是作案、破案，还是开庭和执行。

人情味。人是具有情感的动物，把人的内心世界写入新闻，会引起共鸣。《〈华尔街日报〉是如何讲故事的》曾写下这样的话：“凡是伟大的故事，都来自伟大的创意；几乎所有伟大的创意，都包含着人性。”

性。关注此类新闻是人的本能。默多克说，连上帝都不会拒绝刺激。但切忌把这类新闻做“俗”——新闻无雅、俗之分，俗的是视角和操作手法。

贴近性。与地近性不同，这是与生活息息相关的新闻。一类是影响现实生活的，比如住房、教育、医疗、食品，另一类是影响精神生活的，2006年12月，网络上曾对“龙是否应该继续成为中国人的图腾”进行了空前辩论，可见这个“贴近”了我们5000年的图腾的影响之大。

还有两个特征，在这10条新闻中表现得不是很明显，但也属于好选题的特质。

地近性。同一条新闻发生在两个不同的地点，其传播效果截然不同。一个法轮功练习者自焚了，如果是在广东某村，你会关注吗？但如果是在中南海门口，恐怕是惊天大案。所谓“地近性”，对地方媒体而言是寻找身边的新闻；而对全国性媒体来说，是要选择首都、超大型城市等举国关注处，还包括某些屡出新闻的地方——比如安徽阜阳、湖北监利、湖南郴州。

科学性。对于未知世界，人类永远是好奇的。为读者揭示那些充满神秘色彩的领域，破除迷信和无知，是记者的职能之一。看看美国《Discovery》频道的收视率，就知道这类新闻是多么受欢迎了。而科学性中往往包含着知识性、趣味性。

以上特性，某个选题具备的越多，我们认为其新闻性越强、传播率越高。如果能把某个特性做到极致，也是可以的。但作为《南方周末》的记者，我强调的是，选题承载的社会价值。很多选题，比如《男房东给隔壁的女房客两下春药强奸未遂被起诉》，虽然关注度高，但并不能成为《南方周末》的新闻。因为这个选题缺乏“延展性”。

相对于前面的那些特性，延展性是相对抽象的名词，比较难解释清楚。但有一点可以肯定——它揭示了当今社会变革中反应最强烈、最普遍的部分。比如说《南方周末》1191期头条《两起工伤病例多收161万　天价医疗黑洞吞噬社保基金》，就是延展性很强的稿件，因为它将当今社会最重大的两个问题——“医院乱收费”和“社保基金管理漏洞”结合起来。同理，很多转型期的矛盾，比如安全生产、环境污染、公共治安等，都可以通过新闻反映出来。这也是我们所说的“社会热点问题”。

好的新闻既要是可读的，也要是必读的；既是生猛的，也是隽永的。“可读”和“生猛”是指前面描述的几点特征，而“必读”和“隽永”是指“延展性”。只有理解延展的内涵，新闻才会有生命力，才能够真正记录时代的进程，而不会被指责为“炒作”、“浅薄”。

（作者为南方周末资深编辑）

我如何“侦破”《神雕之死》

●傅剑锋

对我来说，做调查记者最大的诱人之处，可能就是从一鳞半爪的信息开始，然后挖出一个个事关公共利益，甚至牵涉国脉民瘼的事实。在这一过程中，常常要经历对智力和毅力极限运动式的挑战，迷上这种挑战就像一个极限运动员迷上的那些危险游戏。

“侦破”神雕之死及背后的野生动物地下贩卖黑网，就是这样一次对自身力量的挑战和超越。

寻找目击者

“神雕之死”的信息是由编辑晨光转给我的，这一信息最早出现在北京作家老村的博客上。这篇呼吁“拯救青海金雕”的短文以文学化的笔法介绍了一个贩雕者虐杀金雕的过程，读来令人震撼。我决定要调查金雕之死，这不只是为了一只死亡的大鸟，更为了查出这背后巨大的黑网和失范的动物保护状况。我在老村的博客上留下了手机号码。

第二天老村复电了。这是一位古道热肠的知识分子，他答应尽可能帮我联系上见证虐杀金雕全过程的那位目击者，这位目击者是他的青海朋友。为了保护这位朋友，老村坦承在博文中用了一些移花接木的文学遮蔽法，但基本事实没有改动。

南方周末

股市4000点：欲与惧

神雕之死

盗猎者虐杀金雕全记录

导读

民营企业主竟遭党代表

联合国前副秘书长陈健："我不代表任何国家"

"花痴"阿罗

日本"钉子户"抗争四十年 迫使首相谢罪

异地居住 老人医保怎么办

世行集团阴魂不散 融资骗局卷土重来

杨丽娟细考中国

炸煤窑肃吏治 这位地方官得罪了谁?

县委书记遭绑架被索2100万

评论

政府就是不能赚钱

几天后，老村很失落地来电：目击者联系不上了，好像失踪了。他担心可能是博客披露杀雕后，目击者害怕遭地下贩卖组织的报复，所以躲了起来。我又与老村反复沟通，要求老村无论如何要联系上目击者，这不只是写篇报道，这事关拯救西部的千万生灵！

又过了一两天，老村终于联系上了目击者。但目击者不愿直接联系我，害怕报道出来后遭地下黑网的报复。我就让老村转告我一次次严密保护线人的故事，以及南方周末在这方面一贯的传统与操守。末了，我还希望目击者看看我的博客，了解一下我的为人。这样做有成功的先例，在郴州调查官场黑幕时，一位神秘的知情人最初不信任我，后来他在网上搜查我的信息，发现了我的新浪博客，深为我的博文打动而接受了我的采访。

我想后来是我的博客与诚意打动了这位目击者，他终于开始和我直接联系。在交流中，目击者仍有深深的恐惧，害怕在吐出真相后遭黑手报复——"我内心反复在斗争，如果我不说出真相，会良心不安一辈子；如果我说了，可能只有离开生我养我的青海去避难。但离开青海，我将一无所有，甚至不知道靠什么谋生……"

确实，如果为了一篇报道，让一个善良的人后半辈子不得安宁，会使我无法承受良心之重。保护好线人应是一个职业调查记者的基本操守。

我和编辑晨光想找出一个万全之策。后来晨光设法帮这位目击者在广州联系上了一份不错的工作，以解其后顾之忧。我把我们的努力告诉了目击者。他的反应出乎我意外：“我很感动，我不需要你们帮我找工作。如果我接受了这样的帮助，这就变成了一场交易。我愿接受你们采访，只是因为良心，而不是利益。”目击者答应在青海西宁与我见面，条件是在调查和报道时，都必须对目击者的身份、性别、年龄、目击地点等信息全面保密。

求证金雕之死

西宁的阳光明亮得刺眼。在一个西餐厅的包厢里，目击者缓缓道出了所看到的全部过程，以及和猎杀组织之间的关系。

但这种开始时的平静慢慢被叙述打破了，目击者回忆着金雕被钉入钢针，仍像王者一样站起来时，已经泪流满面了。目击者说，最近几个月的日日夜夜，都在梦中看到金雕像受伤少年般的绝望眼神……到后来目击者几乎是痛哭失声，这是一个有良知的心对那些贪婪与暴虐的控诉，对金雕这个高贵生灵的悲惋，当时我也忍不住流泪了。这是我进南方周末第一次因为采访而流泪，以前无论采访多么悲惨的事，我都是很克制的。

从目击者口中还得到一个秘密渠道，从这个渠道里，找到了虐杀金雕的贩卖者电话。为了不暴露目击者，我让同事李丹婷以老板秘书的身份和虐杀者联系上，声称要购买金雕标本。虐杀者承认他是一个金雕标本制作高手，并在数月前拿一只活金雕（即是目击者所说的那只）做了标本。他还自称他的动物标本在整个西宁市质量最好，愿意做这笔生意。这就基本证实了虐杀金雕一事。

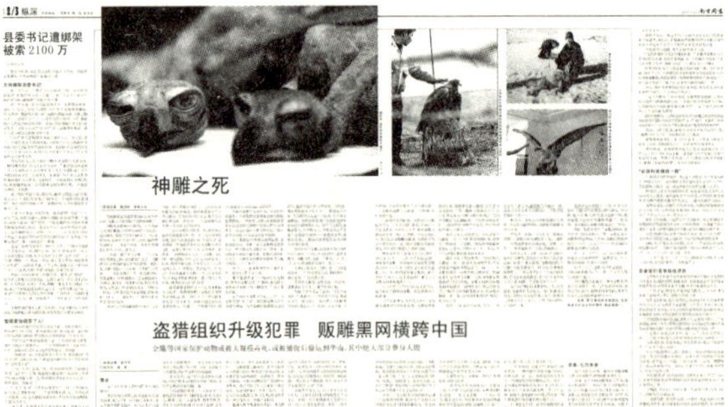
县委书记遭绑架
被索 2100 万

神雕之死

盗猎组织升级犯罪　贩雕黑网横跨中国

但为了侧面印证这并非个例，我又从互联网上搜索贩卖信息，还真从一些论坛上搜到了两条愿意出卖金雕标本的信息。我已经在调查中获知，买金雕标本的不少是广东商人。于是，我让实习生成希在广州打电话给这些网上贩卖者，自称是广东老板，要求购金雕标本。这些贩卖者果然上钩，说出了他们的贩运渠道和市场价格。其中一伙，两只金雕标本要价50万元！

我还通过各种关系拜访了青海报界、商界、文学界和政界的一些人士。他们向我证实，近几年在青海虐杀金雕的情况确有存在，甚至青海当地一些高级官员办公室里非法摆放金雕标本。这是有的人为了子女的升学和职务的调动而送给上级官员的。他们还向我介绍了金雕在藏区的各种神话传说，以及现今濒临被杀尽的惨况。

各个方面的信息汇集都在证明着，目击者反映的虐杀金雕状况是真实的。

让森林公安局接受我

但要挖出金雕之死背后的庞大黑组织，这样的努力还是远远不够的，当地的野生动物管理部门才掌握着最核心的情况。

于是，我到了青海省林业局，找到其下属的青海省野生动植物资源管理局和青海省森林公安局。但他们对我爱理不理。

怎么办？

在采访工作中，常常是小鬼难缠阎王好讲。我就赌一把，如果他们的最高领导同意接受我采访，一切问题就迎刃而解了。我于是闯到一间面积最大、桌子上放着一面小红旗的办公室，等那位领导放下电话，我就介绍了身份，然后开始了一番动物保护的滔滔演讲。当然，这种演讲要合乎官员逻辑，对症下药才行。例如，我充分肯定他们近几年在保护藏羚羊方面的出色工作，例举国家高层领导对野生动物保护状况的重视和几大批示。这样交流了半小时，局长就同意了，他打电话给宣传处，要求下属各单位配合我的采访。

青海省森林公安局的一位副局长由此开始接待我。

中午，这位副局长陪送我回宾馆，一件意想不到的事情发生了。

在车上闲聊时，开车的老司机听说我是《南方周末》记者后，大惊失色。他惊慌地告诉这位副局长："局长，你们不能接受《南方周末》记者采访，几年前《南方周末》调查猎杀藏羚羊的事，披露了一份内部材料，结果我们局的老政委检讨了足足半年才过关。"

"坏了，好事都要坏在这张乌鸦嘴上了。"我当时强作镇定，一方面诚恳地表白我们的职业操守，另一方面，我也用他们的官场逻辑来减少那位副局长对我的疑虑："X副局长，我是你们的上级领导介绍过来的人，是上面让你配合我的采访的，这说明我是可以信任的。万一真出了事，也不是你的责任，而是上面的原因啊。”这位副局长微微点了点头，没作明确的表态。

第二天，我再次拜访这位局长。尽管他已经没有像初次见我时那样热情，但还是带我看了他们缴获的鹰类标本，并派了一位警局官员专门接受我的采访。

也正是这些采访，让我了解到猎杀金雕等野生动物的张恩科和张维科兄弟集团，了解到他们遍布青海、陕西的猎杀网络以及伸向北京和广东的全国性地下黑网。

也正是在他们的介绍中，我得知广东是全国最大的野生动物消费中心。于是，我把这一信息告诉编辑晨光，认为要查清整个地下网络，必须要查清广东的销售黑网。晨光同意了我的看法，他亲自出马，带实习生成希明察暗访了广东的销售黑网。广州市森林公安局也接受了我们的采访。

开明的广州森林公安局向本报提供了大量有价值的信息。正是这样的信息补充，使遍布西北、中南、华南甚至延及东南亚的猎杀、贩运黑网，在我们的眼前渐次清晰起来。

惊心动魄的暗访

就在采访森林公安局的间隙，我还抽空拜访了一些研究野生动物的专家。一位专家出语惊人，西宁市野生动物保护协会里的野生动物救助中心，是一个监守自盗的贼窝！他称，这个协会常常以合法的名义猎杀国家一、二级保护动物，以此获利，他还以亲身经历作证。这让我既震惊又难以置信。

当时我想，即使这样的事是真的，要报道也极困难，因为对方不可能认账，要取到有杀伤力的证据也极困难。猎杀国家一、二级保护动物可判甚至是十年以上的重刑。如果我没有足够证据来报道这一情况，可能被他们指控为诽谤。

但我还是想看看这个野生动物保护协会。明访一下，说不定能看到点蛛丝马迹，以印证那位知情人的说法。

查114得知，这个野生动物保护协会在西宁市植物园内。植物园依山而建，我打的到植物园，找了一圈竟没找到。其时已下午4点，当时就生出了偷懒的心，找不到就先不找了，逛一逛植物园算了。我就开始爬植物园内的土山。高原上运动有点吃力，爬到山顶，觉得肺都快炸了。坐在山上，静静地看着西落的太阳。那时，我在想，如果头顶能掠过一只金雕该多美啊。可是我只在西宁动物园里看到了活金雕，它们被养得像母鸡似的，再也没有了翱翔蓝天的壮美……

从山上下来后，问出租车司机，我想买只金雕标本带回广东，哪个黑市有货。司机指着刚好路过的西宁市人民公园哈哈大笑："黑市就在眼前。"他告诉我，人民公园里的花鸟市场，是贩卖各种野生动物的著名黑市，被警方打击后，贩卖行为只是隐蔽了些而已。我表示不信，司机就急了："上个月我还帮一个客人从花鸟市场里运出一只金雕标本呢。"

第二天，我来到这个市场瞎逛。看到一些有动物皮毛卖的店就进去问有没有金雕标本，这些老板都神情紧张地告诉我，没有没有，卖这个要坐牢的。我并不气馁，继续瞎逛碰运气。

运气终于来了，当我走到一家藏饰小店相问时，女店主疑惑地看着我。我就开始编故事：我到西宁出完公差，广东公司的大老板突然要我帮他带回一只金雕标本……我的一番编演让这个小店主开始相信我。

她说："只要你诚心想买，我可以帮你做介绍。但你一定要保密啊，警察查得很紧，贩卖金雕可是要坐牢的。"我连连应诺。她说今天帮忙联系"老大"。

第二天她如约电话通知我，到她店里去谈。这里说明一下，暗访为了保护自己，一定不能留下任何个人的真实信息。例如，我告诉她的那个手机号，就是临时在青海买的。

她说老大不想直接和我见面，但让她带了两张金雕标本的照片给我。我说你们老大是怎么一个人物啊。她说："我们老大经营的是全青海最大、最正规、最合法的野生动物店面。"我问，既然你们老大做的是合法的，为什么现在却要这样神秘地和我做生意啊？她笑了："警察查得紧啊。"她突然又问了句："你不会是警察的密探吧？"我很镇静地反问她："你看我像吗，你看我有必要吗？"

我在和她交谈时，已悄悄录下了交谈内容，这样的暗访保留好证据是极关键的。

如此往来接触了三四次，女店主终于信任了我。那天下午，她通知我可以去见"老大"。去之前，我作了充分准备，一方面给编辑晨光打好招呼，一方面在手机上拨好青海省森林公安局长的电话，如果情况危急，我可以直接拨号让他们来保护我。同时，拿掉了平常随身带着的身份证、名片、记者证等任何能暴露身份的东西，只在一只内袋里放好一支录音笔。

女店主还带了另一女子，和我一起坐上了出租车。

我问："老大叫我们在哪里接头？"

"山上。"女店主淡淡地回答。

我的心一下子跳得快起来，山上！千万不要是那些人迹罕至甚至是打不通手机的地方啊，千万不能被搜出录音笔啊……

查出监守自盗者的名字

一边看着车窗外的情况，一边越来越觉得古怪——朝山上走的这条路我怎么好像见过……

啊，我突然想起来了，这是条通向西宁市植物园的路，就是上次我去植物园里寻找西宁市野生动物保护协会的路，只是当时没找到。我突然明白了，难道她说的"老大"就在西宁市野生动物保护协会？

进入植物园，女店主带我爬山绕了几个弯，指着"西宁市野生动物保护协会"和"野生动物救助中心"这两块牌子对我说："老大就在里面等我们。"

那时我的心几乎要跳到嗓子眼上！如果那次我没有偷懒，找到了西宁市野生动物保护协会，那今天的暗访不但会暴露，而且有可能遭到人身攻击，甚至还可能惊动牵涉其中的权力者，他们就会通过各种关系来压掉我的报道。

看来，那天偶然的偷懒，竟成就了这次暗访，这不是天意还能是什么？

"老大"已经站在野生动物保护协会的门口，脸很黑，胖胖的，整张脸长得像香港明星曾志伟。我又把以前编造给女店主听的"故事"重新在这位"老大"面前说了遍。由于是熟人带来的，所以他相信了我。他告诉我："我这里什么标本都有。"然后带我去二楼的仓库看货，只见里面不但有国家一级保护动物的金雕标本，还有国家一级保护的胡兀鹫、棕熊、藏羚羊……我指着各种标本探问价格，引诱着他说出如何猎杀、制作标本的经过。他滔滔不绝地说着，我早已悄悄按下录音笔，记下这些他自供的罪证。

看完标本后，我开始和他谈价格，最后谈到一只大金雕标本的价格是8000元。为了让他相信我，我又当着他的面给编辑晨光打电话。这时，晨光的身份成了我的广东老板。事先我们已设计好，让晨光暂时不要同意这个价格，这样可以让我在现场有一个脱身的理由，也可以为下一次接触埋下伏笔。一通电话后，我告诉这位“老大”，老板觉得这个价格贵，我回宾馆再说服他。

过了几天，我再次去找这个“老大”。这次我还带了相机。

那天是周末，到了西宁市野生动物保护协会，那个“老大”还没回来，只有一个看门人和一个值班人员。我对这两人说，我是广东过来买金雕标本的，上次和你们那里长得像曾志伟那样的工作人员谈过。他们就很热情地和我聊起了天，说经常有广东客人来这里买野生动物。

通过和他们的聊天，不但证实了该野生动物协会确实曾大量贩卖各种野生动物牟利，而且还确证了上次接待我的那位“老大”是这里的工作人员，名字叫贾成元。

贾成元回来后，我继续和他谈，并要求对仓库里的标本拍照。我说的原因是：“我的老板没法到现场看货，所以要我拍几张数码照传回去，此前你们给的照片不清晰，他以为是你们的标本质量不够好。”我的实际目的是进一步获取该协会贩卖野生动物的证据。

贾成元对此有点警惕，他要求我提供名片和单位电话。我说，我们老板比较怕事，你知道的，做这种生意，让别人知道得越少越安全。他也拿我没办法，但不同意拍照。

我用激将法刺他：“现在查这么严，你怎么帮我们安全把货运到广州？”

他说：“没有金刚钻不揽瓷器活。”

我继续激将：“你不拿出金刚钻我怎么知道你能揽瓷器活？”

他终于说出了真相：“我们是野生动物保护协会，我们可以给你搞到合法的外衣。例如，你可以让你们单位传一份你们要搞野生动物研究和展览的函过来，我就可以给你办出合法的批文。你们老板如果还想办个合法的收藏证也没问题，只是价格要加倍。”

我仍装作将信将疑。他就亮出一份已经搞定的批文给我看。他得意洋洋地读给我听里面的内容。这正是我所需要的，我全部对此录了音。

经过长达20多天的调查，整个黑网查清了，《神雕之死》的报道出来了。社会舆论反响强烈，三大门户网站也在重点位置挂出，有的还做了专题。

但令人遗憾的是，国家有关管理部门至今还没向南方周末查询更多的背后情况，青海当地管理部门也没有处罚贾成元等人，也没有追查虐杀金雕黑手。只有已经在押的黑市老大张恩科，被判了十年有期徒刑。

报道后，目击者称并没有因为我的报道在生活上受到任何影响。

我想，其一是我的保密措施起了作用，让他们摸不着头脑；其二是我手中还掌握着更多的情况，他们投鼠忌器。

如果他们胆敢伤害那位向我提供线索的目击者，我就把那些还没报道出的各种证据和录音全部披露出来。

所谓“君子跃跃欲试，引而不发”，对那些贩运黑网上的人也一样，没有射出的箭才具备永远的威慑力！

（作者时为南方周末记者）

那些你视而不见的真相
——《谁杀死了李丽云》报道背后

●柴会群

我最初知道李丽云案，是通过北京一个律师朋友，他看到京城媒体报道后，作为线索提供给我。

我这位朋友是专业医疗律师，对医院里死人的事早已见怪不怪，他将这个事告诉我，是因为他敏锐地意识到它将会产生轰动。正如后来事件发展所证明了的，此事的新闻价值绝不限于一个孕妇的死亡，而事关一项医疗制度的存废。

可是我当时对此事并没有太大兴趣，我总体上对涉医法规是悲观的——当中国医疗出现体制性问题时，具体的法律法规的扭曲几乎是必然。而医方与非医方高度的信息不对称，也使得所有围绕某个医疗事件的讨论都可能陷入误区。

后来我也关注过这事的发展，有医院管理者借此呼吁取消手术签字制度，由医生决定要不要做手术，这种呼声颇高。但是，有专家私下跟我说：手术若不再需要患者签字，医生就可以合法地杀人了。

这场论争派出生的另一个结果是，妻、子双亡，一无所有的肖志军，成为一个人人喊打的罪人。

一

我对此事产生兴趣是在一年之后。年初到北京出差时，拜会了一位法医朋友，他便是我文章中提到的胡志强，无意中提起早已沉寂的李丽云案。

胡不经意间说，这个案子不是你们媒体报道的那样，根本就不该做什么剖腹产。

众所周知，李丽云案此前在社会、医疗、法学等各个层面产生强烈影响。而所有的讨论，无论是医疗层面还是法律层面，都是建立在“剖腹产手术是必要的”这一前提之下。

但是胡志强的说法，等于把这一切都给推翻了。

我得承认，我当时感到很惊讶。如果胡是对的，等于全国人民都被忽悠了一把。

我当然不能只听一个胡志强的说法。我向结识多年的陈晓兰医生请教。

南方周末

会否重蹈1918疫灾？
猪流感悬念

面对猪流感，中国准备好了吗？
专访世界卫生组织驻中国代表韩卓升

谁杀死了李丽云？
“丈夫拒签手术致孕妇死亡案”再调查

为社保案『贪官』辩护的律师们
社保案司法审判一年回顾

他把25名法官拉下水

最高法院向“干预司法”宣战

山西能摆脱“资源诅咒”吗

陈晓兰是一位上海医生，从1997年开始就反映医院用假医疗器械对病人进行假治疗问题，后来丢了工作，但却“感动”了中国，成为闻名全国的“打假医生”。

陈晓兰跟我的看法不谋而合。

当年李丽云案发生时，就曾有记者找她发表看法。她主要就医患信任问题谈了一点。她当时其实也被弄糊涂了，也以为李丽云是难产，但也觉得奇怪：一个难产的孕妇为什么不赶紧把孩子弄出来，怎么跑到呼吸科看起了咳嗽？

现在，问题出来了。李丽云是个不足月的孕妇，她去医院真的不是生孩子的，是医院要给她剖腹产。陈医生跟我一样有了兴趣。此前，我们曾有一次合作，上海某中医院为掩盖病人死亡真相而伪造病历，但稿子最终未能发出来。

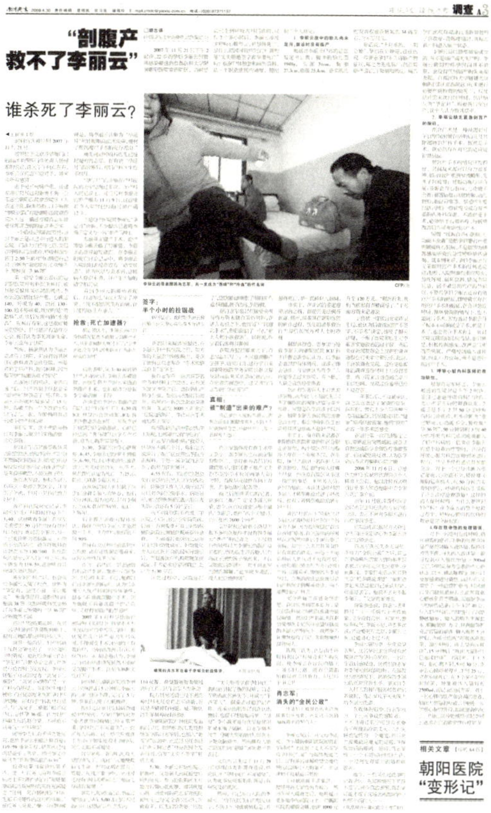
“剖腹产救不了李丽云”

谁杀死了李丽云?

签字：半个小时的拉锯战

抢救：死亡加速器?

真相：被“制造”出来的难产?

肖志军：消失的“全民公敌”

相关文章

朝阳医院“变形记”

李丽云案会不会又藏有一个谎言呢？我很好奇。

我决定做这个报道。但是，风险是显而易见的。我需要面对的对手很多，很强大，他们中间有专家级的医务人员，有实力雄厚的三甲医院背景，有暗中相助的卫生行政部门，更重要的，有我为数不少的同行们。

我后来知道，当年报道李丽云案的记者，有不少获了奖。但也有一位记者，是当年为数不多的在稿子里没有提李丽云“难产”的一个，后来写了一篇质疑医院的稿子，但不小心出了纰漏，引起院方反弹，被迫离职了。

二

采访其实很顺利。李丽云的事情后来进入诉讼程序，其父母将朝阳医院和肖志军一块告上了法庭。我在网上找到了他们代理律师王良斌的电话，以及他写在博客上的代理词。看了后，我越发坚定了原来的判断。

我找到王良斌，又通过他找到李丽云的父母。这两个人抛家舍业，在北京已经呆了一年半，就是为了替死去的女儿打这场官司。我从他们那拿到全套病历和尸检报告。

剩下的，就是找人分析这两份至关重要的证据。

我几乎动用了自己所有的资源，想找到至少一个专家来帮我分析一下这个案子。做医疗报道，记者最容易得专家依赖症，一个哪怕明摆着的事情，也得通过专家的嘴来说才有说服力。这种倾向的弊端是显而易见的，比如间接造就一位孙姓名人那样的专家。但是，这又是没有办法的事，人们相信专家。

但我的想法落空了，我联系的多位专家听说我问起这个事，均婉言谢绝，有的甚至是大惊失色，一听这事就推掉。

我想起2007年跟新华社记者刘丹做上海协和医院报道时的一个细节，当时刘丹也是苦于找不到专家，后来好不容易托人找到一个。开始留了个心眼，没有具体说哪家医院，只是让医生结合病历就病情发表看法。然而稿子发了之后，那专家突然以所在医院名义发函抗议，说中了新华社记者的圈套。好在后来上海协和医院被摘牌关门，此事方没有生出麻烦。

我有一段时间想不通，为什么那专家说了一句公道话，做了一件正确的事，却怕成那样？但我已经意识到，这个圈子的水之深、之浑。

我们知道，大部分民营医院，都是在做妇产科（最典型的就是“不孕不育”）的生意，但我们不知道，绝大部分民营医院里，其实都有公立医院的专家“坐堂”、“走穴”。

没办法，我只能再次请出陈晓兰医生。让她在百忙之中抽身来一趟北京。在此之前，我已将全套病历和尸检报告传真给她，结果用光了她家里整整一卷传真纸。她是连夜将病历看完的，看完之后，她也认为有必要跑一趟。

在北京，我和她去了四次朝阳医院东院和京西院区，仔细比较了两所医院的规格、环境、条件，门急诊位置以及科室之间的距离，升降式电梯和扶梯式电梯上下所需时间，甚至还走了一下就诊程序，特意看了京西院区挂号人员的胸牌。

真相，已经越发清晰。

三

回过头来看，媒体当年对李丽云案的报道的逻辑是这样：

先是正义网的记者吕卫红在现场抓到了这条“大鱼”。她既是一个事件的见证者，又是一个传播者。她有足够的发言权。

她在报道中用的标题是：《妻子难产丈夫拒不签字手术致死两条人命》，这个标题基本上已经把整个事件定了性：李丽云是个难产孕妇，死亡缘于丈夫不签字。

现在看来，这是一个奇怪的逻辑。但在当时，没有一家媒体就此质疑。相反，之后跟进的主流媒体，继续沿用了这个逻辑。而且，大都把李丽云定性为“难产”。

我曾就“难产”的定义问过当时在现场的媒体人，他承认自己其实并不知道。但是见医生在病历上写的是“孕足月”，而且还说早过了预产期，所以便以为是难产。

正义网在网上发出报道之后，11月23日出版的《检察日报》对此事追踪报道，文中提到李丽云“难产”时，引用了朝阳医院京西院区副院长赵立强的说法：“昨天下午4点左右，一名孕妇因难产生命垂危被其丈夫送到了我们这里……”

此后，包括央视、《北京晚报》、《新京报》等在内，跟进报道媒体多以“难产”定义李丽云。有的还将该专题的名字起为“难产孕妇死亡报道续”。

在李丽云被确认“难产”之后，接着便是掀起一波围绕着“签字”是非的大讨论，律师、医生、卫生法专家粉墨登场。肖志军则成为媒体深度解决的对象，记者们试着从各个角度分析他的行为逻辑。

我回想起当年看央视一档节目时，清楚地记得这个男人面对镜头哭天抢地的场面：“我们是来看感冒的，不是来生孩子的。”

可是，和众人一样，我根本不信这个人的话。

没错，感冒与生孩子是两回事，这是常识。但是，我和所有人一样，同样以常识判断：医生既然让你生孩子，自然有他的道理。

进了医院，我们必须得相信医生。

没有人去想：由于某些特定的原因，在看感冒和生孩子这样的常识判断上，专业的医务人员确有可能输给一个农民。

四

稿子发了之后，我一度沾沾自喜，但很快就发现不对劲，首先是网上几个医疗论坛里出现了集体炮轰景象，我本人被指名道姓地骂，有人还号召网民“人肉”搜索我。

而我们内部论坛上，也很快有同事转来质疑的帖子。

接下来就是《时代周报》的公开质疑。除了一篇主稿，还配发了暨南大学新闻与传播学院彭伟步副教授的文章。里面有这么一段：

一些媒体为了制造轰动效应，不仅对某些人的讲话断章取义，而且对其进行无限的联想发挥，强化读者的负面印象，从而形成一种可怕的社会情绪和具有煽动性的社会舆论，甚至进行媒体审判，这是一个非常危险的信号。一些记者纯粹站在民粹的角度，大量使用联想、比喻、排比等修辞方式，采取暗示性的话语，以悲情性的写作手法，引导读者形成对某一当事人的负面看法，满足公众情绪发泄的目的，负面效应不容小视。更糟糕的是，现在一些媒体使用假设性的判断进行逻辑推演，完全忘记了新闻的真实性、客观性原则。（有兴趣的读者可以参考原文《彭伟步：平衡性报道是必须坚守的准则》，2009年5月8日刊于《时代周报》）

我虽为传媒人，但面对如此境遇，竟深感难有辩解的机会。比如《时代周报》的报道刊出后，马上被腾讯网转载，编辑将我的文章与之并列，此外还加了一篇质疑我的网文。此外还单拿出我的稿子做个调查栏目供读者投票，结果认为“稿子有严重问题”的网友高达42%。

我没办法，只能分别各写了一个回应，可是等我的回应放到腾讯网上，这个话题早已从首页上消失，我的回应只有寥寥数条跟帖，且以骂我的居多。后来我也知道，不少同行没有认真看我的报道，却认真看了那些对报道的“质疑”与“批判”。

我感到自己一下变成了肖志军。

当年看了报道后，连亲人也不相信肖志军的话，肖志军的父亲肖家善也一直以为儿子错了，“你要没错，大家都错了？”

“三人成虎”的说法，真的应验了。

总结下来，说我错的观点主要分两类：一类是医疗专业上的；一类是新闻专业上的，如彭副教授所认为的，我是为了追求轰动效应而制造悲情，而且，没有做到基本的“平衡”。

先说悲情。

我得承认我这个稿子里的确有点悲情。但是，我不认为这是我“制造”出来的。我没有这个本事。其实，稿子做到后来，我一直问我自己，如果我面临肖志军那样的处境，我能不能做到他那样？最后答案是：不能。其实当时的形势已经注定，无论签不签字，肖志军必须要为李丽云的死亡负责，因为他如果不对此负责，就得由医生、医院，由卫生行政部门负责。

在排除“自私”、“愚昧”和“冷血”后，我一直在追问，是什么让肖志军能在那般境地下能坚持不签字？是对李丽云的爱情？是洞察到医院的动机？或者是对常识的坚守？我不知道。

但我认为，正是由于肖志军的不签字，正是他以“千古罪人”的代价，才为后来人留下重新解读此事的机会。

接下来是“平衡”。

指责我的报道“不平衡”，我觉得是无稽之谈。其实稿子的主要支撑，就是病历和尸检报告。尸检报告已经获得了院方认可，而病历，更是可以理解为院方的辩护词。问题在于这份辩护词的质量太过低劣，出现不少致命的漏洞。

此外，我也联系过几位事件中的当事医生，他们要么一听说记者就把电话挂掉，要么就干脆推到医院。至于院方，我确实没有正面接触，但也发现，后来《时代周报》采访的时候，他们拒绝了。这跟当年事件刚发生时完全是两副面孔，那时院方不仅积极接受媒体采访，甚至还主动召集媒体通报。但是，突然地，所有医生都闭口不言了。

所以，我不觉得自己没有做到采访平衡。当年媒体在大量报道院方一面之词，全国人民都在骂肖志军的时候，没有人提平衡，我报道了一下事情的另一面，替肖说了几句话，马上就成了制造悲情，成为采访“不平衡”了。

英国作家奥威尔的名作《动物庄园》中，用了这样一句话，前半句是：“所有动物一律平等”，后半句是：“但有些动物比其他动物更平等”。我想彭伟步指责本人报道的逻辑，套用这个句式就是：“报道需要平衡”，然后，“强者比弱者更需要平衡”。

五

最后，我必须再提一下病历。

我本无意贬低任何一个医务人员，我一直认为，中国的医务人员是一群可怜的人，他们和民众一样在承受医改失败的恶果。而且，正如人们所知道的，这个群体中出现过多位民族脊梁一类的人，如蒋彦勇、高耀洁，也包括我熟悉的陈晓兰。

但是，我所拿到的李丽云的病历，让我不得不修正这个看法。

在李丽云的病历中，有两张梅毒检验报告单。一张出自21日，李丽云死亡之前做的；另一张是22日，在其死亡之后出来的。

第一张检查结果显示为阴性，第二张则显示为阳性。

这意味着，李丽云在死后，被医院贴上了一个“梅毒”的标签。

李丽云就这样身背耻辱死去了，而且，这个消息很快通过医方传到采访此事的一位记者那里，电话中，她愤愤地对我提及此事，丝毫没有了对死者的同情。

但是，正如病历上记载的李丽云“孕足月”一样，她看到的，听到的，一定就是真相吗？

我在网上看到新民周刊记者卞宁写的一篇博客，是关于我这个稿子的读后感，里面用了这样一句话：李丽云之死，还残酷地揭示出一个现实——我们真的是不明真相的群众。

我深以为然，只是认为这里不明真相的群众，也包括我们传媒人。我们不仅不明真相，而且在浮躁与功利、傲慢与偏见的裹挟下，正在丧失探究真相的能力。

后记

本文刊出之前的2009年6月4日，李丽云的司法鉴定结果出笼，结论是“朝阳医院对李丽云的诊疗过程中存在的不足与患者的死亡无明确因果关系”。有朋友在网上看到消息后，打电话来对我表示担心，认为鉴定结果否定了我文章中的观点。但我的看法相反，这份报告不仅无法否定我文章中的观点，而且在一定程度上恰恰印证了我的质疑：

第一，它首次以法定形式确认，朝阳医院对李丽云的诊疗存在不足，这是较之前论调的一个本质不同。至于这种不足与李的死亡之间存在什么样的关系，我想目前下结论为时尚早，因为，鉴定意见书中颇为暧昧的“无明确的因果关系”并不等于“无因果关系”。

第二，鉴定意见书所认定的朝阳医院的不足，有一点是“气管插管机械通气相对较晚”。我们看看这个“相对较晚”是怎么回事：李丽云2：50进呼吸科就被呼吸科接诊副主任发现缺氧症状，但并没有在呼吸科就得到应有救治，却把“缺氧”问题交给产科副主任解决。病历显示，李到达产科时间是在3：40，气管插管时间却是在5：40—6：30之间，也就是说，拖了两个小时以上才给李机械通气，而早在5：30，李丽云已经心脏骤停，血压测不到。至于胎儿，在5：00之前已经死去。

第三，鉴定意见书主要是就住院抢救过程发表意见，依据的是被患方质疑并不真实的住院病历，但回避了至关重要的门诊诊疗过程，特别是从门诊到住院之间那空白的40分钟里究竟发生了什么，报告只字未提。事实上，我的文章的核心，就是李丽云死亡之谜更应着眼于前期诊疗，而非后期的抢救。因此，即使是鉴定意见书认为院方无责，也只是说在李丽云抢救问题上无责，而不能否定之前的责任。

第四，我的文章配稿中法医胡志强的主要观点，特别是给心肺功能严重衰竭的李丽云大量补液近2500毫升这一“致命性错误”，鉴定意见书完全回避。

（作者为南方周末记者）

李丽云事件：《南方周末》与《时代周报》的技术性分析

●周海燕

媒介的责任是传达事实，但每个媒介所传达的是记者和编辑在事件中所选择的事实，媒介呈现的倾向及其差异由此而生。这种呈现的倾向性差异一直以来都是传播学者所关注的研究对象，例如对于女性凶手的媒介呈现，或是在关于少年儿童犯罪者的报道中通俗小报与严肃大报间报道路径的明确分歧，等等。此类研究多选择一定数量的样本，通过文本细读的方式进行分析，或是通过定量研究的方法，建立若干指标，以在宏观层面上描述出不同媒体针对某一类事件的报道差异。在个案研究中，此方法很少被运用，因为它无法描述出长时段内某一媒介与其他媒介在报道倾向上的歧异。不过，当报道的不同媒体陷入对事实的争论及相互攻击时，通过对报道对象的呈现的比较来深入探讨和比较报道的专业性，仍然具有一定的价值。

近日，《南方周末》与《时代周报》在关于李丽云事件（即“丈夫拒绝签字致孕妇死亡”的后续报道）的调查中陷入了争论，其间双方就关键性事实显示出完全不同的立场，也引起了相关人士的密切关注。本文在此拟使用此一方法，对陷入相互争论的《南方周末》报道《谁杀死了李丽云？“丈夫拒签手术致孕妇死亡案”再调查》（作者柴会群）与《时代周报》报道《孕妇之死，谁是真相的诠释者》（作者高兴翔、张金玲）进行报道专业性上的横向比较，比较的几个方面包括：关键性事实的准确、核心信息源的占有、涉及不同利益方的信息平衡、叙事逻辑的清晰和缜密等。

一、关键性事实的准确度比较

反复阅读双方报道后笔者认为，事件判断和定性的关键在于患有肺炎的孕妇李丽云究竟应该转送妇产科救治还是应该立刻进行抢救。

必须承认在这个非常重要的问题上我无法作出判断。事实上，笔者以为，这里应该提供权威专家的关键性证词来说明医院正确的处理流程。但双方涉及此处的相关证词中，《南方周末》的信源为地段医院理疗科医生陈晓兰，缺乏权威性；而《时代周报》信源是匿名的“广州市妇幼保健院和暨南大学附属医院的产科主任医生”，缺乏可信度。在关键性证词上双方没有能够给出兼具权威性和可信度的事实，导致读者无法判断争论双方哪一方的观点更具有说服力。但笔者以为，如果在反复争论中双方无法说服读者，这个事实本身就说明，两家报纸的记者其实都没有建立对关键性事实的优势话语权。

争论要点	南方周末	时代周报
是否孕足月	胎龄36周，实际妊娠周为34周，未足月	胎龄36周不能说明胎儿未足月，妊娠满28周至不满37足周期间分娩称为早产（注：此处其实反过来间接证实了柴会群的说法，因为不满37周，只能称为早产）
“孕足月与否”是否为判断应该送产科的关键	因为没足月，难产说法与剖腹保胎说法不成立，李丽云死于肺炎恶化	无论是否孕足月，只有去产科才能最有条件地同时监测孕妇和胎儿的安危，及时抢救孕妇
医院是否进行了及时的救治	在转诊过程中耽误50分钟，延误了抢救时机	只有在产科才能及时抢救孕妇
要求肖志军签字是为了遵守手术签字制度还是将责任推卸给肖志军	将责任推卸给肖志军	肖的反应是弱势群体面对防卫心理过强的体现，这种对医务界的不信任是不公正的

二、核心信息源占有比较

在路透社评价稿件质量的几个标准中，“好的信源”是一个极其重要的指标。所谓“好的信源”，指的是越接近事件中心越具有发言权，核心信源提供关键事实、关键意见，并且在很大程度上保证了报道的权威性。例如，在李丽云事件中，这个事件中心毫无疑问是指几方面的当事人：死者李丽云的家属、丈夫肖志军、朝阳医院的收治医生和护士、现场救治全过程的其他目击者，以及司法鉴定方和具备权威性的妇产科专家。

在这里，笔者列表来说明《南方周末》与《时代周报》对核心信源的占有度。

<table>
<tr><th rowspan="2">名称
信源</th><th colspan="2">南方周末</th><th colspan="2">时代周报</th></tr>
<tr><th>核心信源</th><th>补充或替代信源</th><th>核心信源</th><th>补充或替代信源</th></tr>
<tr><td>李丽云家属方</td><td>代理律师王良斌</td><td>无</td><td>无</td><td>无</td></tr>
<tr><td>肖志军方</td><td>无</td><td>父亲肖家善</td><td>无</td><td>无</td></tr>
<tr><td>朝阳医院医务人员</td><td>无</td><td>无</td><td>无（拒绝接受采访）</td><td>无</td></tr>
<tr><td>救治现场目击者</td><td>无</td><td>无</td><td>无</td><td>无</td></tr>
<tr><td>司法鉴定方</td><td>明正司法鉴定中心主任霍家润</td><td>法医胡志强（身份未知）</td><td>无</td><td>无</td></tr>
<tr><td>医疗专家</td><td>无</td><td>打假专家陈晓兰、一位医务人员（匿名信源）</td><td>广州市妇幼保健院和暨南大学附属医院的产科主任医生（匿名信源）</td><td>多位三甲医院妇产科主任医生（匿名信源）</td></tr>
<tr><td>其他信息源</td><td colspan="2">一位采访过此事的记者（匿名信源）</td><td colspan="2">中山大学政治与公共事务管理学院教授郭巍青天涯网ID“平儿医师”</td></tr>
</table>

注：本文只研究直接引起此次争论的相关两篇报道，此前关于李丽云的早期报道不列入此次研究范围。

通过对上述记者直接采访到的信息源的列表可以看到，六方面的核心信息源中，南方周末记者仅仅采访到了司法鉴定中心一个核心信息源，死者李丽云家属的委托律师王良斌以其代理的身份亦可被视为准核心信息源，而其他核心信息源均付诸阙如。在替代性信源和补充性信源中，只有身份未知的法医胡志强及并非临床诊疗专家的医疗打假者陈晓兰女士。

衡量一个事件中的信息源是否能够提供有价值的相关事实，应该考量的是两点：1．是否接近事件核心；2．是否具备权威性。获得好的、权威的、最接近事件核心的信息源，是此类涉及争论的调查性报道的一个基础（如同在审判中需要关键性证词和证据一样）。柴的报道，可能在这一点上予人口实。例如，在选择陈晓兰女士作为医务界专家方面的信息源时，记者可能更多着眼于其知名度和社会影响力，但很显然，陈女士地段医院理疗科医师的专业资历难以说服公众认可她在这方面的权威性。不过，从比较可以看出，《时代周报》的报道中，同样也缺乏关键信源。甚至可以说，试图反驳柴会群报道的《时代周报》，本该用扎实的各方核心信源，为读者提供更加准确和权威的事实，以举证推翻柴的证据，但上述列表比较说明，《时代周报》不但信源缺失度更为严重，且更加依赖匿名信源，其反驳的核心事实完全依靠匿名信源提供，可靠性更不理想。

三、信息平衡比较

信息的平衡度也是考量报道是否公正和全面的具体指标之一。在这方面，需要考证的包括：

1．来自代表不同利益的各个方面的陈述或者声明。

2．该新闻事件中所有重要的事实。

3．各方面不同的意见。

4．尽量找到被指控者并且将其回应安排于指控附近。

简言之，记者需要让各关键当事人发言，并且根据这些陈述梳理出关键事实和证据，在此基础上，综合各方面有价值的意见，尤其是具备权威性、能够为报道结论提供有力支持的意见，更为重要的是，要给予被指控方以充分的辩白机会。所谓“充分”，衡量的标准之一是各方面陈述所占有的篇幅，这个标准相对直观；其二是提供的事实的重要性和准确性，重要性可以参照信息源的核心度来衡量，准确性由于缺乏相关资料，目前笔者还无法判断；其三则是在引用当事人的陈述时是否存在曲解与误读，在这方面，我们认为，直接引语要比间接引语更为准确。

由于我们此前已经列出了核心信息源的占有状况，这里，我们通过计算各方面信息源所占有的陈述篇幅来直观分析报道的平衡度。

名称 信息源	南方周末	时代周报
死者家属方	450字（来自代理律师王良斌）	0
肖志军方	194字（来自其父肖家善）	0
朝阳医院	0	170字（此处文字为说明对方不接受采访的说明性信息而非关于李丽云事件本身的信息）
救治现场目击者	0	0
司法鉴定方	780字（来自明正司法鉴定中心主任霍家润） 122字（来自法医胡志强）	0
医疗界人士	133字（来自匿名信源“一位医务人员”）323字（来自理疗科医师陈晓兰）	690字（来自匿名信源“广州市妇幼保健院和暨南大学附属医院的产科主任医生”）

注：这个统计不包括对背景资料的回溯。

在双方都没有采访到核心当事人肖志军的前提下，比较医疗界人士与司法鉴定双方的多种意见的呈现就成为比较平衡度的一个重要标准，可以看到，《时代周报》的报道完全缺失了司法鉴定方面的意见。

细读文本，还可以发现，《时代周报》与《南方周末》共同的问题是都只选择了对记者所做结论有利的意见进行呈现。例如，南方周末记者在提及“平儿医师”的长文时说，由于它“采用大量指鹿为马、避重就轻、移花接木之手误导公众（对此文本人另外批驳），由于其只是一个ID，作者也根本无需对其真实性及产生影响负责，因此并未认真理会”。个人以为，网络意见的确存在可信度较低的问题，但对多种观点的呈现还是必要的，它能够保证报道的平衡。

四、报道用语倾向性比较

在调查性报道中，当涉及关键性事实和疑点时，一个重要的原则是应当使用直接引语，以表明记者没有断章取义或曲解被采访者的谈话。但是，在仔细阅读柴会群的报道后，笔者的确存在这样的疑问：“记者是否曲解了当事人的谈话？”

例如：

李丽云死因是：妊娠晚期患双侧弥漫性支气管炎合并小叶性肺炎，继发重度水肿、急性呼吸窘迫综合征，最终出现呼吸循环衰竭死亡。

对于这一专业性结论，霍家润解释说，这表明李丽云死于呼吸系统疾病。但对于双侧弥漫性支气管炎合并小叶性肺炎这种并不严重的疾病，如何“继发”为重度水肿、急性呼吸窘迫综合征，以至于最终呼吸衰竭死亡，霍家润拒绝作出进一步解释。“我们主要是按法院委托要求出具客观的尸检鉴定意见书，而不是认定医院在治疗中是否有过错。”霍家润说。

即使如此，霍家润承认，在明眼人看来，鉴定意见书已经很能说明问题。

当年，面对媒体的炮轰，失去妻儿的肖志军曾屡次辩白：我们是来看咳嗽的，不是来生孩子的。然而众口一词之下，几乎没有人相信这位湖南农民的话。

而如今，霍家润承认，尸检结果其实恰恰支持了肖志军的这一说法。

类似这样的表述还包括：

尽管时过一年，霍家润仍然出言谨慎。他坦言当时是“被迫”承担此事。

作为一个读者，我，无法不从这样的表述中建立如下因果链：司法鉴定机构承认鉴定意见书能够说明问题——尸检结果支持了肖志军的说法——医院存在严重过错。

目前医院是否存在严重过错仍然不得而知，但我个人以为，且不说“承认”、“坦言”这样的用词本身就带有很强烈的暗示，即使霍家润的确是承认了上述事实，那么，为什么不给出直接引语？为什么不用被采访人的原声证明记者对这段关键性事实并无曲解？

报道的倾向性还表现在记者春秋笔法的写作用词中：

【尸检鉴定意见用语极为考究，显得经过了深思熟虑。如对所怀胎儿是否足月问题，鉴定意见巧妙作答：】

《时代周报》的报道中，比较注意控制具倾向性的表述，不过，在报道正文的结尾，记者使用了评论的方式进行报道，这个结尾的倾向性是很明显的：

如郭教授所言，微观层面上的信任、责任与秩序被破坏掉以后，个人的日常生活决策变得异常艰难。而肖志军恰恰是陷入了这种艰难之中，对医生及医院无法信任，大喊“是医院害死我老婆的啊！”但是，同样的，这些失语的医生们又何尝不是陷入了另外一种不信任呢？——对媒体的极度不信任以及院方对医生发言的近乎严苛的纪律约束。

截稿时，天涯网的一个ID为“平儿医师”的网民发表了一篇长达八千多字的文章——《也谈谁杀死了李丽云？——〈“丈夫拒签手术致孕妇死亡案”再调查〉批判》，就李丽云之死的诸多疑点进行了详细的医学解析，并留下了电子邮箱，表示欢迎对话。如此坦荡的态度，或许恰恰是这个信任秩序已经普遍破坏的社会所需要的，也是肖志军们和医生们乃至于媒体们所需要学习的。

五、叙事逻辑的清晰缜密

笔者在此从一个普通读者的阅读理解角度，冒昧勾勒双方记者的叙事逻辑。

《南方周末》：

■李丽云入院时能够步行，说明病非危急；

■胎龄36周的李丽云并非足月孕妇，不应该进入产科进行治疗；

■院方将李丽云转入产科，其间辗转占用的50分钟导致了病人病情急转直下；

■产科的诊治水平低下，是导致李丽云死亡的最主要原因；

■肖志军拒绝在通知书上签字，并非疯癫和偏执，而是“明白”之举；

■院方要求肖志军签字，是为了推脱误诊责任，未果，遂将责任推到肖志军头上；

■鉴定方的承认支持了肖志军的说法，由此可以判断，是朝阳医院杀死了——起码是加速杀死了——李丽云。

《时代周报》：

■南方周末的报道对孕期解读有误，胎龄证据不能说明李丽云并非孕足月；

■孕足月与否，与李丽云是否应该进入产科治疗无关；

■李丽云当时的情况进入产科是正常合理的；

■肖志军的“医院阴谋论”是在弱势地位下防卫心理过强的体现，这种对整个医务界的不信任是不公正的。

基于我对这两篇报道的理解，姑且整理出以上叙事逻辑链条。如果这两个链条的描述成立的话，则立刻可以看到，周末报道的问题在于：

1．能够步行进入医院，是否可以等同于病非危急？这个判断似乎还是应该参照病人入院时的各项身体指征来判断，并且应该尊重法医鉴定的定论，如果对此定论有异议，则应该寻找更具说服力的意见来驳斥该定论。

2．能否给出可靠的排他性证据，证明按照正常诊断流程，非足月孕妇在生病时绝不应该转入产科？如果存在两可的可能性，即进入产科亦可，进入ICU亦可，则柴“死亡加速器”的指责就有失偏颇。此外，柴的报道，是以陈晓兰女士提供的意见为事实基础，但笔者以为，以陈女士地段医院理疗科医师的身份，这个证据的确存在权威性上的疑问。

3．记者所展现的鉴定方的微妙态度，完全依靠对引语的裁切来呈现，而非完整的直接引语引用，有断章取义之嫌，这引发了“在使用引语时是否存在倾向性”的怀疑。

当证据链中存在如上疑问时，报道，以及它所公布的惊人结论，是很难不引起争论的。

《时代周报》记者的问题，如前所述，主要在核心信息源缺失、匿名信源使用过度等方面，此外，着眼于反驳《南方周末》的报道，却没有提供更为强有力的证据来证明医院不应承担主要责任，是其很关键的一个软肋。

以上的分析是基于一个技术化的指标，需要说明的是，这些指标本身的建立有其不足之处，例如，仅仅通过对报道篇幅的比较，并不能完全说明平衡度问题。报道是否达到了平衡，还需要从双方提供的核心事实的重要性来判断。但由于目前真相未明，我们很难判断哪些事实为准确可靠的核心证据。因此，从篇幅上进行判断，应该说是一个可行的方法。再如，对引语的使用的质疑，是从字面上进行推断的结果，如果记者可以提供完整的采访录音整理资料，证明写作过程中没有断章取义，我愿意收回在这一点上的质疑。

我时常想，所谓学院派的、技术化的报道内容分析方法也许有一点冬烘的气味，不过，近日爆出的一系列假新闻事件——例如小林浩的报道等——说明，技术操作上的基本要求，如全面、平衡、核心、交叉质证等并非过时教条，而是保证报道质量的基础。当记者严格遵循这样一些报道原则进行操作而非“事急从权”时，所披露的惊人事实才能够更加令人信服，而报道也能够凭借其专业性立于不败之地。

（作者为南京大学新闻传播学院副教授）

第三章
坚持立场还是顺应民意

对于中国媒体而言，民意是一杆秤，它度量着媒体的善恶优劣。但作为一个经过详细调查明晰事件来龙去脉的记者而言：假如民意是错误的，是矫枉过正的，媒体该如何适从？《南方都市报》记者龙志说："答案的背后，其实是当下语境中媒体所面对的共同困惑：是坚持立场，还是顺应民意？"而这种困惑，南方报业的记者将以报道作出自己的回答。

邓玉娇案，一个记者的立场

●龙志

在很多场合，都有人跟我聊起邓玉娇案，但当我问起，你知道邓玉娇案怎么回事吗？却没有一个人出声了。

事实就是这样。所以，2009年6月16日下午，邓玉娇案一审开庭后，当我的同事占才强发回了对恢复自由身后的邓玉娇牛B的独家专访时，我禁不住给他发短信赞叹：稿子很棒！

免予刑事处罚，这样的一审判决，连邓玉娇都深感意外，其家人表示不打算上诉。电影到此为止——是的，从5月份到6月16日，邓玉娇案太像一部电影了，波谲云诡、跌宕起伏。

案情本身并不复杂，借用巴东县公安局局长杨立勇的话，这是他从事警察职业以来，最简单明了的刑事命案。但要认识到这点，似乎很难，虽然事实摆在眼前。人们总习惯于遵从生活的经验，又夹杂着种种社会矛盾、积弊，来解读当下中国发生的事，因此，每个人心中都有一个邓玉娇。四川大竹、贵州瓮安皆如此，邓玉娇案更是很好的佐证，无一不是裹挟着民意汹涌而来。对于中国媒体而言，民意是一杆秤，它度量着媒体的善恶优劣。但作为一个经历过此事的记者，我脑袋里总浮现一个疑问：假如民意是错误的，是矫枉过正的，媒体该如何适从？

我把这次采访经历当成寻找答案之旅，愈发觉得，答案的背后，其实是当下语境中媒体所面对的共同困惑：是坚持立场，还是顺应民意？而这种困惑，在我从业7年以来第一次清晰地呈现。

所以，当有一天，《财经》记者王和岩对我说“龙志，我的报道其实证实了你的报道”时，当电影曲终人散时，那光怪陆离的众生相还浮现在我眼前。

一

邓玉娇案起初是同事李军很感兴趣的题材，除了记者外，她的另一枚标签是女权主义者。

直到5月14日晚，因为要去采访台海会谈，她在餐桌上临时把它推给了我。所以，我是在毫无思想准备的情况下，接受了这个选题。当同事喻尘跟我谈起此事时，他分析说：“以前都是女孩以跳楼等方式抗暴的，这可是第一次白刀子进红刀子出，愤而杀人。”

南方都市报 重点 A05

昨日，邓玉娇回家后，特意换上一件平日喜欢的短袖夹克让记者拍照。邓玉娇爷爷邓正兰说，让孙女换套新衣服，是想告诉所有关心邓玉娇的人，她的生活将重新开始。

邓玉娇爷爷：孙女说没被性侵犯

本报记者对话邓玉娇及其亲人，家属想给她更名“邓清零”

邓玉娇 判决有点出乎意料

记者：此刻是一种什么心情？

邓玉娇：（点头）还好。

记者：对今天的一审判决还满意吗？

邓玉娇：嗯，满意。

记者：今天的结果，想到了吗？

邓玉娇：（沉默片刻）有点出乎意料。

记者：现在每天还在吃药吗？

邓玉娇：是的。

记者：对接下来的生活有什么打算？

邓玉娇：找一份工作，好好地生活。

邓玉娇母亲 本以为会是缓刑

邓玉娇爷爷 对受害人感到愧疚

“有性侵犯意图但没实质后果”

“孙女自始至终都获优待”

送给父亲的一本好书

电纸书畅读不伤眼

汉王隆重推出全球首款手写电纸书

轻轻一搜，海量资源为我用

电纸书阅读是一种生活方式

这是一种主流说法，与当时网络表达的民意一致，引用某评论作者的话：“它契合了中国传统的文学想象——民女反抗胥吏欺凌的经典题材。”

而我要做的，似乎就是把这个经典题材搬到报纸上。于我来说，这趟差事太轻松了，再没有比这更清晰明了的故事轮廓了，喻尘给我安排的行程是，三天便可以将它拿下。没想到，这一去竟是一个月。

当天是邓玉娇刺死邓贵大的第四天，我们对邓玉娇案的信息来自《长江商报》的报道。后来我了

A02 社论 南方都市报

女工受辱自卫，关抑郁症何事

除了国家机密，没有不可卖的

该不该相信克鲁格曼的告诫

民意就事论事，权力和金钱呢

解到，就信息的准确度而言，该报道有些语焉不详之处，比如把邓玉娇说成修脚女，拿的是修脚刀，再比如，邓贵大是巴东县招商办主任等……

但无论如何，“官员”、“洗浴中心”、“特殊服务”……这些劲爆元素聚在一起，在舆论空间里发酵，便演变成了一场风暴。除了网上一贯对弱势方邓女的同情、声援之外，邓还被网民冠以“贞女”、“烈女”、“侠女”的名号，甚至有网民写出一篇篇回肠荡气的诗词赞其“贞烈”。

5月15日清早第一班航班，我是带着《南方都市报》社论《女工受辱自卫，与抑郁何关》飞往恩施州，在信息严重不足的情况下，主流民意对邓玉娇做出了自卫的判断，而邓玉娇被警方送去做司法精神病鉴定的行径，更是为日后的强制手段埋下伏笔。

飞机穿越云层时颤巍巍地颠簸，我透过这些文字，恍惚中脑袋里有了一幅画面，如果说记者在出发前没有事先预想，这是假话。重要的是，当你进入调查状态后，一切就应当视调查的情况为校正。

总之是，在飞机落到恩施州的山头之前，我也是网络从众的一分子。

二

我于5月15日下午到达野三关镇。

行路难，后面陆续赶来的记者都将体会到。在此介绍鄂西小城的地理环境，有助于你理解为什么信息如此滞后，乃至记者们有时顾此失彼。

恩施州府、野三关镇、巴东县城，三者呈“T”字形分布，野三关在“T”字的下端。高山峻岭，山路难行，从其中任何一个地方去往另一个地方，车程大约都在4小时左右。换句话说，如果你要前往上述某个地方采访，来回得耗费一天时间。

与邓玉娇父母相比，邓贵大家属更容易找到。虽然不像几天后，镇上如临大敌，但野三关官员们还是非常避讳，我在镇政府家属楼道里看到了一张清洁值勤表，确定了邓贵大家的方位。留守在家的老太太告诉我，当晚是“头七”，邓贵大爱人回老家守夜去了。我又问到地址，租了辆摩托车赶到15公里外的山窝里，邓贵大出生的地方。

从石头缝隙和泥瓦砖墙可以看出，这里和周边十多户人家一样贫困。邓贵大全家都在，包括80岁的母亲、做农活的哥哥、当小商贩的姐姐以及妹妹。主要跟我交谈的是邓贵大的妻子，她与邓贵大经历相仿，同一年工作，都是顶替父亲的职务。她如今在野三关宾馆负责后勤。

她对丈夫的死因非常激愤，显然眼泪已经哭干，所以在讲述时，眼圈一直发胀、红肿，并没有流出一滴泪。“挑起事端的是姓黄的，是他要人家特殊服务，邓贵大只是哥们义气，打抱不平。”她反复地说这句话。但他们也不得不承认，无论他生前形象如何，他的死作为一桩丑闻，正在坊间流传。从这个意义上来说，这个家族现在是野三关镇上的过街老鼠。在这里，我听到了一个作为“儿子”、“丈夫”和“父亲”的邓贵大。由于有着相同的小镇生活经历，我对官吏仗势欺凌的印象十分深刻。对于其家属评议性的话，内心仍有存疑。

三

在对邓贵大家属采访快要结束时，上午刚认识的线人打来紧急电话，说找到了邓玉娇父母，并将他们堵在了家里。我便匆忙下山。

邓玉娇母亲张树梅开门，我见到了网友“屠夫”，他先于我半小时到达。这仅仅是个开始，网友的出现，在接下来的几天里，加剧了事态的发展，那是一股洪流，谁也不知将会冲到哪个方向。

邓玉娇继父一直沉默，但张树梅没有避讳女儿的精神问题，当她说出送作司法精神病鉴定是出自家人的请求后，我有些惊讶，因为我正捧着《女工受辱自卫，与抑郁何关》的社论打印稿给她看。

张树梅说：“12日送邓玉娇去恩施州优抚医院时，已经是下午4点多，医院5点30分下班，我赶紧给邓玉娇洗了澡和头发，才匆忙办理了入院手续。”而脱下来的内衣裤又为之后的“关键证据遭离奇清洗”事件预留了伏笔。

她接着说："当时想到她杀了人，想救她一命。"

即便在此后，无论事情如何节外生枝，在接受任何媒体采访时，张树梅依然坚持邓玉娇的精神问题，这让我一度揣测她如此坚定的背后隐藏着什么。

这次面谈，作为母亲，她回避了母女之间紧张而复杂的关系。事实上，母女之间的隔阂显而易见。我们聊到了邓玉娇3月份搬出去住，她的解释是，算命先生说，母女命相克，搞不到一起。事发后，她才知道女儿在雄风宾馆工作，而那时邓玉娇已经上了一个多月的班。

她向我保证，女儿绝对没有感情问题，绝对没有谈男朋友。而事实上，我的移动硬盘里，存放了一张与邓玉娇有感情纠葛的男子的照片。

张树梅用了邓贵大家属两倍的时间向我讲述了一个关于邓玉娇的命运多舛的故事，而最具颠覆性的莫过于她证实了家属对鉴定"抑郁症"的渴望和主动性。我将社论收起来，心里在想，肯定哪个地方出错了。

四

我不得不重新思索，邓玉娇和邓贵大是个什么样的人？

对于版画一样刻在人们心中的形象，其真实可信度有多高？在野三关镇采访时，我并没有想到要写什么，即便之前确立的民女反抗胥吏欺凌的模本也被搁置起来。我知道，对于刑事案件来说，警方尚在取证阶段，记者调查的可行性不大，它应该是一个持续的循序渐进的解析过程。但我对于两个当事人，在飞机上产生的栩栩如生的画面顿时模糊起来。

我要做的是尽可能采访更多的与当事人有关系的人，从而解答此刻面对的问题。

采访邓玉娇的玩伴，除去虚与委蛇的时间，真正的交谈是从移动硬盘里那张照片开始。那是在邓玉娇的网络空间里发现的一张照片，照片上一个中年男子带着家眷站在风景区，邓玉娇取名：狗日的一家三口。

"你怎么有这张照片？"她们很吃惊。

我马上意识到，有进一步交谈的资本了。她们担心地说，这是个人隐私。我说，我们就从隐私开始，现在，我需要知道邓玉娇的全部。

在5月17日上午，一个有别于网络传闻的邓玉娇逐渐清晰。当我第三次拜访这些玩伴时，我对她有了较准确的认识：典型的小镇姑娘。我想起了贾樟柯的《小武》，对于任何一个有着小镇生活经历的人都会熟悉的影子。在我们生活的周围，总有“小武”们的身影，他们年轻气盛，行事张狂，带着痞气，游荡在法律的边缘。在我老家，这类人很有可能被称之为“混混”。

南方都市报 国内 A15

邓玉娇案：风云诡秘的三天

昨日下午其母张树梅确定与律师解除委托关系，事因“关键证据”风波

[21日] 律师与委托人的嫌隙

[22日] 关键证据的鉴定

[23日] 解约风波

脱发白发·衰老信号

让肾再年轻

白发变黑发

白发变黑发 安全是第一

头发脱得早

烦恼真不少

对于玩伴们的采访，基本上可以确定的事实是：

一、邓玉娇受过感情创伤，最近的一个月前的创伤，让她情绪一度失控；

二、3年来，失眠一直伴随着她；

三、与邓贵大之前毫不相识。

最后一次采访，是在17日晚上，邓玉娇出现在电视里，她被绑在恩施州优抚医院的病床上，两边的床上，分别是另外两名精神病人。邓玉娇共有19秒钟镜头，她不停地哭喊：“爸爸，他们打我……爸爸，他们打我……”

玩伴们看着镜头哭了两次，她们每天都在上网，查看有关邓玉娇的消息。网络上，邓玉娇被称为“烈女”、“侠女”，甚至有人为其立传，但她们看着很不舒服。我意识到邓玉娇是一个被误读的侠女。

我问其中一个玩伴，你们怎么看？她说：“她不想做烈女，如果她还能回归正常，她会说，我只想保护自己。”

五

接下来的采访，我确定了传闻中的邓玉娇案中，几个当事人的背景。

从与政法机关的瓜葛上考量：

关于邓玉娇——爷爷退休前是巴东县法院庭长、有亲戚在宜昌从事司法工作、母亲曾在野三关镇派出所煮饭三年。关于邓贵大三人——出身背景均是农民，镇招商办主任邓贵大更是家中唯一有出息的人，三人当中唯一有点

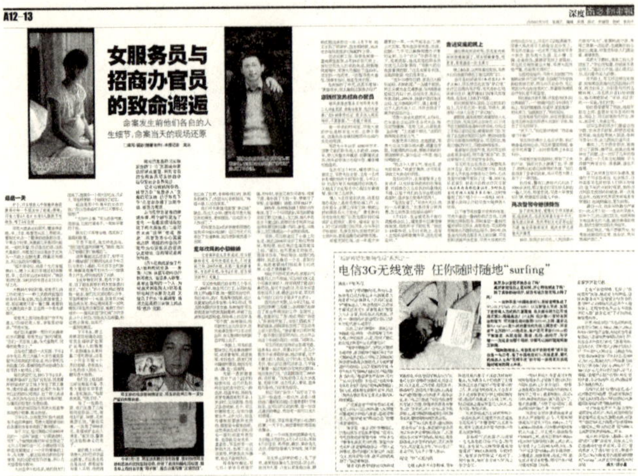
A12-13

女服务员与招商办官员的致命邂逅

命案发生前他们各自的人生细节，命案当天的现场还原

电信3G无线宽带 任你随时随地"surfing"

背景的是，黄德智有个弟弟在中南大学读研究生，还是20年前的事。

这些背景不能抹去官吏作恶的行径，但使得我，身处事件当中时，时刻警醒自己，网络传言的可信度。我在想，假如双方背景对换一下，又该掀起多大的波澜？

5月18日，警方公布了邓玉娇案的某些细节，第一次透露，邓玉娇杀人现场，始终有两名服务员在场。这意味着，主流民意认定的邓玉娇正当防卫，是不成立的。

我对这个公告也是有怀疑的，在当下新闻环境中，对唯一孔径发布出来的信息，作为记者，我有种天然的质疑。但消除质疑的方法只有一个：去采访，拿出自己的证据。

当我找到唐芹时，一切都有了答案。这个邓玉娇的玩伴、同事、闺蜜，案发当天下午还与邓玉娇吵过架。重要的是，她目击了黄德智尾随邓玉娇走到休息室，邓贵大用钱砸邓玉娇的头。最重要的是，她也告诉我，当时，休息室里至少有两个服务员在场。

我知道第一篇稿子要写什么：我调查到的事实、人物故事将使得我打破网络舆论树立起来的邓玉娇的侠女形象。而这些形象——烈女邓玉娇、狰狞鼠辈邓贵大——都是民众赋予，实际上，邓贵大到死都不知道自己是怎么死的。如果这是一部电影，这篇稿子《女服务员与招商办官员的致命邂逅》将是对出场人物做真实的介绍和还原；如果真是一部电影的话，这样的镜头应该是平视，而非任何的仰拍或者俯拍；如果要说一个主题的话，我只是在稿子中把几个当事者还原为人。

稿子的效果显而易见，网上骂声一片，我也生平第一次被"人肉"，所幸没有做过什么亏心事。网民甚至写信问责《南方都市报》，要求开除记者龙志。

而另一番景象是，因为这篇稿子，我取得了邓玉娇母亲张树梅以及邓贵大亲属的信任，他们对我说，“你写的，就是我们的亲人，他就是这样的人。”

我甚至把两天后，获准对巴东县政法委书记、公安局局长杨立勇进行专访也归功于这次报道。整个邓玉娇案，官方只接受了《南方都市报》唯一一次专访。

一个任职于香港“无国界医生”的朋友在MSN上说：“现在缺少的就是这么客观的文章，网民，包括我，当然希望能按我们的思路去勾画一个恶官、善女的强烈对比——实际上，这何尝又不是我们一贯所受的‘典型’教育的结果呢？”

当然，于网民，于外界民意的辱骂，我是不太在意的。这样只会激发我坚持，搞清事实真相的犟脾气。因为我心中始终有个底线：那些坐在千里之外的电脑旁边海阔天空主题先行的网民们，与进入事件中心调查，取得一手资料的记者相比，哪一个看到的更真切？

饶是如此，在接下来的日子里，我仍拒看网络的评论，在我看来，大部分评论以及来势汹汹的檄文几乎不含任何营养，它只展示和陈列了对方的狭隘和偏见。但人毕竟是感情动物，我惧怕一时的冲动会影响我对事件的判断，而我，尚身处事件当中。

事物的构成是复杂而多面的，比如说邓贵大，在作为丈夫、父亲、儿子以及同事身份时，他是一副面孔；当他举起钞票砸向邓玉娇时，又是另一副面孔。作为媒体，我们该呈现什么样的面孔给读者，才算真实？或者尽可能接近真实？

在中国特定环境下，弱者会天然地被公众同情。这种同情，有时候甚至是撇开事实本身的，是为了达到某种同情的形式而抒发的。悲悯之心，人皆有之。但作为记者，我的态度是，任何感情，都得让步于事实。如果完全顺从民意，写出来的真相，必然是制造出的另一个假象。

这种后果还表现在：媒体记者乐于享受“第三方权力”的赞誉，扮演着“救世主”的角色，在优越和浮躁中，判定世间的是非对错。

有同事说，“这样写不是站在政府一边，帮狗官吗？”看到网上上万人都在骂，我更相信了。

有同事说，“文章看不懂，看不下去，稿子没有信息源，文学性太

A18　国内　南方都市報　2009年5月22日　星期五　编辑　龙涛　版式　沈淑婷　校对　李卫平

邓玉娇律师：她内裤上留有证据

会见邓玉娇后当场哭泣，并公开征集专家鉴定其乳罩和内裤上所留指纹

昨日下午6点多钟，邓玉娇的两名律师从看守所出来，当众哭泣，说发现了可以认定强奸的直接证据。本报记者　龙志　摄

巴东县公安局长分析案情

接受本报独家专访，指称死者邓贵大的行为可能是与黄德智共同表达对邓玉娇的不满

本报记者　龙志

强。”

我想问一句：你真的看了么？除了那些人云亦云的说辞，有谁指出来：喂，你写的这个信源在哪里？

又有同事说，你写的跟案件有何关系？我只想知道邓玉娇是不是正当防卫？

好吧，我跟你说，如果我是个法官，或者是上帝，我可以回答你。

但对不起，我是记者。

六

律师是和网友以及邓玉娇父母一起来到巴东县城的，他们的出现，使得邓玉娇案走到了另一个层面。

当晚在餐桌上，律师夏霖送给“屠夫”一句话：仗义每多屠狗辈，负心总是读书人。网友和律师间的互动，在之后的事件中，越发体现出来。

可以说，在5月21日律师会见邓玉娇之前，绝大多数信息来自我的调查。因为其中一个律师是同事的朋友，嘱我说，他是个可以信任的人。

在几乎认定了邓玉娇不能往正当防卫方向辩诉时，5月21日的会见，又给了他们重新振作的信心。邓玉娇跟他们讲述了在水疗室被黄德智性侵犯时的细节。

我至今仍在怀疑邓玉娇讲述这段经过时，是否存在趋利避害的心理。在警方的问讯笔录中，邓玉娇对于水疗室发生的经过有三次口供，对黄德智的行为的供述也不一致，但有一点可以确定，那就是几次口供中都没有提到脱裤子之类的动作。

我也相信，对于有着丰富的执业经验，曾代理过崔英杰案的律师夏霖而言，委托人对他讲述了之前所没有说出的细节，这是常有的事。而作为律师，他要做的是找到证据和证人，固定好这一事实。而不是将委托人的单一说法当成既定事实，公诸于众。

唯一的解释，就像律师接受我采访时所说，他们判断，会见时被警方窃听了，而张树梅夫妇在这个节骨眼上被野三关派出所召回去调查，肯定是被胁迫去销毁证据。

实际上，即便邓玉娇跟律师讲述的受到性侵犯证据，也只提到过内裤。夏霖后来也坦白，其他的都是他的障眼法，是对媒体公开撒的谎。

我至今也不明白的是，律师的眼泪是怎么出来的。对于风云诡秘的案外枝节，我在期间的报道中均有详细说明。在此，我想从媒体的角度，探讨一些怪状。

如果说，5月21日，律师在看守所门前导演了一场“求助网络”的闹剧，众媒体则是十分配合的临时演员。

有的记者甚至抛开媒体身份，宣称现在是以律师的朋友身份介入，“完全相信自己的朋友所说的话”，求助在野三关的记者，响应律师号召，看护邓玉娇的家；当律师需要找最高长官时，则又变回了记者，以媒体身份帮忙联络政府官员。

这种身份的置换，令人不可思议。在中国，律师和新闻界有着天然的非比寻常的关联，有的律师甚至就是或者曾经是媒体从业人员。这种联盟关系，建立在对同一事实真相的寻求，建立在信息不对称的环境中。

但是，出于职业的考量，任何人——更何况是律师说出的话，都是经过筛选，以对自己有利的方式释放出来。对于媒体而言，除了得到这一部分的信息外，还想知道更多，尤其是被遮蔽掉的那部分。当我们的身份切换到朋友位置上时，便丧失了对另一部分真相的追问。

对于更多的记者而言，身处风暴眼中心，则表现出茫然与盲从，进入巴东县城后，连案情基本概况都不甚了解。例如律师夏霖向网络求助时说，“案发地在南方，长江边上有些潮湿的小镇上”，某女记者大惊失色，恍然说道：“啊！原来案发地不在野三关，是在长江边上啊？”继而整晚陷入愁绪中，她坚定地信任律师，认为邓玉娇遭受了莫大陷害和不白之冤。

更为稀奇的是，在此后该女记者做出的调查节目中，“当日下午，邓玉娇家遭遇了警察翻箱倒柜的搜查。”

“除非她分身有术，能知晓几百公里外发生的事，”当日下午，留守在野三关镇的《成都商报》记者龙灿说："律师在作秀时，张树梅夫妇正在派出所做笔录。"

七

在场的记者慢慢分化为三派：一派将律师当成无话不说的知心朋友；一派是瞎子摸象有闻必录；另一派则是通过独立调查后，抽身事外，提出质疑和判断。

这样一来，媒体所做的报道各有不同，甚至相互矛盾，邓玉娇案越发扑朔迷离。

现录一则如下：5月23日，《广州日报》刊发报道称《邓玉娇案关键证据离奇被毁》。

报道引用了律师夏霖的说法——21日晚上9时，夏霖律师还到检察院请求检方接见，要求保存邓玉娇案发时的内衣内裤。令夏霖不解的是："邓玉娇在案发现场换下的内衣内裤被母亲张树梅带回家中放置了11天，都没有动过，21日当晚，却全部被张树梅清洗完毕。22日上午，警方才封存了邓玉娇一批内衣内裤。""已经没有任何取证价值了，所有的指纹和物证肯定没法取得了。"夏霖对记者叹了一口气。他说，21日下午，他还特意在电话里交代张树梅，千万不要动邓玉娇的任何物品，结果还是这样。

此外，报道还引用了邓玉娇的一位朋友的说法——杨红丽非常生气地告诉记者，"邓玉娇脾气暴躁"、"精神不正常"并不是从她们口中所出。

采写报道的记者我是认识的，当天她从野三关回到巴东县城时，在我房间碰头时，我对她说："我虽然没有了解，但我可以打赌，你写这个报道时，只采访了一个人。"她默认了。

对于报道中核心当事人的一词，我是这样认为，如果要在一场打架事件中寻找信源，核心信源当然是来自于施力者和受力者。对于"关键物证"遭清洗的事件上，核心信源是动作的发出者，也就是张树梅，而并非律师。

显然，这名记者是没有采访到张树梅。此外，我在《女服务员与招商办官员的致命邂逅》中写到的邓玉娇性格，是经过三个采访对象的相互印证而来。对于单一的评述性的说法，在报道中是件危险的事。

产生以上混乱的根源在于：当事记者进入巴东县城时，各方当事人都在缄默不语，唯独律师，还在滔滔不绝地释放海量信息。

对于苦于寻找采访对象的记者而言，这是唯一可能获取信息的渠道，似乎还带有感恩之心，因而对律师语录做到了有闻必录。其积弊在第六小节已经说明，不复赘述。

在媒体和律师之间，本是一道平衡关系。采访过程中，记者进入事件中心获取信息，也应抽离出来冷静观察，只有这样，面对高高在上的信息发布者时，你才有质疑的权利。也只有这样，你才会赢得采访对象的尊重和信任，试想，谁会将一条狗当人看？而当只剩仅有的单一的信源时，质疑之声便被剥夺了，平衡关系也被打破，记者从此沦为信息发布者的“传声筒”。

八

5月26日下午4点30分，我在恩施州优抚医院副院长杨永新办公室采访时，才知道我是唯一一个问到“邓玉娇为什么绑在病床上，喊爸爸他们打我”的记者。

这是恩施州电视台“今晚九点半”节目播出的画面。此画面引发更多舆论的愤怒之火，有矛头指向医院虐待邓玉娇，医院院长、主治医生电话被“莫名其妙”的网友打爆，最终导致医院不堪骚扰，向公安局提出将其送回看守所。

“媒体表现出严重的不负责任，”杨永新说，“媒体的本意是激起大家对案件的关注，对邓玉娇的同情，可这样偏颇的画面一播出，煽动了民众情绪的同时，却使医院遭到了误伤。”

从新闻语境中，我理解为，媒体拍到了画面，却没有进一步给观众解读，为什么会有这样的画面？如果媒体也是预设立场在先，哪怕其初衷是想引起更多人关注，这样的画面，则会被嫁接到先行的主题上。毫无疑问，将是另一种造假。

就在这个下午，当我说服副院长拿出邓玉娇的病历，正要翻开时，接到喻尘电话，禁令到了。

在这里，顺带也说说关于采访被跟踪的经历。5月17日晚上，我跨出宾馆大门，一辆黑色的桑塔纳发动了，我意识到自己被跟踪。出门口时故意放慢步子，等桑塔纳靠近时，突然转身往回走。果然，那辆车也开始掉头。当它刚转过身，我又折回来，如是三番五次，司机便慌了，不知我的意图。我随后拦了一辆小出租车，付足了车费，让司机找个拐弯路口有小巷子的地方减慢车速，让我下来，然后继续往前开。我躲在黑暗的小巷里，看着跟踪我的小车疾驶而过。

反跟踪的经验是在2008年去沈阳西丰采访“进京拘记者案”时积累下来的，唯一不同的是，那是在一个大白天，难度更大。

当下采访环境，被跟踪是件常事。此前的教训告诉我，记者没必要将自己推向新闻主角位置，从而耽误了报道。跟踪之人的目的无非是想知道你去哪？找什么人？对个人安全倒不构成威胁。我之所以和他们玩猫捉老鼠这样的无聊游戏，是担心他们会给我的采访对象带来麻烦。

九

南方周末鞠靖同学传了署名时寒冰的批驳文章《邓玉娇案中的媒体责任》与我，长达4000字之巨，一看，令我哭笑不得。

我只有四个字：不值一驳！

这位时先生在洋洋洒洒中，预设判断在先。他说：请问《南方都市报》的那位“创作”《女服务员与招商办官员的致命邂逅》的记者，你有关邓玉娇的负面采访是从哪里来的？

可笑的逻辑，如果我跟你一样是个只会讲空头大话的写手，这句诘问再恰当不过了。更为荒谬的是，这位时先生拿出《邓玉娇案关键证据被毁放置11天衣物离奇遭清洗》来“进一步映衬《南方都市报》这篇文学创作性报道的明显倾向性”（时寒冰语）。

拜托你们这些所谓的评论作者，在发挥想象前，去调查一下事实真相好吗？如果对事物的认知，仅依靠于语焉不详甚至偏颇甚远的消息源之上，你这张口便来的评论，不是离题万里等同于胡说八道吗？

苏永通同学给我传来了学者萧瀚的《邓玉娇事件评论之十》。萧瀚写道：

平面媒体在报道案件进展过程中，需有几个基本底线思路：

第一，由于中国的刑事司法程序是一种控方享有程序特权的司法程序，因此，它对犯罪嫌疑人十分不公平。在这种情况下，如果报道者不懂这基本弊病，片面追求所谓技术性的平衡报道，便是机械、变态的“平衡报道”，而不是言论自由下、宪政制度下的平衡报道，它必将是损害邓玉娇合法权益的，因此，出于一种校正性正义的需要，必须对代表控方的公权力有更多的警惕和质疑。

第二，在任何情况下，坚持对邓玉娇的无罪推定原则，直到最后审判终结。

第三，在任何情况下，报道案情进展要有保护邓玉娇合法权益的底线，因为政府控制了几乎所有司法资源，他们在如此强大国家机器的护卫下，如果新闻界还在那里做不利于邓玉娇的报道，那简直是脑子进水，落井下石。即使有确凿证据证明于邓玉娇不利的事实，也可以在案件终结之后再来报道。搜集邓玉娇的罪证，那是控方的事——不要给强权锦上添花，要给弱民雪中送炭。上述都是基于基本宪政精神，即以监督权力的姿态达到权力和权利的动态均衡，建议媒体的朋友们好好考虑。

在此，我只能感叹：这是萧先生的独创理论。新闻什么时候沦为了对抗公权的工具，而且预设立场仅仅是为了反对而反对？邓玉娇的合法权益当然是要在法律的框架内保护。在某些情况下，律师和记者看似都在做同一种事，都在寻找被公权倾轧的证据，区别在于，律师站在委托人这边，而媒体，站在客观公正的一边。

前者为了达到某些利益，或许有萧瀚先生的上述举止，后者则不然。

十

6月16日，邓玉娇案一审开庭。

我在离巴东县城几百公里外的某山区招待所赶稿，也就是第二天的《案外风云：邓玉娇案演变全纪录》。

同事占才强正好在武汉，便委托他去了庭审现场。可以预料到，庭审后的邓玉娇一家肯定会避开众媒体。我的想法是，去巴东县老法院宿舍，找到邓玉娇曾任庭长的爷爷家，这是她在巴东县城的唯一去处。

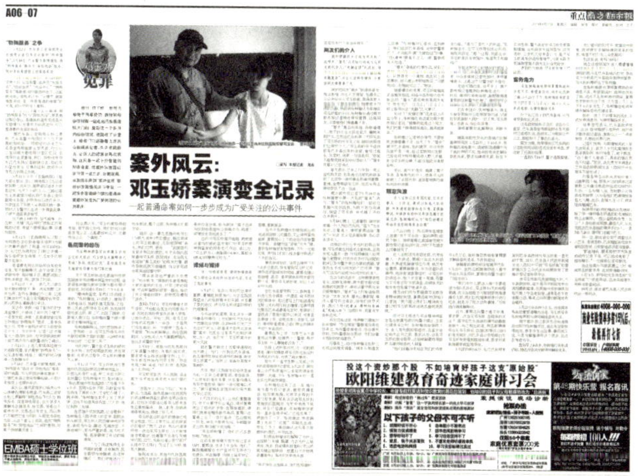
A06 07

案外风云：邓玉娇案演变全记录

一起普通命案如何一步步成为广受关注的公共事件

果然，下午，占兄打来电话，证实了我的判断。但邓玉娇母亲张树梅似乎不信任。她问："南方都市报小龙怎么没来？"占兄只好拨通了我的电话。我对张树梅说："大姐，我在外地采访，赶不过来。找你的是我同事，我们也算善始善终，希望你能像信任我一样信任他。"张树梅答应了。

晚上8点左右，我的稿子写好后，占兄的稿子也提交了。《南方都市报》对恢复自由后的邓玉娇做了独家专访（虽然大部分由其亲属代言）。看到占兄牛B的专访那刻，连月来压抑在心底的郁闷顷刻释然，我犒劳了自己：好好睡一觉。

后来，王和岩说，她把稿子推荐给《财经》副主编张进，他看了说："这个稿子就是我想要的。"

从职业角度来说，邓玉娇案，也是我对记者这份职业做的一次自我审视。

（作者为南方都市报深度记者部首席记者）

警惕媒体与民意的断裂

●黄秀丽

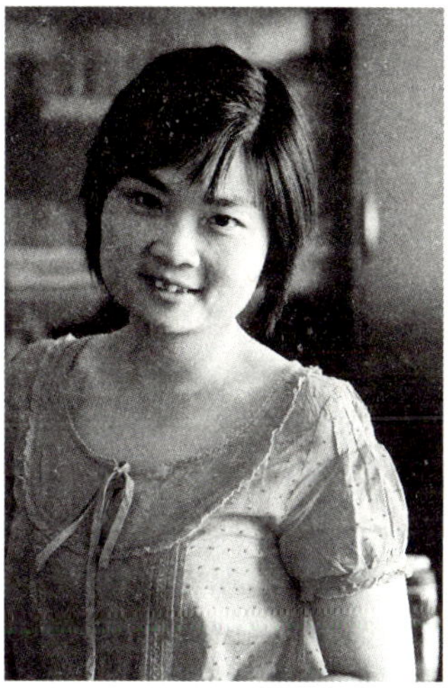

网络上舆情汹涌时，传统媒体对新闻事实的甄别判断难度增加。深度报道要警惕互联网塑造的刻板形象，不要只看到事情是怎么发生的，要思考事情为什么会发生，为什么会在当代中国这样一个时间段发生。

在邓玉娇案的37天，我深切地体会到了网络民意是如何影响事件的发展的。

这里面的影响对我们新闻记者来说，有积极的成分，也有很多对我们不利的因素，甚至造成前方记者的采访很难开展，有许多经验教训要吸取。

在网络信息如此迅捷的情况下，传统媒体要做深度报道很不容易。

一、对互联网刻板印象的警惕

先谈一下我的采访经过。这次是相当惊心动魄的，我去了两次巴东，每次都有一星期左右。第一次大约是在2009年5月19日，去了湖北恩施，先后在恩施、野三关以及巴东呆了共一个星期。去之前，案件的主角邓玉娇、邓贵大的形

南方周末

核政治

金沙江水电站违规调查 [C14]

投资潮中，环保安在？[C15]

环保部五年激战水电巨头 [C16]

巴东37天

与邓玉娇案相关…

在这里，读懂中国

[C19]

谁有权动我的公积金？

[A8]

官车“宝马化”后果

[A4,5,6,7]

南周记者“高考作文”

八旬老人，九次高考，十分 trouble

[B9]

关塔那摩监狱中的中国人

[D21]

自岩松：改版重点不在《新闻联播》

[D24]

胡德平谈“中国为什么要改革”

[E29]

个案激情有待推动体制理性

象在互联网上比较抽象，基本上可以概括为“民女抗暴”。网民认为邓玉娇一定是贞女、烈女、英雄；邓贵大、黄德智等人一定是贪官恶吏。这是一个预设的形象，是网民根据先前媒体的报道，以及警方模糊的公布刻画出来的。

我到野三关后，经过接触邓玉娇的朋友以及邓贵大、黄德智和邓中佳的朋友后，两方面的人物性格便越来越清晰、丰满，两人的形象也越来越脱离当初的脸谱化倾向。邓、黄的人事档案显示，二人没啥社会背景，40多岁了还在镇上当一个芝麻小官。只有黄有一个哥哥在南京一家银行当法律顾问。而邓玉娇的家人和朋友，尤其是她的那帮朋友，塑造出来的“她”真的是很不可爱，脾气暴躁，动不动就跟人发火，曾经买过一把水果刀，被她妈妈搜走。不排除邓玉娇的朋友为了帮她，借用她的失眠症往精神病上靠。但是记者不可能采取单方面的信源，见报的细节都要经过多方核实。邓玉娇以前在一家打字店工作过，认识她的人描述她的性格是有点“癫”，意思是你说一句，她会顶你噎你。有网友质疑，称《广州日报》报道说邓玉娇的一位朋友否认她有精神病，似乎是推翻了前面记者的说法。我的看法是，这个采访是在律师爆出性侵犯情节之后做的，不排除她的朋友想法又变了，告诉记者的事实会有所选择。当时《南方都市报》的记者龙志、《成都商报》的记者龙灿和我曾有多次讨论，感觉到这是一起简单的刑事案件，杀人者、被害人、证人、现场都很清楚，真的是抗暴杀人吗？正是有这样的看法，龙志写了那篇《女服务员与招商办官员的致命邂逅》，试图展现案件主人公更丰满的形象。应该说，稿件里的事实是基本真实的，但这种文学化的笔法激起了网民的愤怒，也激起了当事人的愤怒，导致邓贵大老婆不再接受任何媒体的采访。

之后的情况网上披露得很充分了。律师披露案情，政府赶走律师，等等，我也都在现场，对双方的斗智斗勇，以及力量之悬殊有充分的感受。

二、对案情事实的谨慎处理

我第一次成稿是在5月26日，律师刚刚被解聘，新律师刚被政府聘任时。基本的新闻事实都被各路媒体挖掘一空，新闻增量不多了。这时候我考虑稿子的展现重点有两个：第一是关于邓玉娇形象的争议和案情的争议，第二是辩方权利被严重侵犯的事实。第一部分，网络上的意见基本上是一边倒，邓玉娇是烈女，律师披露的性侵犯情节一定是确信无疑的。

应该说，这一民意影响了在场的很多媒体。很有趣的是，当时在场的媒体也分成两派，一是挺夏派，二是倒夏派。第一派以《广州日报》为代表，文字表现很有倾向性。第二派以《成都商报》龙灿为代表，他坚持相信公安的信息是确切的，律师这边不行。这在他的文章《邓玉娇案，拔出萝卜带出泥》有充分体现。这篇报道也差点被网络唾沫淹死。

本来我是最有可能成为挺夏派的，因为我跟两位夏律师的熟悉和信任度要超过其他记者。但是作为一个记者，履行职务行为时要对任何一个信源提供的信息保持警惕。我不能认为警方就是对的，像高一飞教授坚持的那样。也不能像大多数网友一样，坚信律师一方。我必须承认这是一个案情争议，因为从刑事司法侦查的角度来说，这里面有太多的细节无法为一个记者所掌握。我能呈现的就是这样一个争议，而不是结论性意见。

第二部分就是辩方的权利被一步步蚕食、侵吞的内容。为什么考虑做这些内容，是因为我发现在律师爆出性侵犯情节之后，案件的调查已经偏离了方向，开始向邓玉娇事件转化。

到底是什么力量在促使案件向事件转化？在现场的记者也多有讨论，政府的原因？律师的原因？网友的原因？其他势力准备进入巴东的原因？

应该说都有一部分。对这种变化，《南方都市报》在6月17日后来发了一篇深度报道《案外风云：邓玉娇案演变全纪录》，试图展现各种力量在事件中的变化发展过程。但我认为，龙志的这篇稿件虽然新闻事实丰富，但是过于机械。这种简单地表述客观事实的做法，事实上对律师方和网友不公平。

为什么？因为在这个事件中，政府一方的力量超级强大，他有能力控制一切，是政府首先超越了法律轨道做事，而且一路做下去，而不是律师和网友。如果这个板子各打五十，显然不公平。两位律师的表现被很多人认为是失态，我当时也很惊讶，因为我不知道发生了什么事。我想谈的是，在这种案子里，刑事辩护律师要考虑很多案外因素，比如会见当事人时不被监听，在中国显然做不到。这就是夏律师怀疑邓妈妈张树梅被警察叫走，是去拿衣服毁灭证据的原因。如果不考虑刑事辩护律师生存的恶况，只强调律师的失态是作秀，不完全公平。

接下来的事态发展让我决定将关注点从案情争议转移到程序权利上来。而这是个规律性现象，在高莺莺案和杨佳案里都有体现。

三、要考虑中国的政治背景

这个案子后来演变为邓玉娇事件，政府跳出法律轨道办事，是最主要的原因。

纵深

与邓玉娇案相关：

巴东37天

从邓玉娇案看公民社会和法治未来

报人因“经营提成”入狱获平反

考虑一下现有的政治制度背景，就会明白他们为什么会这么做。

官员的执政思维是自己要包办一切，控制一切。

他们发现律师披露的案情跟自己掌握的有争议之后，会感到恐慌，非常不习惯别人有反对意见。只要有异议出现，当局就觉得自己把握不住了，会有人跟自己捣乱，稳定维持不了。

比如从5月25日起，巴东开始封城。以开会的名义，派大批的干部进驻旅馆，以防外来人员特别是记者入住。宜昌到巴东的航线停运。在野三关，宾馆的网络掐断了，外来人员像记者模样的人，都会遭到盘问。拉过记者的司机被拘留。

当地的媒体发稿后，因为与警方公布案情有不一致的地方，遭到警方否认，他们一度抵制宣传部发的通稿。直到省委宣传部下令了，才开始发稿。

后来的稿件全都经过湖北省委书记的亲自审阅。这时候，还仅仅把几方的力量做一个均衡的对比，一定会产生偏见。

到我最后成稿时，这个案子已经过去了37天，也就是邓案宣判的当天。

我在思考，这个时候大部分能挖掘到的新闻事实已经报道完了，《南方周末》的报道，要超越其他媒体，我应该选什么角度？

我想到了邓玉娇案向邓玉娇事件转化这样一个点。即使是在体制内，对政府的这一做法也有反对意见，尤其是检察院、法院系统，本身他们作为法律人，非常不希望案子这么办，因为这样使《刑事诉讼法》完全被架空了。这种现象太值得我们反思了。刑事案件一旦形成公共事件，控方的膨胀化是体制决定的，对法治精神的损害有百害而无一利。我想，最应该写的就是把这只看不见的手写出来。他们怎么运作的？他们为什么要这么运作？其实稿子展现得很不充分，主要是时间太短，而且当地信息高度封锁，要想突破是极难的。在这个阶段我基本上不看网上的信息。网上信息难辨真假，很容易受误导。我们好几个记者都有这样的经验，比如很多关于邓玉娇、邓贵大的谣言，到当地采访发现子虚乌有。所以，关于巴东县公安局长杨立勇开路虎车、养多少情妇等我就没做过多的关注。而且从这个案件本身的发展脉络来判断，不管杨立勇有没有这些东西，巴东方都必然会这么做。

从巴东方的做法来看，我很难判断他们一开始就要掩盖什么巨大的黑幕。我和当地百姓接触，发现当地的政坛对于一些丑恶事件，他们会本能地捂住，这些年也捂了不少。

如果邓玉娇案有巨大的黑幕，他们不会蠢到自行先公布。他们大可以什么也不说，你媒体根本就不知道。就算你知道了，一句侦查阶段不宜报道就打发了，以他们对当地媒体的控制力，是可以做到的。所以我判断这可能是警方没当回事公布出来了，事情又做得不地道，被网民抓住了漏洞，逐一解读，不依不饶。这等于巴东警方干了一件蠢事，结果惹了一堆麻烦。一个更能站得住脚的判断是，惯性思维使巴东方为了掩盖当初的小错，不断地错下去。

这不仅仅是为了掩盖多少黑幕，而是在习惯于暗箱操作的情况下，总有很多事是见不得人的，即做得说不得的。这种制度性虚伪长期存在，所以即便是此案中什么黑幕也没有，仅仅是自己工作上的疏忽，比如出警时间有问题，派出所先到的现场，遗漏了性侵犯情节等，他们发现案子控制不了了，也会想尽一切办法来遮盖。这种做法就是一个罪错递增现象，一个部门犯了错，下一个部门自动会掩盖前面的错误。

四、警惕媒体与民意的断裂

稿子发出来，我挨了很多骂。网民骂我是五毛，无良记者，收了杨和巴东政府的钱，《南方周末》和《南方都市报》一样堕落了，等等，非常不堪。我不服，在网上跟他人掐了两天，最终相当一部分网民跟我达成了和解，但有一部分坚决认为我是五毛。

这次挨骂让我感到有些意外。在圈内，这篇稿子被认为是比较客观公允的，它的思路超过了现有的新闻报道。但是因为完全不符合网民的预设前提，差点被口水淹死。应当说，网民骂的不是地方，稿子的问题在于调查不充分，没有把我刚才提到的思路充分展现出来。但他们没看到，忙着诛心去了。

法治 A8
邓玉娇案冷思考专题
法学家身陷邓玉娇案漩涡
邓玉娇案中 被冷落的程序疑点
那些被网民痛骂的刑法学者
侦查阶段，律师有没有调查取证权？

我的第一层思考是，网民的意见如此粗糙和非理性地表达，多大程度影响了事件往好的方向发展？网上的民意汹涌会把现实生活中一点微小的信息放大数倍，对当事人产生的影响非常快捷而且有力。巴东方的应对表现出政府对网络民意的极度不适应，极左的思维促使他们制造出了巴东有史以来的“白色恐怖”。虽然刚才谈到归根结底这笔账更多的要算到政府身上，但从民间力量的发展这个角度来说，这是必须反省的，否则以这样一种水平，在推动社会前进时，会抓不到关键点，会像凯迪社区的牧沐网友所说的，“为了一厘米的进步，结果退了一米。”

这个案子中，一直为网民忽视的就是程序权利问题。这也是为当局极度忽视甚至轻视的。他们不按规则出牌，从本案的判决来看，实体正义基本得到实现，但是以牺牲程序为代价。有关部门的做法是宁可牺牲实体正义，也不遵守程序正义。如果民意不能抓住这一点，邓玉娇案就永远只是个案。大家一起嚷嚷邓玉娇无罪，当局也可能会让步，但实质上社会的进步很微小，而且以伤害法治精神为代价。

在当代中国社会，民众对政府的不信任，几乎在每个公共案件中都会聚集到一个很可怕的地步。在我采访专家时，发现一些专家也是非常忽视这一点的，而且看不到在中国发生的公共事件中各种力量的对比，经常是一屁股就坐到了政府一方。这样的学者也和网民形成了对立，加剧了网民对政府的不信任。对于过于粗糙和非理性的民意表达，记者必须警惕，要避免被这种民意误导。但也要避免矫枉过正，一板子打在网民身上。

我的第二层思考是，媒体大面积地挨骂反映出了媒体和民意的断裂。媒体本来是承载民意的，表达民意的，但这些年随着社会矛盾的激化，不单是社会各阶层出现了像孙立平先生所说的断裂，中国的媒体也出现了错位。

《南方周末》自从改变了原来锋芒毕露的风格，为了生存，追求更合适的表达方式之后，一直不为一些读者理解。这种情况在中国媒体是一个普遍现象。2003年前，有不少媒体都比较“冲”，不止《南方周末》，《中国青年报》、《瞭望东方周刊》、《中国新闻周刊》等等都敢于“揭黑”。应该说，在一个转型社会，“揭黑”报道对媒体来说是极为重要的，而且理应成为报道的重头。

但是中国媒体为了生存，不得不收其锋芒，收缩报道领域。

在媒体圈，一向有“南有南方报业，北有中青”的说法，但能进入这些媒体报道领域的社会热点事件能有多少呢？相当多的热点事件都是在网络上出现、发酵并掀起高潮。这些年，实际情况是，大面积的官员腐败和大量的社会不公事件出现，而传统媒体表现的是“形势越来越好了”。对这些深层的社会问题，媒体不能适度展现，甚至比以前展现得还少，慢慢地，媒体的报道和民意就会出现断裂。

媒体无法承载民意，公信力下降，这个功能反而由网络来承担。互联网的高度发展，信息传播的迅速，从技术角度来看，也会导致民意重心的转移。但互联网作为一个信息的松散集散地，大量网民隐匿在互联网背后，自发地发布信息，难以形成传统媒体的公信力。网上也有一些论坛、QQ群有一些意见领袖，有一定影响力，但因为他们难以像传统媒体那样深入到一线调查，所获取信息的来源靠网民的口口相传，并通过网络传播，这种收集和传播信息的渠道都决定了信息的不确定性和真实度较低。对这一点，我作为报纸的记者有较深刻的体会，但网民对信息的可靠度没有像记者那样保持高度警惕，他们更愿意按照既定的模式去思考、判断，而不是建立在大量真实可靠的信息上。这样的信息传播方式和心态，会助长民意表达的粗糙和非理性。

这种粗糙和非理性，在最近一两年是相当严重的，最厉害的是杨佳案。杨佳是不是英雄，是不是大侠？很多人忽略了一个基本的事实，就是杨佳杀的不是害他的人。即便是按照原始正义的复仇理论，他也算不上是大侠。事实上，他处于一个两难的境地，他的遭遇非常令人同情。当时我写了篇文章《从杨佳案看二极管思维方式》，就是探讨的这种非理性的、动不动就诛心的表达方式，会对民间力量的发展起坏作用。这是一种恶性循环，对双方形成良性互动，共同推动制度良性建构是非常不利的。对此，无论媒体，还是网络都应该检讨。

我觉得，网络和传统媒体要形成良性互动，相当困难，但并非做不到。“周老虎事件”就是一个好的例证。对民意理性的表达，最终还是要靠传统媒体。在中国的网络时代，媒体要想更好地做好“社会公器”，必须要有更高的眼光和更宽广的胸怀。一个记者，同时也是一个网民，他应该对互联网民意有深入的把握，对网上真假莫辨的信息有一双火眼金睛，这样才可以引领民意，更好地传达民意。

（作者为南方周末记者）

每一个生命都有自己的独特性

●蒋志高

关于选题

2007年6月13日，广州各大媒体都报道了一起河南少年斩杀父母案，当时我们就判断，这是一个封面报道。

“死一个人是悲剧，死100万人只是个统计数字。”似乎是斯大林说过这话。但是我的理解是“死100万人只是个统计数字，死一个人却是悲剧”。而我们日常所见的新闻操作的惯常路数是把悲剧当作统计数据。

以6月13日的报道来看，这个小孩就是被当成了一个统计数据，被打上了这些标签：网瘾少年、河南人、留守儿童等，然后是专家分析，或者是制度探讨。

如果说这些做法是把个体抽象化的话，那么《南方人物周刊》要做的无疑是把抽象个体化，或者说，如果日报的新闻审美在于新浪化的话，那么《南方人物周刊》的新闻审美在于豆瓣化——每一个生命都有自己的独特性。需要说明

的是，这两者没有高低优劣之分，基本相当于川菜与粤菜的区别，口味不同而已。

为什么值得做封面？

新闻题材是有山头的，我相信每一个做记者的都有一种最原始的职业冲动，在某个领域树立一个自己的山头。

这个故事让我有了树立一个山头的冲动——残酷青春。

这个主题在电影、先锋艺术领域已经有良好的表达，但是，在平面媒体中，以我有限的视力范围，没有发现。

事实上，我们整个操作团队都为此激动不已。

关于采访

6月19日，《南方人物周刊》记者傅小永和实习生陈博雷跟进采访了杀母少年的父亲张柱良、少年的大伯、同学以及几位社会学家和犯罪心理学专家。

大约2个月后，小永对我说，这个稿子他做不下去了，因为他始终无法理解这个孩子到底想什么——我很理解小永的这种不理解——做这种稿子，对任何记者来说，心理上都是巨大的挑战。

虽然小永的采访没有持续下去，但是，他和张柱良建立了良好的互信关系，如果没有这种互信关系，接下来所有事情都将是不可能的。

张后来给我们讲述了几个友媒采访的情况，推进手术室的时候，一群记者追在旁边问："你妻子当时还能站起来么？""你儿子砍了你几刀，怎么砍的？""你什么感受？"

手术后，某著名杂志的记者来采访，张说："这个问题可以看《广州日报》，那个问题可以见《南方都市报》。"该记者把笔记本一合，说，这都说过了，那都说过了，那还有什么新闻价值呢？张说："哦，原来你要的是新闻价值啊。”这样的问题，这样的媒体是何等的简单粗暴！

此后，我叫实习生林珊珊接手，继续调查下去。

插播一下为什么叫林珊珊接手，她是个“80后”，青春同样残酷，与“70后”的小永相比可能更能理解这个孩子。在这之前，她和我合作过两个选题，对她的职业素养、特长已经有了基本的判断。更重要的是，她是个女生。这个稿子的采访，不仅仅是用口，更多的是要调动五官中的其他部位：眼睛、鼻子、耳朵。而我相信，女性的感觉器官是比男性更发达的。事后的采访与写作证明了这点。

此时，我搜索到了少年的博客，上面有他的QQ号，我拿到了这个号码上的好友号码，一共72个，我叫林珊珊和另一个实习生田原挨个加上，挨个聊。

这个工作异常艰苦，感谢这两位实习生，最终我们通过这个找到了两个张明明的好友，拿到了他父亲都不知道的很多细节——比如他的梦想，比如他和成龙的通信，比如他的QQ号上有几个性工作者等。

大约10月底11月初，张明明的父亲从河南料理完后事，回到广州，并且答应和林珊珊见面。

第一次见面，林珊珊和张柱良聊了7个多小时，其中前面大约3小时是聊家常。出乎我们意料，或许是出于孤独，张柱良在后面的4个小时中聊到了很多当年在广州混地下帮派的事情。

第二天，我决定和林珊珊再去见张柱良，没有对这个父亲的直观印象，我编这个稿子会心虚。

这次采访并不成功——最私隐的话题，只适合两个人聊，尤其是和异性聊，当我这个第三者出现时，张柱良的目光总是飘移，无法集中精神。

更糟糕的是，我们3个小时的聊天只录到了17分钟，不过我记住了三个问题：

你在广州最大的收获是什么？

赚钱。

小孩（我一直小心翼翼，不称呼这个少年的全名）的基因中，哪点和你最相似？

记仇。

你对广州最大的印象是什么？

冷漠。

如果前面他给我们讲述的是一些碎片，那么，这6个字让我对这位父亲有了判断。

随后，我们决定去找张明明曾经就读的学校。

这里说说我们的采访思路，这无疑是一起骇人听闻的悲剧，而悲剧的起因连当事人的父亲至今都没弄明白。我们决定从两个方面入手——环境与性格。

环境——这个小孩的家庭环境、学习环境、生存环境、工作环境等。

性格——这个小孩的个性与人格。

先讲环境，学校无疑是一个，可惜，那里已经找不到任何关于这个少年的痕迹。

我们决定再折回去，找张明明的居住地——著名的三元里城中村——这个逼仄的环境后来成了我们文章的一个重要意象。黄昏时刻，在这些小巷中，时时刻刻可以感受到张明明的气息——像老鼠一样卑微的生活。没有对这些环境的感同身受，或许我们永远无法走入这个孩子的内心。

当晚9点左右，我们决定去找寻他们卖烧烤的地点，在围绕桂花岗转了整整一圈，问了无数人之后，我们最后找到了这个点，更幸运的是，我们还遇到了一位陪了他们两年多的保安。

实习记者 林珊珊 本刊记者 尼克 蒋志高

一

张明明决定杀掉他的父母。

这个想法在他脑中盘旋了差不多两个月。

"我想，只有杀了我的父母，才能让我多年积累的仇恨得到释放，让我真正地过着无拘无束的生活。"

1991年11月25日，陈菊生下了他；2007年6月12日，他将陈菊打晕、掐死，然后割喉。

其间，陈菊打开大门惨叫一声，但门很快又被关上。那就像荒野里一声绝望的鸦叫，一切又恢复了寂静。

这幽暗的小巷的深处，有一个拐角，几栋四层高的楼房围成一口天井，张明明的家在这儿。抬起头，天空依旧是一条狭长的线，被错综复杂的电线切割得支离破碎。一米多宽的小巷两边房门紧闭，悬吊的女人内衣透着潮气，牛仔裤则似乎长年挂在一边，一动也不动。还有一个个小口子，连接更小的巷子，有时候，一个安静的小孩跟着一个女人拐进去，或者，一个谢顶的中年矮男人藏在巷里，睁大眼睛监督过往行人。声音从远处隐约传来，光亮在100米外的巷口。

那天下午，父亲张仕良就从这个巷口逃了出来。

二

"今天是个好日子……"在广州一家嘈杂的手机卖场，劣质的音响播出的音乐就像泼妇在大声说话。

张仕良抽着红双喜，手微微地颤抖，烟雾轻轻袅袅悬浮着空中，他的目光飘到很远很远的地方。数十年后，有一天，我们也会遭受这样的疑问，你收获了什么。张仕良的答案是：赚钱。

1994年的春天，我只身来到广州。想象中的广州很繁华，但不是那么回事。站前路那家大酒店当时还只是一个大土堆。下了火车，我看见到处是赛马的宣传，涌动的人头。我挤在人群中寻找大哥张光荣，来之前，他对我说，下了车说找河北老张，他们都认识我。可当时大哥在花都，当晚我睡在邮关大厦下面的广场。半夜一拳头打在我胸口，我惊醒过来，丢并旅行包逃走了。接下来的两天，我在车站晃来晃去，治安人员盯着你，你吐口痰，丢一片纸屑，

封面人物

少年杀母事件

这个三口之家曾经的生活就像张晓刚的那张油画，貌合神离，奇怪地捏合在一起，又残暴地裂开

就跑过来，罚款十元。我仅有的四十块钱很快被罚光了。我只能帮人提提行李，两三天就混过去了。

我跟随大哥去卖黄牛票。那时火车站的生意真好，天天都像春运。那些人排着长长的队伍，到了窗口，售票员就说没票了。我们就凑上去问，老乡，去哪的，帮你买票。我们很容易拿到票，他们售票的每天回家两个口袋满满全是钱。仅做了两三个月，我就做不下去了，我总遇到便衣，而且，骗人这事我干不漂亮。当然，最无耻的不是我们，而是那些敲诈的。他们拿过旅客捏在手里的票，"给我一百块，不然把它撕了。"

接下来将近十年，我几乎都在当保安，跟过服装场、酒吧、夜总会、地下赌场……

1996年，你知道，到处都是歌舞厅。那时我在沿江路一家歌舞场当保安。圣诞节那晚，门票200块钱一张，等看跳舞的人排着长队挤在阳台上。那一年前后，我认识一群流氓。我们四五十人自称河北帮，帮人看场、收债和打架。老大一叫集合，我们就抡起水管、排骨刀，涌上去往人家背上胳膊上乱砍。有吃有住有玩，我们都很乐意。我们被抓进派出所无数次，又放出来。

当时，大哥承包了几家酒店的洗碗活，几十个工人都是去火车站找的那些没饭吃无家归的人，提供吃住，一个月350元，大哥每人赚上一百。老李是这些流浪儿中的一个，后来他结识了赌场总经理，就介绍我去当保安。老李后来失踪了，那时我就知道，我们这些人都是不长久的。

那是1997年，一个地下赌场每天赚上十几万，只要我站在那里，就会忍不住想赌，结果工资刚发，一眨眼就输光了。一想到该寄钱回家，我就特别紧张。到了年末，赌场闻风警方要大规模打击地下赌场，我们就自行解散了。

1998年，我在一家楼盘终于当上正规的保安，到了2001年，还混上了保安队长。可是，不久，开发商与物业分家，我又失业了。

我重新回到赌场，这下赌场都是先进玩法了，最主要的是玩老虎机，还有一些黑网吧。一次警察来检查，我们立刻赶走所有的少年，但还有一个少年玩得入迷怎么也不肯走，就被我们打了。再后来，他的妈妈闯进来了，操起凳子往电脑砸过去，我就骂她："是你儿子自己要来的，我们

20

此后，我们走到站前路，沿大街反反复复扫荡，找和张明明一起进过货，同是卖烧烤的伙伴周周。直到晚上12点，仍然没有找到，后来知道是因为“创卫”。为了更深刻地体验张明明的环境，过几天林珊珊又找她男朋友陪她夜晚去了一趟城中村，重走张明明无数次走过的路。

此后，林珊珊又多次找张柱良聊，如果说以前聊的更多

的是他在广州的生涯，后期的重点则放在了父子关系、父母关系上。必须承认，张柱良是个坦诚的人，没有隐藏什么，包括他对儿子细节的一些片断回忆。

通过这段接触，张柱良已经完全信任了我们，给了林珊珊一些以前他不愿意提供的电话号码，找到了他亲人中和小孩关系最好的堂哥等。

期间，林珊珊和田原多次联系警方，他们最终没有答应让我们见张明明。

这也是这个稿子拖了这么长时间的原因之一，很多时候，我们是在等待：等待父亲心情的平复，等待警方的答复，等待张明明网友的上线。

11月21日，摄影记者大食、林珊珊和我又去了城中村一趟，拍了一组那里的照片。当晚，林珊珊再探站前路，在张柱良的帮助下，终于找到了周周，除了了解了张明明的一些细节，这个人还为我们展示了生活的另一种可能——同样的环境，性格可能决定了命运。

次日，我决定采访结束，开始写作——我相信，除了这个小孩本人，我们是这个世界上最了解他的人了。关于写作，我决定要做个非虚构小说的样本。

我憎恨现场采写、嫌犯对话、亲属痛诉、专家评析再加上老生常谈的时评的模块式操作。

这种解决方案在描述这个惨烈的悲剧时，对我而言无疑是另一种残暴。

最大的悲剧是，身处悲剧中的人并不觉得这是悲剧——这一家三口都在其中。把这种最大的悲剧用细节展示出来，就够了。不煽情、不滥情、不无情、不合成、不臆断、不猜测，任何一句话都要有出处。需要说明的是，我们的文章没有根据传统的、新闻专业主义的操作，每个都注明消息来源。

以第一段为例，简单说明如下：

张明明决定杀掉他的父母。

这个想法在他脑中盘旋了差不多两个月。（依据：在给警方的自白书中，张明明写到：从5月份开始，我就计划着怎样杀了我的父母，杀了他们之后我又该怎么过。）

“我想，只有杀了我的父母，才能让我多年积累的仇恨得到释放，让我真正地过着无拘无束的生活。”（直接引用自白书）

1991年11月25日，陈菊生下了他；2007年6月12日，他将陈菊打晕、掐死，然后割喉。（调查所得）其间，陈菊打开大门惨叫一声，但门很快又被关上。（调查所得）那就像荒林里一声绝望的鸦叫，一切又恢复了寂静。

（小说叙事手段）

这幽暗的小巷的深处，有一个拐角，几栋四层高的楼房围成一个天井，张明明的家在这儿。抬起头，天空依旧是一条狭长的线，被错综复杂的电线切割得支离破碎。一米多宽的小巷两边房门紧闭，垂吊的女人内衣透着湿气，牛仔裤则似乎长年挂在一边，一动也不动。还有一个个小口子，连接更小的巷子，有时候，一个安静的小孩跟着一个女人拐进去，或者，一个谢顶的中年矮男人藏在巷里，睁着眼睛瞪着过往行人。声音从远处隐约传来，光亮在100米外的巷口。（我们去现场观看所得）

那天下午，父亲张柱良就从这个巷口逃了出来。

如果每处都指明消息来源，会对叙事形成极大的干扰。为了避免读者的误解，我在文末把采访对象列了个清单。可能是因为这种写法，导致了不少人认为这篇文章有虚构成分，但我们的前提是非虚构。在职业操守上，我们很自信。

2007年11月22日上午，林珊珊开始写作。

当晚在办公室通宵，直到次日下午5点。回宿舍休息一会后，继续通宵写。11月24日上午，她把初稿给了我，全文17000字。

她在博客上说，写这样的稿，至少还要再读一年书，可还是写了。

我删除了其中一些臆断成分，以及一些太过残暴的地方——比如，儿子计划将父母杀死后用绞肉机绞碎。

我们屏蔽了关于这个家庭的真实姓名、详细地址等信息。

最初的标题叫《凶杀》，向卡波特致敬。

整个采访我们用了5个月、3个笔记本、至少40小时的录音，而卡波特写那本书用了6年，材料有3卡车。

（作者时为《南方人物周刊》编辑）

我让一个人重温了一遍悲剧

●林珊珊

2007年11月初，我接过这个选题，之前，傅小永老师做了一些采访。

选题深深吸引着我，故事本身充满了人性的冲突，他为什么要杀害母亲？他的人生轨迹是怎样的？这个家庭有着怎样的故事？尽管此前关于这个事件的报道很多，但这也只是千百万宗少年暴力事件中的一则，最后九江大桥撞了，所有眼睛又盯到那儿去。这个少年，这个悲惨的一家，曾经被媒体写成一个干巴巴的符号，然后不留痕迹地消失在大众的视野中。想起那被遗忘的无数生命，我感到害怕。我们想做的事，就是详尽地记录一个家庭的命运，它经历了怎样的辛酸，又如何走向毁灭。我没学过新闻，但我记住这样一句话："新闻之所以重要，主要有一个原因，那就是：人。它写人，影响人。"新闻记录的人，该是有情感的人，丰满的人，而不是机器人。

我开始和编辑商量选题的操作：少年杀人的确切动机，我们也许永远都无法得知，但任何悲剧的产生总是离不开两个因素，环境及人物性格。主要操作模式是通过讲故事的方式，展现悲剧产生的环境，悲剧人物的性格，以及这两者发生的反应。接下来，我开始联系采访源，少年的父亲、亲戚、朋友、网友、老师、邻居……

采访

几经辗转，我们找到了张明明的72个网友。和受访者建立信任关系并不容易，特别是在网络上。可能的结局是对方一下子紧张戒备起来，让你处于十分被动的劣势位置。于是必须把握分寸，不能过早暴露身份，我的目标是，获取信任，把网络人群拖回现实，进行采访。

接下来两个星期里，我早晨起床便打开电脑，蹲在椅子上，等候网友的出现，就像在等待猎物的蟒蛇，然后缠上去，迎合不同的语言系统与想象逻辑，以不同的网络形象逐一和他们聊天，常常聊至深夜。不得不说，进行这些工作，我觉得自己很猥琐。当然，我也遭到网友的追问、指责和戏弄。

文章中提到的网友小白，是一个湖南女孩。接触她之前，我看了她的QQ空间和签名，推测此女生单纯，可能还爱看安妮宝贝之类。我于是装扮清纯，带着淡淡的忧伤，写几个华丽的句子，很快她注意我了，并在一两个小时后“很喜欢”我，认为我“一定很漂亮安静”。我开始聊起张明明，并故意问：他是不是喜欢你呀？她急于解释了。

几个问题后，我获得了一些初步印象，但由于当时距她和张明明网聊已经很久了，没有刻意回忆，根本想不起曾经的聊天内容。女孩开始警惕我的追问，并感觉到张明明出事了，反过来一个劲地追问。我不想说谎，表明了身份与来意。她的反应十分强烈，突然感到“这个世界很可怕”，并对我极为排斥，觉得记者“专门躲在阴暗的角落，偷窥他人的内心”。确实，一个人本来不为人所知，藏匿于大众模糊的脸庞之下，现在，他的一举一动，显露的隐秘的，光明的幽暗的，将被我从各方面收集，然后赤裸裸地展示，这真让人不安。

我只能继续说服她，同时也在说服自己——虽然深入他人内心触犯其隐私，但了解张明明也是想帮助他和他的父亲，这于社会有益，希望悲剧不再重复。她总算有点平复心情并理解我了。

然而，她失恋了，没有心情接受采访。在我的经验中，失恋的女生总会觉得自己是世界上最痛苦的人，所以接下来的日子里，我每天上线倾听她的苦闷心情，并极力安慰她，和她交流诸多女生成长话题，两个星期之后，她说，她把我当朋友了，愿意重新回忆告诉我所知的一切。

在另外一些时候，我扮成小混混，谈性谈寂寞。那些少年张牙舞爪，总问着，姐姐，要不要裸聊，要不要做我情人……被你拆穿后，他们便露出青春的迷茫与孤独。一个河南少年的签名充满仇恨，满是杀杀杀，一开始，我说，你是七杀凶神，我是八杀……聊到后来，我感到他的苦闷，你孤独吗？他说，是啊。我于是说，有那么多孤独的人，不知是谁的错？我进入他的语言系统了。

我已经知道他和张明明来自同一个城市，年纪相仿，有可能是朋友。如何开启这个话题？提出这事必须是严肃的，不能八卦轻浮，如使用“听说你们那边有个小孩杀了母亲”之类的句子。我表达了这样的意思：在你的河南老家，有一个少年，杀了自己的母亲，我想，他一定很孤独。他说，可惜了，我失去了一个好朋友。重要的线索就在眼前了。聊了几天后，我把电话号码给他，他的也给了我。第一次通电话，聊到最后，他泣不成声：“你再也别说他了，我什么都记不得。”我没再问下去，跟着一块难过。接下来，我给他打了几次电话，关心他的冷暖。后来他主动说起了他，一切“历历在目”。

再后来，张柱良对我完全信任之后，帮我联系了张明明最要好的堂哥阿强。阿强说，叔叔跟我说过你，有什么尽管问。他用河南话跟我聊张明明。这些少年，其实充满真情，比许多人都要真，听他们讲话，我总想起张明明，幻想强大，其实幼稚。孤独的少年钻进“梦想”、“自由”这些宏大的概念筑成的迷宫，怎么也兜转不出来。

采访少年的过程大概如此，花了很大力气，很多时候还是浪费表情，聊了大半天，原来那人对他没有半点印象。甚至还被戏耍，被莫名其妙的电话不住骚扰。但总体上，我是快乐、有所得的。现在，我偶尔会上线，给这些少年留留言。我不愿相信，人与人之间的关系是如此轻浮，也不愿放纵自己，为了达到目的，虚伪地付出某种真诚的感情。

采访张明明的父亲，比想象中顺利。给他打电话之前，想了很久，该怎样开口？毕竟经过几个月，他该过上了较为平静的生活，现在，让他重新回忆，就是再经历一遍悲剧，这极为残忍。我在电话中问道，还记得傅小永吗？他说记得，人不错。这样，我很快被同意前去“看望”。那时我想，记者的人格魅力真重要。

采访张明明的父亲，我没做笔记，也没拿出采访提纲。假装是在聊天，让他处于放松状态，制造情境，营造氛围，引导他讲述故事、描述场景，并耐心倾听。

第一次采访，我们谈了7个多小时。前3个小时，聊家常及人情冷暖。然后，我讲起对广州的感受，这引起他回忆在这座城市的经历。我不敢主动提起那个惨剧，当然，一有机会，我便靠近。记得后来提到广州的出租屋，我便问，家里的布局是怎样的，顺手递了纸和笔过去。他画了出来，指到走廊，“那天，张明明从这里冲出来”……终于讲到这事了，直到那时，父亲还是不理解儿子。我聊起了自己的经历，谈一个孩子对于家长的表现是如何敏感，讲述自己16岁的感受，我成长在一个压迫女性的村庄，始终生活在父亲阴沉的脸色下，还试图离家出走。

这样，我和张柱良拉进了距离，他开始讲述自己是怎样当父亲的。每讲一件事情，我便在脑中构建画面。我会问，当时你站在哪里，说了什么话，张明明是不是扭头就走……场面多是我先想象一番，然后提出封闭式问题，勾起他的记忆来重新表述。细节就是这样问出来的。

我想，张柱良事发后应该很少和他人这样聊天。他是寂寞的，或许，他还觉得我挺理解他。总之，我们很投入，放得很开。那一次忘记了吃饭，一看时间，7个多小时过去了。

张柱良矛盾、忏悔。他给了我一个故事的轮廓，关于他的几十年，他的家庭关系、生存环境。晚上8点多，我坐在回校的公车上，这微妙的父子关系吸引着我。父亲高大强壮，却总有挥不去的卑微感，在一个底层之家寻求威严，儿子对父亲既厌恶又崇拜也恐惧。听父亲讲少年，我竟想起卡夫卡，想起生活的荒诞，想着每个人都被自己所逼迫又逼迫着他人，永远盯着未来那微弱的希望，忘却了当下，忘却了活着本身。

往后，我采访了张明明的父亲4次，穷尽一切细节，比方说几点起床，吃什么东西，卖烧烤怎么走，看到什么，想到什么，骑什么车，车上放什么东西……当然，我也会描述我所看到的东西，引发他说话的欲望。和他的关系越来越密切，而他似乎也忘记我在采访了。有一次，我说，你甚至可写成小说了，他很惊讶地说，你要写我吗，有什么好写呢，我太普通了，一点成就也没有……

根据张明明的父亲提供的线索，我们多次去广州瑶台采访体验，在相同的时间重走烧烤之路。瑶台曲曲折折的阴森小巷，我走过好几次。

我渐渐体会到一个16岁少年的心境。一个晚上，在小巷的更深处，我看见路灯布满灰尘，老猫蹲在墙角的暗处，便想起达利那荒废的时间，这个小家庭是他全部的现实世界，他是那根秒针，生活在冰冷的时钟，无可奈何地机械行走。他盯着分针和时针，似乎只有毁了它们，才能冲破钟面找回自由。

卖烧烤的一带，夜晚也是寂寥的，几个流浪的人，披着被子，蹲在大厦下边打牌赌博。张爱玲那一袭华丽长袍真是经典。

没采访到少年很遗憾，我想知道，在这敏感的孩子的生命里，命运哪些神秘的偶然在牵引着他？悲剧对他做过怎样召唤和暗示？在他封闭的空间里，时间是如何流过的？

我只能通过外围采访感受到，生活经历、家庭与社会的环境和孩子那似乎是与生俱来的某种性格倾向发生了共振，最终紧紧交融在一块。这正是我想表达的——大环境下独一无二的个体生命。这不能通过贴标签得来，命运一定有着它的另一种可能性，我们于是寻访张明明从前的另一个烧烤伙伴周周，我先后和蒋老师、朋友、张柱良在火车站一带走了3个晚上。11月20日晚上10点钟，我在一条小巷找到了他，和他聊了两个小时。同样的大环境下，周周早熟世故，极力融入主流社会，讨好前来吃烧烤的有钱人。那晚，风很大，张柱良和我们围在小炉边，他很沉默，这个烧烤之家却有说有笑。

我望着他远去，那是我最难过的时候。其实，张柱良在我面前总是很坚强，关

于那天张明明如何砍人，如何逃跑，我们只提过一次。很难相信张明明是有预谋的，他说其实有迹象，提及了两个让人不忍耳闻的细节，其中一个关于绞肉机。说这些的时候，他的眼睛盯着桌面，双手来回地搓。说完，我们沉默了很久。说起幸福的片断，他的脸颊浮现丝丝微笑。其实人有一种状态，对着另一个人说了很多心里话时，会忍不住说下去，而且暂时没有痛感，相反还会产生快感、依赖感。但那个晚上，他一个人低着头缓缓离开，他也知道，我的采访结束了。在这之前，我每次前去采访，总看见他在门口徘徊，远远见了我，又走进了商场。以后，他依然独自在一个陌生的地方，没有人知道他的过去和未来。他的故事在一个月内被我掏空了。我感到残忍，好像是利用完了人，又将他抛弃。无论把媒体工作说得多有意义，无论采访过程多小心翼翼，多注意言语，还是逃脱不了这样的事实：我让一个人细细重温了一遍悲剧，伤害人了，严重地伤害。这不可原谅。以不人道的手段企图达到人道的目的，真是一个悖论。我答应过他，下次回老家，给他带一瓶家乡的梅酒，希望那时，一切都会好。

写作

关于文章写作，编辑蒋老师希望的语言是像余华的冷峻风格，不煽情，不无情。大一的时候，刚从高考中解放出来，我曾着迷过先锋文学，着迷于余华笔下那些暴力的场景。透过所谓的零度叙述，我却感受到充满情绪的余华，早期是强烈的迷惑与愤怒，好像被这世界严重欺骗了一般。在文章的写作中，那些暴力的场景，或许还带有当时阅读的感觉在里面。

写作思路有点类似新新闻主义的开山之作《凶杀》，以一天的生活写一生，由环境描写转入故事叙述，串起时间模糊的细节，并展现广阔的社会背景。

写作之前，我大概是有过这样的构思：

开头是画面组合：杀人片断——阴森小巷——人物出场　张柱良逃了出来）。

紧接着应拉出时空距离，人物逃出很长一段时间，在另一个地点讲述自己的故事。这也暗示着张柱良是文章中的第三只眼睛，文章的讲述大部分是以他的视角进行的。

再接着进入文章主线索，故事顺着从瑶台的出租屋到烧烤档这一条路延伸出去，小巷——向阳街——人民大街北的小巷——立交桥——三元里大道——中港皮具城（烧烤档），一天的生活挟带着人物的一生作为时间线索与空间线索交融在一块，时间推移与空间转移同时进行，故事也应由慢节奏进入快节奏，气氛由较为宽松转向紧张压抑。

小巷：这是重点描写的对象，在逼仄的空间中，一家三口出场了，这勾勒出一个大框架：他们从家里出来，各自行走，怪异而冷漠，然而每个人的内心都有各自的故事与长长的痛苦。

从向阳街到人民大街北：写作重点在于环境铺垫。以张柱良为视角写一家人生活的大环境：暴力、色情、混乱、无生气。

三元里大道：由此故事进入一个繁华城市的空间，然后对张柱良的心理活动进行描写。他是卑微的，挣扎的，他不愿过这种生活，却还要逼迫自己。接下来转入张明明，他也不愿过这种生活，却被父亲所逼迫。这对父子，其实都很可怜，却有着极大的隔阂。

酒店：7到14节，由瑶池酒店联想至另一家见证着张明明梦想的酒店，由此转入他的梦想，然后是梦想破灭，朋友离去，他生活中其他人都朝更好生活奔去，只有他陀螺一般原地转。这有环境的原因也有性格的原因，文章进一步展示。最后，他空前孤独，与父母关系日益紧张，这都昭示着悲剧的来临。当然，写作后，发现这7节的处理也存在明显缺点：细节过于铺陈，缺乏叙述的灵巧。

中港皮具城：15节，文章回到主线索。三口人在皮具城后的烧烤档集合了，这一家人又捏合在一起。在此展现他们的生存环境，同时从他们的表现中，深化上一部分表现的父子关系：出奇地相似，又出奇地相背。

接下来，就是砍人部分了。与前面的慢节奏相比，这几节的节奏快了起来。没有穿插细节，语言短促，压抑的气氛终于爆发了，生活撕开了它温和的面具。

22与23节，讲述父子俩逃跑的情节，一个往下，一个往上。处理张明明往楼上逃时穿插温暖镜头，同时表现他性格中美好而又偏执的一面，舒缓节奏，平衡残暴，也企图获取一种强化悲剧的效果。

最后几节讲述父亲事发后的状态以及卖烤烧的另一少年周周，这是命运的另一种可能性，然后是父子再相见。结尾处理成时间倒流，故事回到“小时候”。如果一切重来，这个家庭会怎样？

这样的构思之后，另一个难题是，如此繁多琐碎的细节如何处理拼接。最终处理是，隐藏叙述视角，并不断变换。文章的叙述看似全知全能，但实际上不断变换的镜头隐藏在受访者背后，每一个细节，每一个心理活动都由采访调查获得。当然，张柱良是主要的叙述视角。

以第11节为例：

每次上网，他就问小白，有我的邮件吗？

没有。（小白视角）

一天的烧烤忙完了，一家人围在桌子边休息。

“作家，成龙给你打电话了吗？”小状逗着明明。

“不久他就会给我打电话了。”

父亲心里暗暗发笑，于是故意问道：“他怎么给你打电话？”

张明明指了指父亲别在腰间的手机：“就打咱们叫烧烤这个电话。”

“那你叫成龙晚上9点后才打过来，白天我们可接不到电话。”父亲哈哈笑着。在城中村，他们花360元租的房子里，手机是没有信号的。

张明明不吭声了。

这些关于小说的往事被2006年的尾巴甩开，张柱良再没听过，也没向儿子打听过。

张柱良恢复了晚饭后的睡觉，张明明又恢复了上网。（张柱良视角）

2006年底，他和父母回老家过年，这是他来广州两年后第一次回家乡。

当晚，他叫上最好的朋友佳林、李闯直奔网吧，玩一个叫“半条命”的游戏。凌晨，他不想回家，和佳林跑到庙里头，折了一小捆树枝生火取暖，火苗一下蹿了一米多高，他俩赶紧把火熄灭，撒腿就逃。（佳林视角）

这年春节是这几年中最好的时光了（张柱良视角）。18岁的堂哥阿强也结婚了，他有了自己的家庭，不再上网玩，他要更努力地赚钱。20多天的假期转眼过去，来广州前，张明明对阿强说："哥，我不想去广州了，我想在家里打工。"哥哥帮他向陈菊说情。但母亲说，再说吧，再做一两年。再说，再说到什么时候呢。（阿强视角）

当然，这样的处理容易让人产生虚幻感。之前也想过这样的写法：把"我"也写进去，我去了哪些地方，看见了什么，遇到了哪些人，他们和我说起怎样的故事，以"我"作为故事的线索。这样，镜头就可以在故事的现实与阅读的现实中不断切换。

那个版本的开头类似这样：

许多人住过广州石牌、棠下、客村或新市，离开后，都带着一点怀念与感激。但对于瑶台可就不是，那给人更暂时的感觉，就像旅客总是想尽快离开车站一样，除非迫不得已，没人愿意呆在那里。这种印象存在于瑶台每一条大街小巷之中。那里很少年轻人，行行走走的都是中年人或妇女，落寞而又嘈杂，让人看不到一点希望。

…………

这过于平淡舒缓，主观色彩浓烈。最终还是决定用另一种写法，即见刊的版本。把"我"及其他全部视角都隐藏起来，这样故事更有连贯性，也更有冲击力。

另外，这里面有一个问题，你又如何保证受访者的描述就是事实，比方说张明明他爸吃饭时俯视其他两个人，这是真的吗？我也无法查明。但按照客观主义的写法，是不是应表达为，据张明明父亲介绍，他吃饭时，总是俯视其他两个人。客观主义的新闻观是十分必要，也是安全的，但过于恪守显得僵化。每种形式都有它最适合表达的内容，每种内容也该用最适合的形式来表达。

事实上，"纯客观"本身就有其悖论，客观主义并不能保证客观，摒弃主观，记者的观点往往隐藏在材料的选择与组织中。而新新闻主义手法也并非脱离事实，只是记者的主体介入更为显露。这种主体介入并不是说主观臆想情节或人物心理，而是感性介入环境，独立表达自我情感。如文章出现许多比喻句，"荒林里一声绝望的鸦叫"、"像暴发户在大声说话"、"像生活时钟里的秒针"、"老鼠一般穿梭"，这用"虚构"来责难或许是牵强的，我们并没有捏造事实，只是以自身体验营造一个记者感知到的环境，这同样是真实的。甚至我认为，总体上，这样的写法更能反映真实，因为它

充分保留对话，进行更为细微的细节描写，能更准确地表现人物性格特点，内心情感，社会生活与环境。

有些人会说，这些不是新闻语言。那么新闻语言该是怎样的？又该由谁来界定？

另外，文章涉及了一些看似与主题无关的情节。比方说有两个诡异细节：一是据烧烤档的保安回忆，那位母亲遇害前一晚说，“我没时间了”；二是蒋老师为核实受访者描述的天气情况查询了《南方都市报》的气象新闻，竟发现了“雨来得不是时候”，打成“遇害来得不是时候”。写这些是对悲剧的渲染，并对命运的神秘怀有某种敬畏。

写这个文章其实很折磨人：一方面是自己写作功底不深，加上两天时间较为仓促，没有细细琢磨句式、语言与材料组织方式，导致文章粗糙缺乏张力，另一方面是心理承受能力不强。11月22日晚上，蒋老师在办公室陪伴我至深夜12点，他走之前，我把结尾先写好了，并开玩笑地说有点像鬼片。他说，就是怕我一个人写这种东西会害怕。说这句话时我就真的害怕了。深夜，听着汽车驰过时低沉的呜呜声，写到“保安老卢说，凌晨将近4点，她说，我没有时间了”，一看表，真的是将近4点。那些割喉绞肉，破门砍人的场面突然都涌了上来……

这一个月，我体验了悲怆荒诞的人生，噩梦频频，紧张焦虑，还遭受着道德的谴责，我想，这是每一个记者都曾遇到或正在遇到的难题。但熬过这一关，我变得成熟开朗起来，并心怀感激。

（作者时为《南方人物周刊》实习生）

有弱点，更有灿烂光彩

●李海鹏

2007年南方周末年度传媒致敬的特稿奖授予了《南方人物周刊》第103期的《少年杀母事件》（以下简称《杀母》），这意味着这篇报道的杰出成就已为业界所承认。在评奖过程中，《南方周末》内部对多篇入选特稿进行了研讨，我也就该文提供了如下相关意见：

一个少年为何杀死自己的母亲？该文的第一作者花费了4个月的时间去采访信息相关人，深入探询这个生活在广州底层的外来少年的身边世界，以及这个家庭的生存状态与思维模式，最终呈现的是一种几乎令人难以忍受的残酷，以及人们生活的痛苦和内心的荒漠。该文的缺点与优点都极其鲜明，在业界有较大影响，亦面临较大争议。

缺点有四

一、正文中不交代消息源，文后列出受访者名单，以示文中消息点均有客观来源，这一做法有实验性质，有胆量，但不应受到鼓励，新闻作品必须在“实质客观”之前建立“程序客观”，文后列表的方式不符合交代信息源的点对点原则；叙述的流畅性与交代信息源之间确实存在矛盾，但新闻媒体的本分亦是戴着镣铐跳舞，分寸需要拿捏。

二、作者对篇章的掌控能力不足，篇幅浩大而缺乏叙述角度的变化，部分章节节奏模糊，挑战读者的阅读耐心，字里行间可见作者心智成熟程度的不足，笔触中有渲染，如“1991年11月25日，陈菊生下了他；2007年6月12日，他将陈菊打晕、掐死，然后割喉。”以语句的味道，追求对读者的打动，而语句味道本身亦未见出色。正因这是一篇杰出作品，所以必须以严苛的标准指出，这是一种便宜行事的手段，常常系一些熟练记者们在事实力量不足之时使用的“伎俩”和“欺着”，不足仿效，当事实本身已经具备强大的力量之时，画蛇添足，殊为不美。

三、该文采用小说化的写法，惜乎撷取意识不足——很多小说的信息构成方式都是散漫而不经济的，并不适合新闻记者学习——章句间可见累赘冗余，可见随手之处，可见过度的文学化，文笔尚可提高，作者尚需成长的时间，以跳出传统教育给予的陈词滥调的泥沼。

四、文中人物均采用化名，有值得理解的伦理考虑，亦构成新闻专业评判中无法回避的缺陷。

优点亦有二，且非常突出

其一，有同行认为，该文再现事实的逻辑类似《牯岭街少年杀人事件》，细读起来却有明显不同，电影以阴郁、诗意的青春纠结取胜，而报道则贴合事实中的冷漠、残忍、麻木，尤其通过细节，呈现了底层生活中令知识分子读者难以想象和理解的逻辑。即便超出与《牯岭街少年杀人事件》的对比，对一些在家庭凶杀类作品有经验的读者而言，这部分的信息亦有可观的增量，从而构成读者对一个他本不可能理解的事实的“在场”感受，足

见其采访的独到，不可将其成就归为对文艺作品的借鉴。

其二，信息的详实程度杰出，力量明晰，在杀人现场的描写之外，亦有一些细节在平淡中震撼人心，足见大量的采访时间并未浪费，值得《南方人物周刊》以10个版面的篇幅予以发表，是一个劳动时间决定劳动价值的典型样本。

《杀母》一文之所以能获得南方周末年度传媒致敬的特稿奖，我认为原因是，它体现了一篇新闻作品、三位记者尤其是第一作者、一份杂志乃至中国新闻界对事实的执著追问，深入了一般作品难以深入的内在真实，它对底层生活的探察、对悲剧成因的寻访、对社会生态的质问、对生活压力的呈现、对精神荒漠的扫描，都构成稀缺而珍贵的新闻图景。在传统媒体面临挑战、高品质的新闻生产日益受到成本收益思维的制约的当下，我们应该鼓励这种带有新闻的原初的质朴精神的操作，鼓励对人的关怀，鼓励安静的、置身新闻时尚之外的诚意；同时，它应该奖励给年轻的第一作者，她只是一位实习生却做出了令人惊讶的成绩，“有野心的年轻”正是新闻事业延展的基石。

（作者时为南方周末记者）

为被“新闻价值”遗弃了的人做点什么

●杨继斌

不管是“树英雄”还是“掏粪”，陈选德、陈恒云以及后来新增的冤大头王守海，他们所遭受的委屈，都是可以忽略的了。因为，他们不在上述两种新闻价值的关切之内。而我想做的，是——

一

2009年10月30日中午过江之前，我对找到“见死不救”的陈选德、陈恒云以及“挟尸要价”的王守海并不抱希望。当时我只知道他们就住在长江对岸，但连他们的姓名都不知道。

从荆州的轮渡码头乘客船渡江（平时，江对面的渔民大致就是走这条航线来荆州卖鱼的），下船的时候，随便逮着一个老人居然就问到了二陈的名字。悲剧发生已经一周了，在民风淳朴的江边，四处流传着二陈见死不救的说法。民间有自己的“人肉搜索”呢。于是我很顺利地就找到了陈选德家。

陈选德的长相以及言谈举止总让我想起古词中的“白发渔樵”。我不相信“惯看秋月春风”的他们会“惯看”几个少年的生死。

后来的采访我已经在报道中交代了。二陈宣称他们参与了救援；而长江大学校方以及当天参与了救援，后来名噪一时的冬泳队员也证实，二陈参与了对于落水大学生的救援。

这里需要再次交代一下“见死不救”传言产生的过程：10月24日下午，几个女生的确曾跪在渔船面前，求老渔民下水救自己的同学。老渔民也的确拒绝了——但这个细节发生在大学生溺水十几分钟后。当时水面上挣扎的落水者，都已经被救起。事实上大学生们当时也跪求过冬泳队员。后者也拒绝了。

《新京报》在2006年做过一篇关于捞尸的报道。当时北京市急救中心的专家说，人在淡水中溺水三到五分钟、海水中溺水六分钟左右肺泡就已破裂（不含在水中挣扎的屏气时间），超出这个抢救时间生命将无法挽回地逝去。这和渔民们后来接受采访时的说法一致：我只能救水面上的活人，没法捞水下的死人。

但渔民们有船却拒绝去救人的说法，在是日下午3点便开始在宝塔湾流传。闻讯赶来的一名长江大学老师曾质问过陈选德，你为什么不救人。陈说我救了啊。这名20多岁的老师冲着70岁的

南方周末

大学生救人溺亡隐情调查

『见死不救』渔民被冤 『挟尸要价』另有其人

柏林墙倒塌二十周年专题

不再有柏林墙的日子

纵深

“挟尸要价”另有其人 “见死不救”渔民被冤

大学生救人溺亡隐情调查

陈选德喊，你救你妈的X。

更多的人对于陈选德和陈恒云的愤怒，是因为把他们俩的渔船，同随后赶到索要天价捞尸体的另外两艘渔船搞混了。这个误会导致了另外一种传言：二陈不救人，是因为他们要等着大学生淹死后，捞尸体赚钱。

这种以讹传讹的说法，在一些人“不惮以最坏的恶意揣摩中国人”心理的推动下，越来越逼真，并且传到了一些声名赫赫的媒体上。但真相以及细节反而被忽视了。

我曾和最初报道二陈见死不救的记者沟通过。在他的报道刊发4天之后，他仍然不知道当天到底有几条渔船在场。当然，他也不知道老渔民们拒绝的不是救人，而是捞尸。但他反问我：“这重要吗？”

二

那么重要的是什么呢？是的，这是很有意思的问题。

在一些有大局观的媒体看来，重要的是事件中涌现出来的英雄群体，这是“主流”，所以重要的是唱响英雄赞歌，树英雄、学英雄；而在另一些有社会担当的媒体看来，重要的是事件中隐藏的那些“粪”，要把“粪”掏出来。

不管是“树英雄”还是“掏粪”，陈选德、陈恒云以及后来新增的冤大头王守海，他们所遭受的委屈，都是可以忽略的了。因为，他们不在上述两种新闻价值的关切之内。

后来，绝大部分媒体，都把视线放在了对打捞公司“天价打捞费”的追究上。而我想做的，只是尽可能还三个老人一个清白。

这么庞大的新闻事件，三个小人物的命运，也许不具备所谓的“新闻价值”。是的，一篇“树英雄”或者“掏粪”的报道，对一家媒体或者对记者的整个职业生涯，都无关轻重，但对三个小人物而言，他们的生活却是他们的全部。在“见死不救”的传言中，陈选德和他老伴曾遭受殴打。他们已经不敢再去卖鱼了。

我和我所供职的媒体，为我的报道付出了代价。天涯上有一篇热帖，质疑我和我的报道“吃了口香糖”，放着更重要的事情不报道，却纠结于三个小人物。

三

其实这个事情，没有什么好解释。我也并不是指责那些致力于“树英雄”和“掏粪”的同行。记者就是新闻价值的囚徒。我们的一次次取舍，首先不是基于自己的良知和同情心，而是基于“新闻价值”的底线。

这个反思最近在圈内开始兴起。由头是因为成都唐福珍之死。唐此前曾联系过多家媒体，但均因为“没有新闻价值”而被冷待了。

我也曾拒绝过另一个唐福珍。2008年冬天的事了。那天我接到一个电话，一个湖南妇女，到北京来找我。跟我反映她家拆迁的事情。

那时我还在北京阜成门租房子。楼下有家茶馆，常在这里约谈一些找我诉苦的人。他们的故事，绝大部分我都报道不了，新闻是有规律的。所以，其实就是诉诉苦。

我还是选择了在茶馆见她。茶馆门面很小，她花了很久才找到。从一开始我就判定她的事根本没法报道，就是钱赔少了。一家人原来400多平方米的房子被拆了以后，补偿款只够买100多平方米的商品房，一家8口人呢。

她声音越来越激动。旁边打扑克的人很不耐烦。后来我说，我真的没法帮你。

我的意思是说，在她讲完她的故事后，我几乎没有任何过渡，直接就说：我没法帮你。

我这样回答她的时候，她仍然赔着笑——在给我讲她的故事的一个多小时里，她一直赔着笑。即使讲到家人住在窝棚里的艰辛时，也会飞快地掩过眼角的潮湿，继续赔笑给我讲。

那个下午，我亲眼看到，当我说“我没法帮你”的时候，她脸上有一种说不出来的东西在瞬间变暗了。这里我不是用修辞，我是说，是纯光学意义上，她的笑容以及她脸上的肌肤在那一刹那变暗了。就像一个昏暗的屋子里一盏昏暗的灯突然熄灭了，那白色墙壁上的明暗变化。

她说那我走了。我送她到公交车车站。然后就叼着烟回家了。一路上我细细琢磨着那一瞬间她脸色的变化。我猜这就是神迹（于我而言）。我从没有见到过一个人的脸色居然可以如此变化。我猜想当时肯定有什么东西在她内心发生了。

回家后我跟K讲了这个神迹。我说，我第一次看到“希望”这个抽象的名词，以如此具象的方式在我面前消解。K安慰我说，这的确报道不了。不怪你啊。

我说算球。

见多了生死，见多了泪水。我估计自己念叨“算球”的次数，也许不比一个基督徒念叨“阿门”的次数少。“算球”，就是我们的咒语，就是我们的祈祷。一句“算球”就可以漂白自己，就可以让自己超脱，让自己置身河的对岸，作壁上观。

请原谅我扯远了一些。我想说的是，我为自己在荆州的报道，聚焦了几个“新闻价值”之外的小人物，而内心平静了些许。那些和我们一样小的小人物，他们的生活于他们自己而言，该有多么重要啊。

从荆州的报道中退出来，也从那些有新闻价值抑或是没有新闻价值的报道中退出来，我们会发现，许多小人物的名字，我们都已经忘记了。比方那个脸色在一瞬间变暗的湖南大姐，我只记得她有一个白色的小坤包，上面有皲皲的黑色皱纹。她曾经是个老师。

（作者为南方周末记者）

“渭南书案”是言说权利的胜利

●上官敦铭

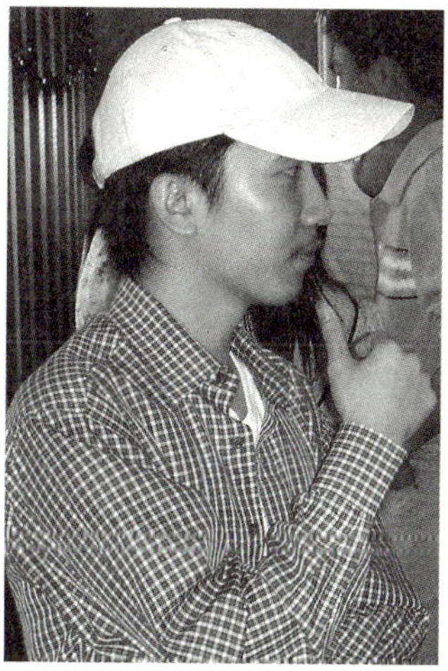

谢朝平被取保候审回到北京的当晚，我与律师周泽等人去机场一同迎接他。谢一脸疲惫，见到我拍照时稍有不悦。他说，在看守所被理了个几近光头的发型太难看，借了我的帽子戴上后才略显放松。

自2010年8月19日被渭南警方刑拘，至9月17日走出看守所，30天时间里谢朝平几乎与外界隔绝。外界因其身陷牢狱而奔走呼号的努力，是谢朝平在走出看守所后，其妻李琼在路上对他讲述转达的。在机场小憩，谢朝平一连说了几个感谢，感谢媒体、感谢专家学者、感谢网民，等等。

事到如今，“渭南书案”可堪称完胜。虽不是无罪释放而是取保候审，但那只是渭南警方为自己找个台阶下而已。而今观之，这实是言说权利的胜利——在与包括警察权力在内的行政权的直接对抗中，民众对言论自由权利的捍卫发挥出了令人称奇的效力。

接到谢朝平在京被渭南警方刑拘的线索后，我与同事鲍小东随即分头行动展开调查采访。凭

借之前操作此类新闻选题的经验判断，我断定这又将是能演变出一起公共事件的新闻。出于兴趣，我对于言论自由领域的新闻素材有莫名的敏感和冲动。以前，包括如“西丰警察进京抓记者事件”、“山西检察官刑拘央视记者李敏案”、“曹县帖案”等，我都是第一时间参与报道。“渭南书案”，刚介入调查时事实尚未明朗，但初步判断当属“言论自由”权利与公权力发生冲突的事件。事后证明，这一判断是准确的。在《南方都市报》率先向公众披露“渭南书案”调查情况后（当天，《新京报》也刊出了消息稿），公共舆论迅速形成，社会各界的关注将其演变为公共事件——一起捍卫言论自由权利的事件。

“渭南书案”的梗概，在谢朝平身陷囹圄的一个月时间里，《南方都市报》连续刊发了包括如深度报道《渭南“书案”调查》、《渭南“书案”前传》、《渭南移民局工会主席：移民款被滥用我举报了18年》、《5856万灾后重建款的“旅行”》等多篇稿件进行了披露。简述之，就是前记者谢朝平在一次对渭南地区三门峡移民的采访过后，谢对移民的遭遇与现实惨状心生怜悯，而后经过多次调查采访，并在移民的嘱托下记录下了从三门峡水库修建到渭南移民这段历史悲歌。谢朝平以《大迁徙》为名的纪实文学发表在《火花》杂志增刊上，此举引起了陕西渭南市官方有关人员和部门的注意。因为，渭南移民的历史，实际上也是移民争取生存权利的过程，是官民对抗的历史。在这种对抗中，移民的权利被当地部分官员剥夺、蚕食——《大迁徙》披露了地方政府对移民的压榨，克扣、挪用巨额移民款等内幕。在不少地方政府总是试图只手遮天掩盖丑闻的当下，当渭南警方找到所谓增刊出版未及时报批这一程序疏漏的证据后，对谢朝平采取行动的做法就很容易让人理解了。

实际上，当对“渭南书案”的采访调查进行到一定阶段以后，我更坚定了这是一起“因言获罪”的案子的判断。渭南警方的做法，几乎是在向公众的忍耐极限进行挑战。此前，无论是记者因报道被传唤、追查，还是网民因网络言论被抓，各地警方的做法几乎无一例外均是“引起公愤”、“骑虎难下”！这种社会共识的背后，是大众对言说权利——亦即“言论自由”的坚决捍卫。

虽然在学理上存在“绝对论”和“相对论”的辩论，但对“言论自由”而言，几乎所有文明社会都承认这是人的基本权利之一。我国《宪法》第三十五条规定，“公民有言论、出版、集会、结社、游行、示威的自由”。而中国政府已经签署的《公民权利和政治权利国际公约》，在第十九条第二款则明确指出：“人人有自由发表意见的权利；此项权利包括寻求、接受和传递各种消息和思想的自由，而不论国界，也不论口头的、书面的、印刷的、采取艺术形式的、或通过他所选择的任何其他媒介。”在以谢朝平被刑

A16-17

国内 南方都市报

家属要求警方放人

中国作协关注“书案”

渭南“书案”前传

南都记者获两名当事人相关文稿，谢朝平被刑拘前两天文章披露警方进京办案细节《火花》杂志社原执行社长详解增刊出版过程，质问渭南警方“抓人”是奉谁之令？

渭南“书案”九大不解

伊春烟花厂爆炸死者剧增之谜

A36 国内 南方都市报
谢朝平被拘多日律师抗议
质疑警方将其当做重要嫌犯对待，《火花》杂志社坚称增刊违规但不违法

济南查处3000份骗取养老金档案

渭南官方集体避谈"书案"

南京再现一例疑似"龙虾病"
南京药监局称目前确诊的病例仍然是19例未增加，市场检查也无异常

A14 深度 南方都市报
罗夫河决口背后 5856万灾后重建款的"旅行"

[现状] 罗夫河决口淹没1.5万亩地

[追问] 刚修好的河堤为何决口？

[往事] 千万元灾后重建款去向不明

拘引发的"渭南书案"经《南方都市报》等媒体披露之后，其他各大媒体纷纷跟进，新闻界、学术界及网络在短时间内做出激烈反应，依我看，这都是在保卫"言论自由"。

在一个文明社会，失去自由表达独立意见及意愿的权利，这是一件十分危险的事情。言说，是无权力者的"权力"。搞"文字狱"或"因言获罪"，这都是与人类文明背道而驰的。在仍存在"沉默的大多数"的中国，记者、作家这类职业，在某种程度起到了帮助"沉默者"传达意见的作用——刑拘记者，将作家投进牢房，这种做法愚蠢至极。"渭南书案"引发社会各界反弹，也是在所难免的事情了。在渭南警方刑拘谢朝平的30天里，社会各界人士表达了对该案的看法，法律界、新闻界等相关人士，也从专业的角度指出了警方对公民权利的蛮横侵犯。在这一大背景下，检方做出不逮捕谢朝平的决定，这并不仅是迫于社会舆论压力，其实也是恪守了法治的精神。

然而，纵观"渭南书案"，谢朝平也是幸运的，我及我的同行们，采访调查过很多比"渭南书案"更重大、性质更恶劣的新闻事件，为什么都经常悄无声息甚至是外界毫无所知呢？幸运的谢朝平拥有那么多在言论领域从业的朋友和同行。“渭南书案”之后呢，那么多被钳住咽喉的移民，他们的嘶吼和呼号，他们那么多年的血泪抗争，外界知道多少？我就不多说了，大家都懂的。

（作者时为南方都市报记者）

第四章
新闻江湖的自我检视

在这部分，你将看到陈海的唏嘘："做新闻做成当事人，也是件比较失败的事。"也将读到王雷在经历孙志刚事件、黄静案和"躲猫猫"事件后对网络舆论的深入思考，还有杨晓红在许霆案后对职业素养的执着追求，以及钭江明对"窦唯事件"的感叹："我们可以做我们自己认可的符合新闻伦理道义的事，但不要试图站上道德的制高点。好的记者，要敢于榨出自己衣服里面藏着的那个'小'。"

从孙志刚、黄静到“躲猫猫”案的网络舆论

●王雷

一

作为首发李荞明案的云南信息报副总编，我被有关部门点名参加了“‘躲猫猫’事件网民各界人士调查委员会”（以下简称调查委员会）。从传统纸媒首发报道，到网络舆论的轩然大波，再到调查委员会介入，调查报告出台激起网络巨大反弹，最后最高检查院介入调查，使案件侦破进入新阶段，舆论逐渐平息，我有幸全程参与。

这次“躲猫猫”事件，与2003年孙志刚案件、湖南湘潭黄静案的舆论传播有很多相似之处，不过中国的网络经过6年发展，“躲猫猫”案件又有了新的变化。

2003年，孙志刚案使传统媒体猛然发现，网络舆论正成为新的舆论形式登上历史舞台，作为采写记者之一的我，感触很深，孙案报道第二天，《南方都市报》接到了数十个传真，几千个热线电话，而仅新浪一家网站的留言就达到了上

万条，网络不仅成为了传统媒体声音的“放大器”，而且引发了更多后续新闻：一个浙江网友建立了网上纪念馆；有网友发起地面聚会纪念活动；无数的评论和愤怒的声音得以清晰真实地表达出来……

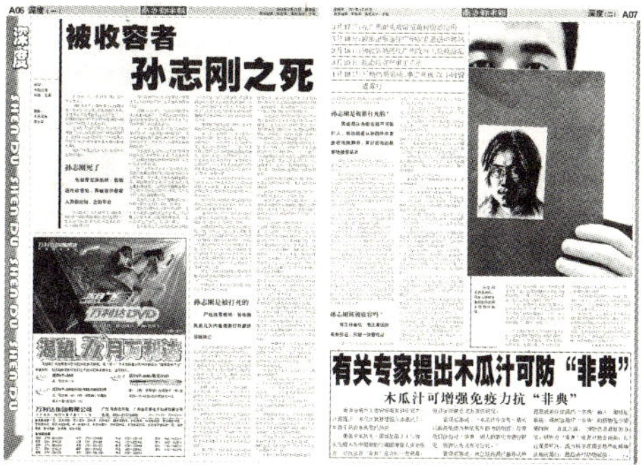
被收容者 孙志刚之死

有关专家提出木瓜汁可防“非典”

木瓜汁可增强免疫力抗“非典”

到当年6月收容遣送办法的废除，网民的“胜利”达到了顶峰，于是网络舆论似乎形成了一种模式：声音越大，态度越激烈，“取得胜利”的可能性也就越大。

南方都市报 第一重点 A05

ZHONG DIAN

坚决查清

孙志刚被故意伤害致死案

依法严惩凶手

维护法律尊严

维护公民合法权益

在这个战果的衬托下，大家往往忽视了一个问题：网络舆论究竟是如何影响权力运作的？

例如在孙志刚案中，案件的真相并没有因为网络激烈的声音而披露更多，相反，为了不再刺激舆论，案件审理没有完全公开，很多疑问没有经过庭审得以解答。再例如，废除收容制度（当然是一项进步）是高层决定后公布的，期间是否经过了论证，哪些人参加了论证，论证的结论如何等等都没有披露。

南方都市报 重点 A05

ZHONG DIAN

温家宝主持国务院常务会议，审议并原则通过《城市生活无着的流浪乞讨人员救助管理办法（草案）》

收容遣送办法将废止

■背景链接

关于收容遣送

也就是说，权力在封闭体系内运作的本质没有变，网络舆论只是一个新增变量，这个变量如何发挥作用，能发挥多大作用都还不得而知。

2003年下半年的黄静案，凸显了以上问题。

黄静案和孙志刚案一个相同的特点是，网络上的声音都很大。可是两案的结果却相差很大：孙志刚案导致收容遣送办法的废除，家属得到巨额赔偿，凶手得到惩罚（尽管还有很多疑问）；黄静案的结果是网络上千夫所指的嫌疑人姜俊武被无罪释放，没有官员为此案受罚，黄静家属得到少量赔偿。

在长达三年的侦查、审理过程中，所有参与者都非常重视网络上的声音，然而这一次，网络舆论的弊病显露无遗。

“以牙还牙，血债血偿”理念下的公正就是追求结果的公正，而法治精神的程序公正被大大忽视，无数网民看了黄静家属单方面的材料后就作出了结论，司法的不透明又加重了舆论的不信任，于是最激烈的要求——枪决姜俊武得到了无数人的赞同。

传统媒体在这个过程中应该怎么办？

黄静案初期的报道中，很多传统媒体跟风，迎合网络的“民意”，在湘潭只采访黄静家属一方，记者有意或无意地偏向一方，同情弱者，反对黑幕，支持民意。

我认为这是中国传媒不成熟造成的，中国的都市报从《华西都市报》创办到现在只有十几年的历史，从党的喉舌到更接近社会公器，报纸的理念、手段、技术还不成熟；同时这也是我们法治精神不成熟造成的，从疑罪从无原则，到犯人的基本权利问题，再到程序公正，法律真实与客观真实的区别等，我们还理解不深刻，尤其在腐败和黑幕传闻不断的情况下，我们更容易远离法治精神。用堵路抗议、跳楼讨工资的办法追求公正，和利用网络民意粗暴干涉司法的本质一样，都是我所警惕和反对的。

女教师裸死案被告“无罪”

两家人均不满判决

被告姜俊武讲述内心挣扎

我不后悔认识黄静

为什么有“钱途”！

两个家庭的“申冤”路

在黄静案中，我较客观地报道了两个家庭及办案部门的意见、做法，我试图用事实告诉读者，告诉网民，在一个司法不独立，不公开的体制下，即使经过了一套公安侦查，检察院立案，法院审理的程序，真相仍然是难以呈现出来的。

让我感到挫折的是，在网上看评论，网民绝大多数仍然无休止地诅咒姜俊武一家人，很少有人真正关心我希望表达的问题。

二

6年过后的“躲猫猫”，我再次感到失望。

在调查委员会调查当天，我写了一篇手记刊发在《云南信息报》，表达了我对调查委员会的思考，全文记录如下：

作为调查委员会的一员，我昨天全程参与了调查。早晨八点半，调查委员会成员和十几家媒体记者在云南省委门口集合乘车，上车前，调查委员会主任要求委员集中乘坐一辆中巴车，在车上商量大家提问的内容，因为在昨晚才公布了调查委员会成员名单，很多人互相还不认识，所以只能在车上开第一次内部会议。

由官方召集、组织，网民、媒体组成调查委员会，对一刑事案件进行调查，这种方式在中国还是第一次，虽然我做了近十年记者，采访过许多案件，但像今天这种“身份”去调查，也还是第一次。

刑事案件的侦查、立案、审理一整套程序，对应的职能部门是公安、检察院、法院，它们的司法权力来源于国家授权。记者采访虽然在我国还没有得到立法保护和规范，但是舆论监督是媒体的天然功能，从中央到地方都有相关法规、文件予以保护，而且媒体舆论监督早已深入人心，所以记者采访也有其合法性的来源。与司法机关强大的权力相比，新闻媒体权力的边界要模糊得多，而昨天才成立的调查委员会，它的权力边界又在哪里呢？这种突然的，自上而下授予的调查权是一种“更大的”权力吗？调查委员会很快就遇到了这些问题。

到达晋宁县公安局后，调查委员会成员，媒体记者与该县公安局、检察院7名负责人在会议室展开了第一轮询问。

询问的具体过程，在调查委员会撰写的报告中已详细描述，在此不再赘述。如果说询问的环节顺利，那么调查委员会的“危机”很快就出现在晋宁县的看守所内。

晋宁县公安局副局长闫国栋表示，按照相关法律规定，调查委员会无权进入看守所，但因为情况特殊，他向上级领导——调查委员会成员，昆明市公安局监管支队长郭斌请示后，表示可以让调查委员会成员进入看守所，但媒体记者只能在看守所外等候。

可以说，在能不能进入看守所的这一轮“角力”中，调查委员会突破了法律的规定。

在看守所内，调查委员会成员观看了案发的九号监仓，询问了当天值班的警察，审看了一些法律书面资料，但当调查委员会要求与李荞明同仓的嫌疑人见面时，原本已同意的晋宁县公安局、检察院却突然改变了主意。晋宁县检察院副检察长韩红兵以案件正在侦破期间，会见嫌疑人可能给办案带来不利，及给看守所管理带来不利为由，向晋宁县公安局提出“检察意见”，拒绝调查委员会成员会见嫌疑人。

这给调查委员会带来很大困惑：会见嫌疑人被认为是最有可能“查明真相”的方法之一，但是调查委员会是否有权力会见、询问侦查案件中的嫌疑人，调查委员会是否拥有某种程度上和司法机关同样的侦查权，甚至超越其上的特殊权力，这是我们之前没有想到的。

我认为，尽管社会舆论对办案的晋宁县公安局、检察院表现出极大怀疑，但释疑的调查及最终结论仍应该是相关部门，如上一级公安、检察院或纪委等单位作出，调查委员会没有权力，也缺乏专业能力去“侦破”案件，调查委员会不能使用违背甚至凌驾于法律之上的方法手段谋求真相、公正。

A06 本地·关注

看守所里面的致命游戏

嫌犯因“重度颅脑损伤”致死，警方通报：死因系玩“躲猫猫”游戏时遭狱友踢打并撞墙所致

为攒婚钱 盗伐林木被刑拘

24岁的玉溪北城镇男子李乔明因盗伐林木被刑拘，在看守所度过11天后却因重伤入院，因“重度颅脑损伤”于昨日凌晨6时57分不治身亡。

不治身亡 “重度颅脑损伤”致死

家属质疑 “躲猫猫”撞墙致死不可能

意外受伤 拘押11天后病危入院

事件进展 警方通报死者曾被狱友拳打脚踢

本报记者 上官莹莹

如果大家对晋宁县公安局、检察院，甚至更高级别的司法部门丧失信心，那是我们的司法制度出现了问题，正如湖南湘潭黄静案，在从湘潭雨湖区公安局、检察院，到市公安局、检察院，再到湖南省公安厅、检察院，到公安部物证专家都介入调查的情况下，法院判决仍引起极大争议甚至质疑一样。

晋宁县公安局、检察院随后又以涉及机密为由，拒绝了调查委员会查看九号监仓监控录像和其他证据的要求，对此，调查委员会也没有办法。我认为，云南省委宣传部组织的这次调查，虽然不能达到扭转案情的目的，甚至连“查明真相”也做不到，但是因此就把这次活动指称为作秀、炒作，仍然是有失公允的。

网友问题尖刚 想看监控录像碰钉子

“调查结果不审阅 不干预”

“我们不愿做第二个周老虎”

网民发布“躲猫猫”事 件调查报告

“网民各界人士调查委员会”的困局

首先，调查委员会的介入，使案件的更多细节得以披露，从而使晋宁县公安局、检察院“作弊”的风险增加。

其次，通过这种独特的调查方式，使得更多普通公民有了一条新的渠道更接近真相，联系到那些闭门侦查、闭门立案、闭门审判而造成的冤假错案，这条路径至少提供了一种新形式的监督——虽然这种监督还很不成熟。

再次，今天我认为自己有两个身份参加了调查，一个是调查委员会成员，另一个是作为首发李荞明案件的云南信息报副总编，相比我近年的案件采访经验，能让公安局、检察院坐在对面有问必答，在几年前甚至几个月前都还是不可想象的。也就是说，调查委员会的形式，对中国媒体舆论监督的价值意义深远。

最后，调查委员会本身就是一个鲜明的信号，可以解读出政府对主动公布、公开信息有了更大压力，也具备了更自信的心态，而公众参与公共事件的热情、愿望、渠道与技巧，也发展到了一个新高度。

虽然全国的第一次民间色彩的调查委员会的第一次调查，在仓促中起步，有很多问题、不足，但如果能有更多人提出建设性意见，使其更符合法治精神，更具有操作性，应该是中国大众民主监督的一次重要尝试。

三

调查委员会报告公布后，网民的质疑、辱骂声扑面而来。

第一阶段，大家不满调查委员会的无能，没有调查出真相，继而认为这是云南省委宣传部作秀，人肉搜索调查委员会成员，发现数人是“五毛党”，于是怀疑得到证实，辱骂升级。

对这种心态，我仍然认为是法治精神缺失造成的。

调查委员会缺乏侦查案件的授权和专业能力，但是调查委员会的价值却不可抹杀。网民或者公众的心态仍然是清官情结，众多网民、媒体在获知要成立调查委员会后的反应，大多是惊讶，接着是兴奋，继而很多人把查明真相的希望寄托在了调查委员会。而调查委员会的委员也油然而生一种感觉，举一个不太恰当的比方，就像钦差大臣，或者“包青天”那样的清官情结。

“钦差大臣”背后的理论是，只要权力够大，就能突破困难查明真相；“清官情结”背后的理论是，只要官员具备正直的品德，就能明察暗访水落石出。这两类故事，在中国的历史里反复传颂，简要地说，足够大的权力和优秀的品德是案件大白的两个关键词。

A10 重点

与晋宁县公安局多次协商未果，李荞明家属降低索赔金额，想“一次了结”

李荞明家人索赔40万改25万

工作组 第四次到李家慰问

公安局 打李荞明者为故意伤害

警方 次日通报“瞎子摸鱼”

李家 索赔40万降为25万

律师 本案适合国家赔偿

李荞明未婚妻 坐着哭了一晚上

这两个关键词当然是公正侦破案件的重要因素，不仅在中国，即使在西方法制比较健全的国家中，那些好莱坞的孤胆英雄、铁血刑警，也往往未经授权就破门而入，发现线索，甚至刑讯逼供，最后一举破案。与那些国家不同的是，他们的英雄只是荧幕上的，现实中绝少这类事件，而在我国，屏幕上的英雄都遵纪守法，现实中却经常有司法被干预的情况发生。

从组建调查委员会一开始，网民和调查委员会成员都是按钦差大臣和清官的标准来比照的，没有人考虑调查委员会是否已经

“越位”，这也是我在调查过程中逐渐感到疑问的地方，直到在看守所内，韩姓副检察长阻止会见嫌疑人，我才明确了疑问的症结所在，赞同终止调查。

之后网民们又搜索出部分调查委员会成员有“五毛”背景，于是调查委员会的道德也不清白了，结论就是这是一次作秀。

如果把云南省委宣传部组织的这次“躲猫猫”案网民及各界调查活动，放在这六年的网络舆论发展的大背景中去看，我得出的初步结论是，这是一个积极的信号：官方不仅越来越重视网络舆论，现在甚至开始帮助公众对某一事件进行调查，而官方内部，对信息公开的程度，对如何公开信息、何时公开多少信息的意见并不总是一致的，所以云南省委宣传部能做出这个决定，就更显得难能可贵。

但很少有人反思，究竟什么才是“躲猫猫”的根本原因，究竟用什么手段去扭转这一问题。所幸的是，在调查报告公布后的几天，开始有声音反对调查委员会“干扰司法”，这种声音主要来自两类人，一类是公安，一类是律师或法学教授。

前几天，和昆明市公安局的一位领导吃饭，他对调查委员会不以为然，认为这也是舆论杀人的一个例子。这个说法让我想到了十几年前的河南张金柱案，大家至今都把它看作舆论杀人的典型。作为一个媒体从业者，我为舆论有这么大的能量感到羞耻，而不是洋洋自得，我们不应该利用、操作舆论去追求法律之外的公正，而应该是不受影响地，告诉我们的读者，究竟什么才是可靠的公正，究竟怎么去追求可靠的公正。

我已经不再完全、简单地把网民看作是中国进步的力量，从这个意义上来讲，传统媒体还大有可为。

（作者为云南信息报副总编辑）

我没有轻率过，我态度认真得很

●吴虹飞

黄健翔的关键问题在于他的双重角色：他不仅是一个娱乐名人，而且他自己也充当了媒体角色（博客），既是表演者，又是对自身和他人进行评判的判官，对自身和对他人加以了倾向性的评判。

编辑让我去采访黄健翔，然后他就遭到了很多人的唾骂："你采访那个（烂）人做什么！"

编辑疑惑地说："为什么这么多人骂他？"

作为一个理工科学生，我很清醒，不能说很多人骂他，就是他值得骂的理由。

另外，我想公允地看待这个人。这是我所有行动的初衷。我甚至这样假设：那些关于黄健翔的炒作并不是他想要的。而那些骂他的人，只是因为没有真的接触过他而产生误读。大家都误解他了。就好像我相信，超女们只是陪朋友去参加超女然后不小心得奖一样。对于一个从不参与娱乐新闻的记者来讲，我偏向于相信一切。

于是我接了这个单子。对我来讲，这和我过去接的单子是一样的。除了做黄健翔的专访外，我做了大量的外围采访。当然，这也有另一名记者的很多劳动在内，不是我一人所为。我们主要采访他的朋友。至于中央台的人，他们基本上已经封口。一个举足重轻的人给我发短信："我不想参与这么无聊的事情，对不起，请为我保密。几乎所有的人都请我保密，除了李承鹏和董路。"

我当然是带着目的去的，我的目的是想让他敞开心扉，友善地谈他的往事和内心世界。比如，他是如何热爱足球的，又如何在婚姻中，受伤并且尽力做好一个父亲的，更重要的是，他为什么要承担这么多的误解，中央台有没有对这么有才干的人进行压制，他有什么委屈，然后我会把这些录音，连带标点符号都写下来。如果他愿意谈及音乐那就更好了，如果他说，我从小就想当一个摇滚歌手……我也许会立刻忘记自己的中立立场都不一定。可惜这一切都没有发生。如同一个记者说的，和他的任何对话都会被立刻堵上。

这样的小聪明，我认为是一种过度防范，一种对他人的不信任所造成。

后来因为怕他难受，我甚至连他是否赌球，以及离婚的官司的事情，我都不问。

他在此之前，已经和一名记者不欢而散了。我觉得我们的交谈虽然不到推心置腹，至少还算愉快，我也很愿意照顾他的心情。不提让他太难受的事情。这时候我想，他会不会觉得，这样已经是对一个记者很好、很好了呢？他是不是认为我应该已经感到很荣幸了呢？

我怀着感激之心回来，写稿子，大概连续写了三天。为了保证大部分材料是一手的、准确的，我基本上，保证所有的引言都有出处，我写得小心翼翼，步步为营，跟我写随笔的跳跃文风大相径庭，简直像写一篇论文一样小心，就差标出注解了。我写了一部分，又再打电话给他的好朋友，打了很久，反复打，到了他认为我实在不够聪明为止，仔细求证一些传言。所以，我文中写的，属于基本事实。另外，我基本上是用别人的话来讲话。记者，不过是一个中介，中介是不大掺杂个人色彩的。

可以很诚恳地声明的是：我对他没有任何的好恶，我也一直力求公允。那么实际上在采访中我听到关于他的更大的缺点，这个缺点，主要可以用几个贬义的成语表达，我如果想故意让他难过，我就把这些成语写上去，但是我觉得，没必要吧，就放弃了，清除了一些对他更不利的话，而把说他好话的拿进来，做了一个平衡。这个文章，我不打算丑化他，更不打算美化他。《论语》说："巧言令色，鲜矣仁。"我当然不能太谄媚而失去公正的

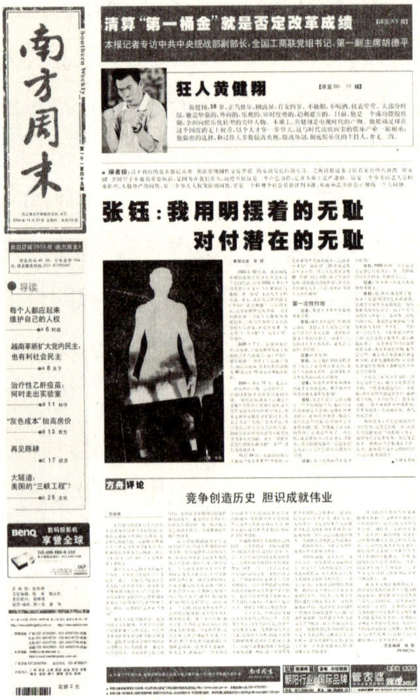
南方周末

清算"第一桶金"就是否定改革成绩

本报记者专访中共中央统战部副部长,全国工商联党组书记、第一副主席胡德平

狂人黄健翔

张钰:我用明摆着的无耻对付潜在的无耻

导读

每个人都应起来维护自己的人权

越南革新扩大党内民主,也有利社会民主

治疗性乙肝疫苗:何时走出实验室

"灰色成本"抬高房价

再见陈耕

大隧道:美国的"三峡工程"?

竞争创造历史 胆识成就伟业

纵深

影视圈性交易事关一个群体的人权状况

张钰:用明摆着的无耻对付潜在的无耻

资料录入不打字,一键"复印"进电脑!

——整页资料 原版再现 自由编辑

立场。所以在报道里,是没有我的声音的。那个自我要消失了,与这点相比,我要比黄老师更为公允些。

我一直申请和他进行进一步的交流,但是他实在太忙了,我在TOM的网站等他聊天等了两个多小时。我当然愿意再次沟通。每天我都会主动和他联系,一直到发稿的前一天。在我们整理了3个多小时的采访录音之后,我始终因为没有等到他的最后一次采访而感到遗憾,因为我始终相信,那会更加深入和有趣。而他,也一定是因为消除了戒心,而变得更友好,我很愿意再做一次采访。这时候,编辑要发稿,记者是不应该不执行的。

在写稿子的过程中,我的认识越来越清晰:在这个世界上,大家以为摇滚乐是疯狂的,但是我认为,这样无聊的炒作游戏,其实更无稽、无聊和疯狂。大家都开始烦这个事情了,我更是如此,我巴不得这个事情赶紧结束。我始终认为一点:在这个事情上,那些"捍卫自由"、"捍卫激情"等一厢情愿的公众话语,实际上已经脱离了具体的事件,变成了一种"过度阐释"。黄健翔本身,并未清晰认识到这样无聊的、琐碎的娱乐化,他自己也并不加以反省,除了怒气冲冲地指责媒体,好像一个摇滚歌手一样。有一句话我一直想说,这个娱乐时代,并不缺乏"激情",更多的是缺乏自我克制和自我反省。

在这里我想顺便谈谈“自我认知”这个问题。我当然不会武断地认为他的“自我认知”和别人对他的认知有很大的差别，但我很奇怪他为什么这么骄傲和自信。当然，这个世界的很多男人都这样的，充满了自信，充满了漏洞。女人们只有微笑了。这是一个男人的世界，这个世界的主流就是这样的，自信，大声喧哗，占据话语的制高点，尽量地颐指气使一些。这是一个强人时代，大家都不甘示弱，吵吵闹闹。黄健翔的这个问题更为明显些：夸大的自我——我就是这样的，你们爱怎么说都行。可是一旦真的说了，他又未必能够接受。

说实话，当我看到标题“狷狂黄健翔”的时候，我感到编辑实在是太好心了，因为狷狂这个词，在我的心目中，是一个很好的词。我知道每一个艺术家内心，都有一个很大的自我。狷狂，实在是很适合魏晋南北朝的名士气质。这么好的词，用在我身上，我会高兴都来不及。

我当时认为“癫狂”更合适他一些。现在看来，幸亏没有用这个题目，不然我会死得更惨。

我觉得其他媒体真的是太天真了。他们竟然会觉得黄健翔是反抗体制的声音，是自由表达的精灵，可能是生硬的体制容不下才气横溢的黄健翔。我想，他们的一厢情愿被我的采访打破了。黄健翔不反抗体制，他不是冤大头。他非常精明，而且他有很多小聪明。这未必是缺点，相反，我认为我们很多天真的记者未必有这样的生存本领。还有，黄健翔未必有他自我想象的那么有才华。我想谈几个小技术问题，比如麦克•舒马赫的名字问题。

的确，我不认识这个人，我把名字拼错了。我刚毕业那年连普京都不认识，被系里传为笑柄。但这并不影响我对人物的把握能力。我可能连寒暄和切入主题都不会，我甚至可能显得有些木讷和可笑，可是这并不影响我认识这个世界。普林尼在写《自然史》的时候也发生过很多技术性的错误，可是他依然是值得尊敬的。我没有和编辑确认，导致发生了错误。然而大家是否注意到原文如此：

黄健翔：一个人一旦成为公众人物，就不要指望得到公众的宽容。这是麦克·斯马克的传记上写的。知道麦克•斯马克吗？是打网球还是打桌球的？

记者：我……是不是搞传播的？(联想到了麦克卢汉)

黄健翔：你是给我开玩笑吧？不错，有点幽默。

南方周末
Southern Weekly
新闻 II
NEWS
B9
从足球解说员到娱乐圈明星
猖狂黄健翔
进入央视与"中卡风波"
重提"解说门"

我知道有些记者的习惯是，显得比受访者聪明。但我的态度一贯如此，我不是一个超越别人的评判者，我尽量不显示自己聪明（当然那也可能是因为我本身不聪明）。我把对话写出来，是想告诉公众，我们是平等的。我在和一个有些小缺陷的人对话，但我们本身地位一致，谁也不比对方聪明、全能。从我三年的提问来看，我确实从来不提任何高深和复杂的问题。我觉得平实切入就好。就如白岩松评价过我："当然，吴虹飞的提问方式基本属于理工科的路子，没什么技巧与循循善诱。"

这个世界上没有好记者和不好的记者，只有合适的记者。老天可以作证，迄今为止我对职业的态度是诚恳的。

可以这么说，采访黄健翔，是我做得最好的采访之一。我的采访能力不是最杰出的，这个我承认，很多记者比我优秀得多，但是我态度诚恳，作风正派，却是铁板钉钉的事实。我采访了80多个名人，只有三个人对我发飙，其中包括方舟子和黄健翔。我想大家可以有基本的判断，两人都是炒作高手，我是冤大头而已。

我记得黄健翔的"闺蜜"质疑我，说我事后不接电话。有个细节我补充一下：当董路要求看采访文章时，我把他说的所有话都传给了他。为了避免他疑心我断章取义，我把含有他的话的整段话，以及上下文，都发给了他。他不但看了，而且还作了少部分的修改，主要是补充状语，但意思没大改，我们按照他改的发表了。你要看稿子，我让你看了；你不但看了，你还改了；你改了，编辑基本上还都接受了。稿都发完了，版都做完了，这个时候为什么要跟我打电话？我又不是为你一个人服务的传呼台。而且当时我发完稿，已经成为了媒体关注的记者，没几分钟就有人打电话跟我约稿，我又不是神仙，而且也没有人报销我的高额电话费用，我发短信问一句：何事？（短信一毛，电话一分钟四毛）我一个月要发1000多条短信（电信单子每个月短信费用是200元左右），平均每天将近70条。这是我的主要通讯方式，有何不妥？如果你主动放弃交流，为什么要怪罪于我？分明是欲加之罪，何患无辞！

这个稿子我和后方编辑合作得很顺畅。他会每天给我打电话，让我做这个做那个。我觉得编辑非常负责。他改过的地方，我都仔细看了，尤其在节奏感和逻辑上，他比我强。所以，我对编辑充满了敬意，他对我的稿子的几次修改，我都觉得合理。我先是把正文一大通发给他。我提心吊胆的，自己都不敢多看。他一改，改了不少，但我觉得基本上都是对的。可是他不满意。他说，你再写个采访手记，把报道主文没表达清楚的想法感性地说出来。我一听，就说，已经写了8000字，我怎么还写得出来？他教我很多办法。比如和专家聊天，听取更多观点，给我参考文献和材料。我先写了第一稿，他看了不满意，让我再写，我只好又写一次，最后成稿，是他认真地前后两次编辑而成的。最后是对话，我这里有将近万字的对话整理稿。编辑让我把全部录音发给他，他说，有些对话很有趣，你要摘出来，我就按照我的经验，摘了一通。结果，这个稿子丰富了，有正文，有对话，有手记，有分析。感谢编辑，这个稿子提升是靠他的，他是用了功的，我自己未必有这个水平。

也许我该自我反思一下。但是一个月过去，我反思了很久，我想，我还是会这么写。这里面，没一句话是我自己讲的，没有一个判断是我自己下的。我没有轻率过，我态度认真得很。大家不会以为赵忠祥是道德家，大家也不会以为黄健翔是行业标准，所以我想大家也不会因为我做摇滚乐就以为我是一个轻狂的人。我天性浪漫，但本质上，还是一个学理工的。我有我行事的原则和方式。我做稿子战战兢兢，如履薄冰，总怕自己做不好。

后来发生的事大家都看到了。我不知道情况会这样。我只知道，这个世界其实很荒谬，真的是林子大了什么鸟都有呀，黄健翔这样的人我也是第一次见。我只能说匪夷所思。

说实话，我不认为我值得为职业付出这样的代价，最后成为被人说三道四的当事人。因为实际上，我只领稿酬不领薪水有9个月之久了。对于我来讲，这甚至不是我的谋生的办法，因为这不够我在北京的开销，而我也只有这么一个固定收入。我只能说，当时的情形，对我打击非常之大。直接的后果是，我连采访写稿的能力都几乎丧失了，就是我想起采访都会掩饰不住对这个事情的憎恶，这就使得我的最后的收入——稿酬——也完全切断了。

最不好意思的是，我本质上还是一个文艺青年，我搞过7年不靠谱的摇滚乐，在地下摇滚圈里神龙见首不见尾，不求闻达，但我也不希望被人指指点点，因为我不吸烟，不喝酒，不过夜生活，不豪放，我对自己要求其实相当严格。我用我理工科背景的严谨求实精确的态度来对待音乐，但也许可能脆弱、敏感，非常不容易排遣不良情绪。因为我连哭哭啼啼的机会都没有。我对后来安慰我的所有朋友都笑脸相迎，表现出我冷静乐观的一面，这仅仅是出于一种生活上的自我保护，或者说我总是因为惊动了朋友，让他们为我担心，而感到非常愧疚。只有深夜一个人在家的时候，我会真的真的不开心，因为这个时候，我不担心任何人见到我的眼泪。我的难过比很多人来得晚，因为我足够笨。这时候我开始考虑职业以外的东西，比如，人心。我感到这个世界既简单明了，又让人疑惑。我开始相信这是十几岁读的浪漫主义作品害了我。

我不希望作为一个记者再次受到伤害。你可以认为我太娇气，可是无论我表现得多么镇定，我最后真的只是一个女人。

（作者为《南方人物周刊》记者）

黄健翔报道检视

●陈海

作为一名优秀的电视体育解说员，黄健翔早在2006年夏天世界杯“激情解说”之后就被《南方人物周刊》和《南方周末》“人物”版纳入报道视野。

黄健翔作为争议性人物是无疑的，在他身上也发生了无数有巨大争议的事，选题的初衷，是觉得真实彻底地还原其事其人，剖析其内心世界，应该是一件有价值的工作。

几乎所有认识他的人，无论站在什么立场，都认同“狷狂”这一普遍的评价。他为什么这么狂呢？他得以在事业上和生活中展示狷狂性格的基础是什么？我想用报道解释我的疑惑。

如果说有先入为主，那就是我当初的初衷。其实可以真诚地讲，编辑部里包括我在内的大多编辑和记者对黄健翔的解说风格是持欣赏态度的，我在布置对黄健翔进行报道的策划时也是本着严肃的态度和客观的立场，要求记者除了对黄健翔本人进行充分的访问外，还应该尽可能多地接触他的同事、朋友和同行，多角度地了解他，力图客观地呈现一个真实的黄健翔。

大家都有了解他的冲动。因为之前他是模糊的。

第一次采访

我在2006年10月中旬把选题交待给南方周末驻京记者师欣，对记者的要求，正如报道《猖狂黄健翔》一文中的导语：重新审视“中卡风波”、“解说门事件”、他的个性、他的专业、他的爱好、他的理想；大量采访他的朋友、同事和同行，试图为读者展现黄健翔真实的内心。

黄健翔答应了南方周末记者的采访要求。11月6日晚8点30分，黄健翔把采访地点约在他家楼下的咖啡馆里。得知记者早到，他表示应该提前通知，他正在家陪伴女儿做游戏，态度谦和，相当礼貌。他带了一本自己写的书《像男人那样去战斗》，希望记者看看。记者从包里掏出这本书，表示已事先预习过功课。他还是让记者收下了这本书。

记者问起了多次被提及的、广为人知的、他“惹”出的几起风波和争议。谈到这些话题时，黄健翔在不停地收发短信，他留给记者的感觉是，要么是不愿太多提及这些事情，要么是问题不够兴奋。第一次采访以不太愉快的方式结束，因为记者问到了黄健翔的离婚，因财产分割等问题与前妻打官司的事。

问题一出口，黄健翔收住笑意，当即收拾东西准备离开，并说：“你要不来采访我，随便可以写些什么，猜想什么。一个公众人物是不可能指望大众给予宽容的，也没有权利指望，随便你们怎么听、怎么想。”他甚至急了，直言：“对媒体没好印象，因为你们媒体没有自由去指责监督官员，所以只能敌视富人和名人，拿富人和名人做靶子，给穷老百姓解闷、开心。”

临走时，他说：“有的记者想要采访我，都是在网络上进行，也就20分钟。对于记者而言，你应该知足了，有这样的机会。”

第二次采访

因为第一次采访没有建立充分的信任，难以形成报道，我决定让南方周末特约撰稿人、《南方人物周刊》（同属南方周末报系）记者吴虹飞与黄健翔进行第二次沟通。

记者当然是带着目的去的，记者的目的是想让黄健翔敞开心扉，友善地谈他的往事和内心世界。比如，他是如何热爱足球的，什么机缘让他走上了足球解说员之路，对2001年“中卡风波”和2008年夏天的世界杯“激情解说”的反思，他如何在婚姻中受伤并且尽力做好一个父亲的，更重要的是，他为什么要承担这么多的误解，中央台有没有对这么有才干的人进行压制，他有什么委屈，甚至，他的理想，他的情怀，他的价值观……我们都会认真地对待与传达。

在电话里，黄健翔说他很忙，有很重要的事情。但他还是答应了吴虹飞的采访要求，他给吴虹飞的印象是友好的。11月15日晚上10点，在亚洲杯外围赛中伊战后，黄健翔接受了记者吴虹飞大约2个小时的采访。

谈话相当顺畅。在整个采访的过程中，记者吴虹飞感到他似乎有些疲倦，声音低沉，但心情不太差。吴虹飞回避了可能刺伤他的话题，比如离婚，比如是否参与赌球。采访是一件有技术含量的事，这晚上吴虹飞做得不差，之所以这样说，是因为氛围很好，甚至给第三次约访留下了空间。

除了对黄健翔进行专访外，我们还做了大量的外围采访。采访对象以他的朋友为主，还包括他的一些同事以及其他媒体的同行。在与黄健翔的朋友和同事的大量接触中，我们得到了一些基本的判断，他是一个坚强的、乐观的、自负的、狂傲的人，毁誉参半，正如他的朋友董路的评价：“让黄健翔承认错误是件很困难的事情——他是个活得很自我的人。”

编辑后来用“狷狂”来定位黄健翔是准确的，这并不是个贬义词，在很大程度上，它甚至是赞赏的褒扬的，它通常用来形容魏晋名士——得到这样一个判断，表明我们并没有预设立场，所有的判断都是基于大量采访所获取的信息。

因为可以理解的原因，比如涉及到对一个人的负面评价，大多数采访对象都请我们的记者代为保密，除了李承鹏和董路，他们都是坦诚的。

董路要求记者吴虹飞成文后把从他这里得到的信息发给他过目，记者答应了他的要求，因担心断章取义，记者还主动截取了更多的上下文通过电子邮件传给董路。董路作了一些修改后传回。我在处理报道时，除了两处没有按照董路的意思修改，其余都按样修正。

我没作改动的两处是：“你现在可以把他看成是（类似）范冰冰（那样的娱乐明星）；40多年，米卢是唯一带着中国冲进世界杯的人（至少中国足球领域里相信一个真理，胜者王侯败者寇）”。括号以内是董路添加的文

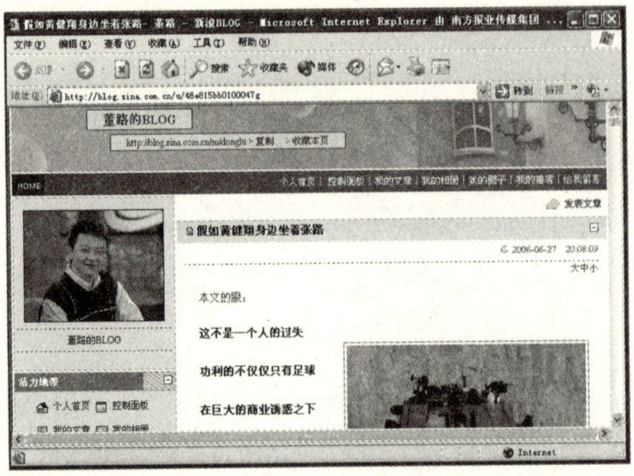

字，编辑作为报社有一定自由裁量权的工种，认为缺少这些文字无损原意。

董路既然严格地审查过这些文字，就意味着他对自己说过的话是负责任的。所以并不存在他事后所说的“表述并不完整，问答背景没有交代，语气情绪也没有真实的传递，个别地方着实在断章取义”之说。

辞职事件与报道呈现

第二天，11月16日一早，“黄健翔辞职”的新闻在网上爆出。而在头一晚的采访中，黄健翔并未向南方周末记者透露此事。但是很快，48小时之内，经过媒体的报道，“黄健翔辞职”已演变成一起公共事件。媒体在他的辞职原因中，找到了纯属隐私的婚变故事，纷扰复杂的人际关系，还戏剧性地披露了一封央视某主持人的检举信，以及黄健翔“愤怒”的回击。于是，黄健翔辞职的新闻超越了体育和娱乐的范畴，具有了更普遍的话题性，一些媒体更是赋予了黄健翔“向体制开战的英雄”、“个人对抗体制”、“追寻个体自由”等符号意义。

信息纷繁杂芜，而且处于不断更新中。我拿到记者吴虹飞第二次的采访所获的材料后，认为有必要进行第三次采访，至少要了解他辞职的真实想法。吴虹飞与黄健翔联系，回说很忙，过一段时间可以考虑安排采访，双方的沟通是友好、和谐的。在与记者的交流里，他发短信说：“第一波爆炒都是假消息，没有真声音。”并建议采访置后些。

按照报社流程，“人物”版周一截稿，周二必须发排。我们能理解黄健翔的忙，却无法等来第三次采访了。这样，就加大了外围采访的力度。

在南方周末记者深入的采访中，一桩辞职事件的真相慢慢显露。正如黄健翔的朋友董路所说：“在‘解说门’事件之后，黄健翔苦闷中也曾经想到过辞职，但央视相对宽容的态度让他暂时打消了这个念头。这令他心存感激。但是这时候发生了一件事情，就是他忽然发现自己变成了娱乐界的新宠！这是他始料不及的，也令他兴奋不已。他过去，有着一些演艺圈的朋友，如华谊兄弟的老板，如孙楠、那英、井冈山，但实际上他并不属于他们这个圈子的。他曾经说过，‘一个足球解说员再出名，充其量只是一个小众范围内的所谓名人’。可是现在机会来了。在娱乐派对上，在赞助商和大众的眼里，他俨然已经是一个明星了。”

更多材料的获取让记者得到了正确的判断：这一起普通的公共事件被媒体“过度阐释”，部分媒体给黄健翔强加了过于宏大的寓意，而我们的报道不过是把这起简单的辞职事件作了最本质的还原。报道援引了董路的原话：“有什么力量能够阻止他投向更适合其发展的娱乐圈的怀抱呢？他都想明白了。以后再也没有人来干扰他的自由了。”

我们也没有否认，黄健翔的个性与刻板的体制之间的矛盾，甚至没有回避黄健翔的同事和朋友基于对黄健翔的了解给出的负面评价，我在报道里审慎对待和处理了这些个人意见，整组报道应该说做到了平衡和客观——报道真实呈现了人性的复杂——这其实就是《南方周末》“人物”版的宗旨。

黄健翔的过激反应

黄健翔这组报道11月23日在《南方周末》刊发后，11月24日11：04，黄健翔在私人博客里用过激语言攻击记者吴虹飞：“这个人的变态和病态可以从她的采访里看得很清楚”、“良心都被狗吃了”、“你就不怕你遭报应啊”。

一个小时后的11：47，黄健翔在另一篇博客文章中进而攻击《南方周末》：“这家报纸的记者，最好躲远点。看着就像强迫症，她们的侧面外围采访的提问把李承鹏和董路这样的人都惊着了，完全像是在发动一场针对我、要从人格人品上彻底消灭我的阴谋……”

11月15日，记者吴虹飞接受《成都商报》采访时叙述了整个采访过程，诚恳地声明：“我对他没有任何的好恶，我也一直力求公允。”并回应：“所谓的辩解并不重要，我有录音。”

11月16日14：07，黄健翔在个人博客，用令人吃惊的词语攻击记者吴虹飞：“一个宁肯去当‘鸡’的记者，请问你除了录音，还有录像带么？”

当天18：09，黄健翔继续在个人博客里以《很抱歉我没帮你作成张玉（钰？）》为题，写道：“这是那个名‘鸡’的自述。我只能说，遇到这样的报纸、这样的记者，算我倒霉。不幸中的万幸，是我没成为她用来实现她作‘张钰’的理想的道具……”

在对黄健翔这组报道的采编过程中，前后方的采编人员始终遵循着基本的职业操守，站在客观公正的立场上，审视黄健翔及由他引发的辞职事件，尽力克制了个人的好恶。报道刊发后，黄健翔做出的激烈反应以及发出的侮辱性字眼是让人遗憾的。

11月17日下午，因为黄健翔在私人博客上发表了一些对记者吴虹飞的有侮辱性语言的文章，吴虹飞到北京市公证处做了证据保全的公证，保留起诉的权力。

11月18日下午，我在接受《潇湘晨报》采访时第一次公开应对此事："我真的没有想到会这样，作为我们尊敬的一个电视解说员，一位公众人物，他用如此肮脏的语言对记者进行羞辱，丧失了基本的道德底线。我比较吃惊、失望。作为这组报道的编辑，我向被黄健翔用低俗的语言进行恶意攻击的记者吴虹飞和师欣表达我的敬意。她们这篇优秀的人物报道，会得到新闻同行和大众公正的评价与认知，迟早的事。”

以下是我的一位同事对这组报道的理解，基本符合我的自我检视：

（1）我们的报道没有任何不道德的动机，更不是一场“阴谋”。报道的启动，源于对人物“纯粹的新闻价值”的判断；报道的目的，是想展现一个有个性的人真实的内心，以及他折射出的这个变动的社会的若干现实。《南方周末》创办以来，从未将“搞垮、搞臭某个人”作为报道的终极目的，相反地，《南方周末》倡导并实践这样的职业伦理：即使是报道大奸大恶之徒，亦要保护他“作为人的尊严”，亦要看到他“人的复杂性”的另一面。对于一个有个性的体育解说员，《南方周末》不会也没有必要进行“阴谋式”的报道，而操作该报道的编辑记者，此前对报道对象在专业领域表现出的水准和个性，基本上都持欣赏态度。靠编造和炒作来吸引眼球，对一些小报来说或许有用，对《南方周末》这样的严肃媒体，是断然不可取的方式。

（2）报道采访了大量的消息源。《南方周末》的职业规范是：尽可能穷尽所有能找到的采访点，以使报道更接近于真实。从“黄健翔报道”的操作过程来看，基本事实和基本观点的形成建立在对本人和相关人士的大量采访上，没有“先入为主的偏见和立场”。通过深入采访，辞职事件的真相得以慢慢显露：这一起普通的公共事件被媒体“过度阐释”，部分媒体给黄健翔强加了“反抗体制”、“捍卫自由”等过于宏大的寓意，实际上，用董路的原话：“他辞职只是因为有了更好的发展空间和去处。”报道把这起简单的辞职事件作了最本质的还原，这是该报道最有价值的地方，也在众声喧哗中发出了独特而清醒的声音。

人物
南方周末
“一个人抵抗体制当然遭人讨厌”
——对话黄健翔
不是每件事情都有理由
过度防卫与过度阐释
“你可以把他看成范冰冰”
从此洗身娱乐圈
要么喜欢他，要么厌弃他
我本来就是一个奇迹
我有艺术家气质
“2006年度十大精英男性”

（3）报道没有否认黄健翔的个性与刻板的体制之间的矛盾，对他本人，有赞誉性的评价，也有一些同事和朋友基于亲身经历给出的负面评语。报道避免了“非好即坏”、“非黑即白”的二元思维，呈现了人性的复杂，符合《南方周末》的认知理念。

（4）在所有的争议中，对报道的基本事实——报道对象是怎样一个人，以及报道的基本观点——辞职事件的本质，都没有给出基于具体事实的反驳。这说明该报道的基本事实和基本观点是准确的。争议集中在文章的一些枝节和报道之外的地方，而对于基本事实则没有很不同的声音。

（5）该报道采访勤勉，写作流畅，较好地还原了一个焦点事件与焦点人物，但从职业操作完美主义的角度来看，有些枝节的东西可以作更高的要求。比如，记者的叙述可以更克制，主观性更少一些，尽管这些叙述与客观现实一致；比如，关于“麦克•斯马克”这类问题可以更具有求证精神，尽管有着采访对象的发音和“是打网球还是打桌球的”的干扰。

（6）关于有采访对象提到断章取义及采访结束后联系不上记者的疑问，采访结束后相关采访记录就发给了该采访对象确认，除了两处没有按照他的意思修改，其余都按样修正。编辑没作改动的两处是“你现在可以把他看成是（类似）范冰冰（那样的娱乐明星）”和“40多年，米卢是唯一带着中国冲进世界杯的人（至少中国足球领域里相信一个真理，胜者王侯败者寇）”（括号中文字为该采访对象所加）。编辑解释，不改的理由是无损原意，更加精炼，以及为了照顾上下文。从操作来看，不按样修正，也许在发稿前同采访对象打声招呼会更为妥帖。沟通，会免除更多的误解。当然，这些枝节影响不了报道基本事实的准确，“基本事实不倒，文章不倒”，但一个不断追求的媒体，理应在这些枝节上有更完美的表现。

事件中我在博客上的调侃：“做新闻做成当事人也是件比较失败的事”——竟然引起同事们的普遍共鸣。虽然这些年来，做成当事人也不是第一次了，但这不应该成为常态，优秀的报道应该能驾驭和把握好这其中的度。

（作者时为南方周末编辑）

一次新闻专业主义的大讲堂
——富士康诉一财案的思考

●傅剑锋

模仿富士康的4500万元诉案恶搞深圳中院

先讲一个故事，故事发生在富士康把3000万元索赔额降为1元的当天——2006年8月30日。

8月30日下午，深圳中院收到了一份诉状。原告杜春联，深圳市民、深圳万丰集团股东。他以新闻侵权为由把深圳报业下属的《香港商报》两名记者告上深圳中院，索赔4500万元。其诉讼模式完全模仿富士康诉一财记者案：告了侵权文章的记者和记者的领导，索赔额也是大得吓人。

且听这一天下午他和深圳中院立案庭尹法官的对话。

尹法官看了这个搞笑的诉状后连连摇头："杜春联，你应该告报社，不能告记者，你的诉讼对象错了。"

杜春联："为啥富士康告得我就告不得？"

尹法官："富士康提供了被告的身份证复印件的，你有吗？"

南方周末
Southern Weekly
一个省与污染的『战争』
乡村老太林秀贞的『编年史』
抢救江卓群
导读
典型人物"选票"风波
8月16日，目标钓鱼岛
中越关系："同志+兄弟"
"傻根"知识分子募捐事件
药监局退休官员披露高药价内情
君特·格拉斯：第50具党卫军?
方舟评论
冷看富士康布下的"惊人"迷局

杜春联："我有。"说着他拿出有特区报集团证明这两名记者系本报职员的函(此前杜投诉这两名是假记者，特区报为了证明是真记者而开的)。

尹法官："你的索赔额也太高了，你让人家赔这么多有依据吗？"

杜春联："富士康要得为啥我就要不得？"

尹法官："富士康向我们提交了损失报告，你有吗？"

杜春联："我也有。有审计报告。"原来，万丰集团不向股民分红已有5年，当地审计办统计，刚好为4500万元。

尹法官："你还是别告记者了，告赢了你也拿不到这么多钱，还是告报社吧。"

杜春联："我就是要告记者。我不是为了钱，我是为了正义。"

尹法官哭笑不得，只好把此事报告给立案庭庭长。庭长传话给杜春联，两天后给答复。

我向杜春联了解此案，发现杜春联是一个聪明有趣的土法律专家。他自学法律，此前数次受深圳中院枉法裁判之扰。这次，看到深圳中院对富士康案的种种偏袒行为，深为不服，所以想出了慕容复这招"以其人之道还治其身"的做法。

两天后，法院答复已上报主管院长，还在讨论，按法定期限延期7天再给予答复。

随后，我面见了尹法官，这是一位漂亮的女孩子，有着卷卷的头发和大大的眼睛，一开始她说现在法院不让说这事。后来还是笑嘻嘻地全抖出来了。这个故事，让深圳中院自己给自己狠狠地打了一巴掌。在整个事件中，深圳中院其实是起了实质性作用的重要角色，媒体在后期讨论中基本把它忽略过去，幸亏有像《财经》这样有胆识的媒体，发了个特别声明把这个法院的种种枉法可笑行为不留情面地谴责了一番。这个案例还隐喻着，如果在这一诉讼中让富士康遂了心愿，那么向记者巨额索赔未必不会成为可怕的常态。

一篇丧失新闻规范的报道

首先我想说，《第一财经日报》王佑的那个报道是一个完全丧失基本新闻规范的报道。并且我在详细的资料分析与法条分析后得出，这个案子如果真的依法开庭审判，王佑必输无疑。这也是富士康之所以敢高调出击，《第一财经日报》迫不及待妥协的根本原因。

在新浪网上，那么多所谓的媒体老总与学者专家都在大言不惭地力挺《第一财经日报》。但是我不知道他们有没有看过王佑的原文，尤其是王佑写在法律文书(请求解除财产冻结的申请)上的“采写经过”。

王佑写道：“当时，本人在西祠胡同网站上看到数十篇富士康员工抱怨公司内部人才体制的文章。后来，又在浏览一个小型的科技网页的时候，看到了数个富士康员工的QQ号码，并与一位刚刚毕业的大学生员工进行了长达30多页的聊天，就我在西祠胡同看到的一些留言，向他一一求证，他也给予了很多建议。文章写完后，我还将该文章交给他确认，他也提了一些意见。在文章正式刊出前，我还直接向富士康确认其中的核心事实。我拨通了公司外联部贺小姐的电话。根据她的口述(有录音)，我将很多关键的说法都一一记录下来，并且进一步修改了该文章。”

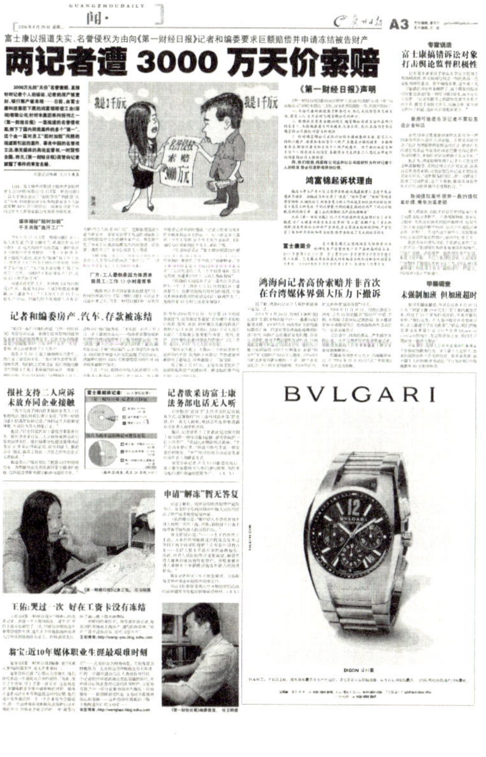
GUANGZHOUDAILY 闻· 广州日报 A3

富士康以报道失实、名誉侵权为由向《第一财经日报》记者和编委要求巨额赔偿并申请冻结被告财产

两记者遭3000万天价索赔

3000万元的“天价”名誉索赔，直接针对记者个人的诉讼，记者的房产被查封，银行账户被冻结……日前，由富士康科技集团下属的鸿富锦精密工业(深圳)有限公司，针对本集团系列报刊之一《第一财经日报》一篇报道的名誉侵权案，创下了国内同类案件的多个“第一”。这个由一篇对员工“超时加班”问题的报道而引起的案件，事关中国的名誉权立法，事关媒体的舆论监督权，一时震惊全国。昨天，《第一财经日报》高管向记者披露了事件的来龙去脉。

媒体揭秘“超时加班” 千夫共指“血汗工厂”

广方：工人held倒是因为体质差 据员工：工作12小时是常事

记者和编委房产、汽车、存款被冻结

《第一财经日报》声明

鸿富锦起诉状理由

富士康简介

鸿海向记者高价索赔并非首次 在台湾媒体界强大压力下撤诉

专家说法

富士康搞错诉讼对象 打击舆论监督积极性

新闻侵权案件损害一般的侵权案处理，难免出现差错

早报调查

未强制加班 但加班超时

报社支持二人应诉 未放弃同企业接触

记者欲采访富士康 法务部电话无人听

申请“解冻”暂无答复

《第一财经日报》记者王佑。

王佑：哭过一次 好在工资卡没有冻结

王佑博客：http://wang-you.blog.sohu.com

翁宝：近10年媒体职业生涯最艰难时刻

翁宝博客：http://wengbao.blog.sohu.com

《第一财经日报》编委翁宝。

BVLGARI

ERGON

如果对照王佑的报道文本就可以发现，QQ投诉者的所有投诉要点都被贺小姐反驳了，最后的文本呈现认定富士康是血汗工厂，其所谓“我将很多关键的说法都一一记录下来，并且进一步修改了该文章”实在是不值一驳的遁词。

更为要命的是，王佑根本没有见过投诉者，完全的网上采访使她没有办法证实QQ投诉者是否为富士康员工。这些人是富士康的竞争对手来假冒也是完全可能的。这样丧失新闻规范的报道能见报，作为编委的翁宝显然是难辞其咎的。我检索了《第一财经日报》关于富士康的全部报道，另有一名记者也做了对富士康的揭露文章，但发现那篇东西相对规范一些，所以，那名记者反而没被列入被告行列。另外，《21世纪经济报道》的徐志强和丘慧慧也作了对富士康的报道，但他们最后都没被起诉，个人揣测也是与他们扎实的文本直接相关的。

所以，当我在8月29日问王佑关于采访过程一事时，她竟然在电话里对我歇斯底里起来。

我：王佑，我看到了你写的采访过程，你确实是全部在网上完成采访的吗，为什么没有见采访对象啊？

王佑：傅剑锋，你们《南方周末》安的是什么心？

我：王佑，你不要对我发诛心之论，翁宝接受我采访时都很和气呢。作为同行，我当然想支持你们，但也得在了解真相的基础上。

王佑：我告诉你，我没有写过什么采访过程的东西。

我：三大门户网站都挂着你的采访过程。如果是假的，你们为什么不叫三大门户网站撤下来？

王佑：傅剑锋，这些事我是不可能告诉你的，你去问我们的律师。

我：你不要生气，我知道你现在压力很大，也接了上百个采访电话，但我还是想了解清楚情况。

王佑：傅剑锋，你如果要随便引用，我们会对你追究法律责任的。你如果还要纠缠不清，我以后永远不接受你们《南方周末》的采访！

我当时忍着怒气安慰了她一下。我已经很明白这个地方正是王佑的软肋，也是《第一财经日报》的软肋，同样是富士康手里最重要的把柄。我之所以记录这一段，不是我对王佑有什么看法。而是想借此说明，中国多数传媒这种压榨式的、过于快餐式的写稿方式，是造成王佑困境的直接原因。在当时的语境下，她的这种压力与不安我仍可以理解。

郭老师在写方舟评论时来咨询有关采访情况。我和他说了王佑的情况，并且觉得我们应警惕《第一财经日报》可能在有意地利用全国媒体的同情蒙蔽真相。后来，郭老师写的评论角度独特、中立，令人叹服。

在8月29日，编辑晨光也得知了王佑的这一问题。但全部调查时间大约只有两天，如果我们做出与业界声援完全相反的报道，可以支撑的证据并不足。所以，我足足熬了一个通宵加一个白天，深为如何成稿，并如何承受可能带来的铺天盖地的业内指责所困扰。8月30日下午，晨光果断地决定缓发报道，准备待搜集到更多证据后在下期发。

事后看来，这样的决定是正确的。9月1日，我在电话里和一知名杂志的报人与编辑作了深入交流。我们对这一事件达成了相当一致的看法。

这位报人认为，目前中国媒体的炒作是存在严重问题的。多数讨论，都是建立在信息披露极度有限、核心事实疑点重重的基础上的，报道是否失实的核心问题也无法得到求证。其编辑也告诉我："在《第一财经日报》报道是否失实这一问题无法求证前，我们不可能介入报道。什么时候才可能介入报道呢？那就是等开庭双方交换证据后。"

我们的另一个共识是：在这一事件上另一个重大疑点是，6月30日，富士康公司的两位代表和王佑、翁宝的谈话极为神秘，到目前为止没披露。而正是在这次谈话后，富士康忽然在7月10日起诉了他俩。我数次向王佑、秦朔要求透露那次谈话内容，但他们都回避了。

那这次谈话到底有什么重要内容呢？我按常识是这样推理的，那两个富士康的谈判代表，其实是来探《第一财经日报》的证据底细的。我们可以设身处地想一想，一般如果有势力的组织来我们报社投诉，那记者与报社领导一般会向对方亮出全部证据，证明我们的报道是没有问题的。在那次谈话中，王佑、翁宝也极可能向富士康亮出了全部证据，使富士康心中有了底，明白了《第一财经日报》方面的证据在法律上是完全站不住脚的。富士康有了必胜的把握，所以才会有后来对《第一财经日报》记者的高

富士康索赔案昨现戏剧起伏 法院解除对记者财产冻结 鸿富锦追诉《第一财经日报》

富士康三千万索赔陡减为1元

戏剧性的12小时

"血汗工厂"加班费仅0.8元/小时

富士康走在远离企业社会责任的路上

网友质疑鸿富锦声明"赔偿捐慈善"

《第一财经日报》第二次声明

鸿富锦首次声明

广州市国家税务局关于应用综合征管软件相关涉税事项的通告

广州今天将卖出六块地

肇庆·臻汇园项目规划建设方案征集资格预审公告

时事评论·个论 A03 南方都市報

■法的精神 | 马光远专栏

鸿富锦的诉讼请求何以得到法院支持

（作者系法律从业人员）

■经济人 | 叶檀专栏

让市场去教训汤臣一品吧

（作者系资深媒体人）

本版言论仅代表作者个人观点

调出击。

至于为什么要违反常理地高调出击，有一些媒体人士是这样猜测的：这实际上是一种公关策略，通过高调出击，一方面起到震慑想对富士康做负面新闻的中国记者，另一方面吸引众媒体，让大家关注这一案例，在案子打赢后，可以让全世界都知道富士康蒙受了不白之冤，从而让富士康的代加工商相信富士康的无辜。同时，为了防止这种高关注带来的舆论监督风险，富士康可以调动它所掌控的政治资源来控制媒体报道方向。事后证明，富士康确实有这样的能量。当然，从职业的角度来说，报道还是要用事实说话，这仅仅是逻辑假设，最后必须要有事实明证。

面对这样一个极度不扎实的报道，尽管《第一财经日报》在一开始对外界表现得信心满满，但等索赔数额从3000万元降至1元后，翁宝就又开始“尊敬”起郭台铭来了。并且，《第一财经日报》很清楚文章本身的问题，所以他们采用了一种极不地道的诉讼手法：即在《第一财经日报》的报道中公开召集广大富士康受害者到《第一财经日报》那里去投诉，并声称已经有一名富士康前高管来曝更多内幕。这一做法正说明可以支撑王佑报道的采访证据是极度缺乏的。它是想以这种媒体霸权逼富士康议和，以避免败诉的后果。

这暗示着一种危险，如果我们允许一个媒体在明显缺少证据的情况下随意批评与指控对方，等采访对象进行司法反击时，又通过媒体话语权来征求使对方不利的证据，这实在是明显地借公器谋私利，也是对司法的极度不尊重。并且，一旦这种方法开了头，会使媒体日益越过自身的权力边界，伤害社会组织与个人的合法权益。

不过，《第一财经日报》在此事上的做法是虚张声势。双方议和后，《第一财经日报》就有点迫不及待地在自己网站上发了消息。而富士康在第二天才发出和解的联合声明。这种微妙的差别，是可以解读出许多信息的。

此前一直对外宣称报道没有任何问题的秦朔，在9月4日的和解解释里，也终于有了部分隐晦的承认，“正如我在接受新华社记者采访时说过的，我们报道的最后段落显得夸张，确有瑕疵”，“如果我们以一篇有瑕疵的报道，就‘大获全胜’，那么，在内心里，我说服不了自己，这不是真的胜利，对富士康也不公平”。

中国新闻界应该反思什么

但可惜的是，面对这样一个有严重瑕疵的报道，只有《财经》与《南方周末》等少数媒体发出了独立的声音、保持了必要的警惕。大多数媒体却是很不体面地卷入其中。以致于复旦大学的李良荣教授如此激烈地批评中国媒体：现在的中国媒体可以称为社会公害了，“尤其是全国性的媒体，太过于自我、太自大了”。

多数从业者在看到整个事件发生戏剧性转折乃至和解后，才发现这是一场闹剧，才发现自己的正义感被利用与嘲弄了。

中国媒体为何如此不冷静，我认为是有几大要素促成的：

其一，富士康的诉讼方式确实极为恶劣，并且一旦成功的话，以后可能会使记者陷于批评报道的诉讼恐惧中，这确实是对整个中国新闻界的挑战，对新闻自由的挑战。所以，新闻界的这种反击有出于自我保护的本能成分。富士康也曾用类似手段在台湾起诉过台湾工商时报记者旷文琪，后来尽管由于台湾记协的压力，富士康撤诉。但此后，台湾很少有记者再敢跑鸿海的商业新闻，更少有人敢对鸿海作批评报道。所以，台湾记协的负责人认为，大陆媒体对富士康的联合阻击，是有值得肯定的正面意义的。

其二，各大媒体为了炒作新闻吸引眼球，也和资本一样蛮不讲理惯了。例如，不少报社老总以及所谓学者，对最高法的司法解释断章取义，认为法律不允许企业告记者。但最高法的司法解释是，告记者与告单位都是可以自由选择的，只有在同一个案子里，不能既告单位又告记者。但如果富士康把一个案子拆成三个案子，还是可以既告记者又告单位的。尽管告记者有违常识与惯例，但在我们的法律上是完全允许的。而这些媒体人士却采用“我注六经”的方式，故意无视法条的完整性，其背后的心理非常值得探究。

其三，过度夸大可能带来的伤害，新闻操作缺乏专业精神，也缺乏起码

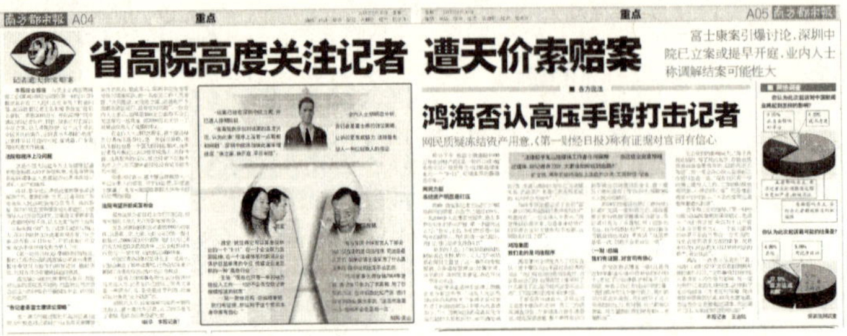
南方都市报 A04 重点

省高院高度关注记者 遭天价索赔案

富士康案引爆讨论，深圳中院已立案或提早开庭，业内人士称调解结案可能性大

重点 A05 南方都市报

鸿海否认高压手段打击记者

网民质疑冻结资产用意，《第一财经日报》称有证据对官司有信心

的公正立场。能够揭示王佑采访缺陷的资料就摆在眼前，但一面倒批评富士康问题的众媒体，不知道是没看到还是假装看不到，对此只字不提，所谓的媒体公正报道立场到哪里去了呢？

其四，富士康作为代工企业，不必在大陆媒体打广告。所以，中国媒体几乎没有和它的直接利益关联，可以狂追猛打。但是，如果我们设想一下，把富士康换作中国移动或者某个大房地产企业或大汽车厂商会如何？可能多数媒体为了广告利益根本不会吭声。所以，我非常悲观地看到，追求真相与社会正义在多数媒体的实践中，其实只是商业利益的幌子，一旦伤及商业利益，这个幌子就扔了。飘摇在权力与金钱中的中国媒体啊，到底该如何保持媒体一份应有的责任与良知呢？我无法回答。

此时，只有少数学者与从业者的声音保持了足够的冷静与专业素养。学者展江认为，全国媒体那么狂热，并且夸大伤害是有问题的，他主张中国媒体要加强新闻专业主义训练，并且要对这样的诉讼保持平常心。他认为这个案例，对中国媒体来说是一次法制与新闻专业主义的大讲堂。他认为，新闻专业主义包括几个层面，基本层面是要严守新闻操作规范，保持报道的中立与客观；媒体如何专业地与司法相处、与企业相处，也是新闻专业主义的重要内容。

李良荣教授介绍，2005年他带领学生做了一次针对66家企业对媒体看法的调查，他发现竟然有48家企业主对媒体是敬而远之的。中小企业对媒体是一片抱怨。“因此，我这里呼吁一下子，媒体要善待企业、保护企业。在国外，媒体对企业的生产过程一般不介入，只是注重他们的产品质量”。尽管李关于“生产过程一般不介入，只是注重他们的产品质量”之说也有严重问题，但是，李的调查确实让我们精确地看到，媒体滥用话语权已经对我们的社会组织造成了本可避免的伤害。

《第一财经日报》的那篇报道确实是新闻专业主义的极好反面教材。媒体力量与商业力量如何共存、制衡又相对独立，确实已经是摆在中国媒体前最亟待解决的问题之一。

另外，业界应该思考，如何在有限的政治空间与商业力量压迫下，尽可能创造适合新闻专业主义发育的制度空间。例如，一家媒体如何建立一套与新闻专业主义相合的采编手册，如何提高记者待遇、减轻工作量，使记者有时间有条件对一条新闻进行多方求证。如何坚定地贯彻采编与经营分离，采用独立的专业主义模式。如果没有这些基本的外部保障，那么所谓的新闻专业主义就很难在具体采编工作中实施。

在这方面，我个人最敬佩的还是《财经》。他们的编辑与总编对这一事件的判断，是非常明确地建立在新闻专业主义的训练上的，所以非常清醒地决定不对此事作报道。他们一贯的专业主义风格，也使他们在读者中获得了崇高的公信力声誉。与此相反，《第一财经日报》立报才两年，不少从业者对他们的报道风格就提出了大量质疑。中国人民银行更是两次公开对《第一财经日报》的虚假报道发布谴责声明。

我相信，读者最终会作出选择。对一个市场化媒体来说，自由市场会对它作出最终判决。

（作者时为南方周末记者）

与地震有关的“江湖”

●马昌博

在《地震预报的中国“江湖”》刊登的近一周之内，我接到的声称自己可以预报地震的邮件和电话以数十计，最夸张的是一个毫无科学背景的哥们说自己在汶川地震之后才开始研究预测地震，三个月之内进展飞速，已经成功预测了某某地震云云。

这让我难免悲愤交加兼哭笑不得。原本以为自己的文章中写明了地震预报现如今还无法实现所导致的科学界的无奈和中国地震预报体制的尴尬，不想这个世界以为自己是神仙的人还真不少。

谁说文科生就不能讲科学?

最初得到题目，是在2008年5月份的汶川地震几天之后，其时我刚为《南方周末》的地震《号外》写完稿子，正准备响应号召奔赴前线。美女编辑张捷打电话给我，讨论地震预报这个话题，我便说了说自己的看法。不过这事当时也就过了，并未深说，不想几天后，张捷再次打电话给我说：“接题吧。”

说实话我颇有些犹豫，心中盘算两点，第一是这种科学加体制的问题恐非一时半会能做完，而我当时的心已经飞到灾区，要去见证“悲壮的灾难和伟大的新闻”，以便日后留下给儿子吹牛的资本；第二是这类问题的难度可想而知，反正当时我对地震预报的了解仅限于“它是一门科学”，说白了就是这6个汉字。

南方周末

在这里，读懂中国

【A5】调查
哈尔滨警察打死学生案中的
暴力，谎言和录像带

【C13】经济
外资审批腐败窝案

【A6】法治
国家赔偿法修改：意欲名至实归

【A7】特别报道
中国玩具的

【A8】社会
问题鸡蛋掀开饲料业“蛋白精”疑云

【B9】时局
蔡生到底有多“右”

【B10】时局
什么主宰了选民的意愿？

【D21】文化
《海角七号》喜欢，还是非常喜欢？

【E29】评论
权利均衡才能有效抗击国家风险

【E31】大参考
中国铁路如何医治低效病

定价3元

叶帅在十一届三中全会前后
——叶选基读于光远《1978：我亲历的那次历史大转折》

地震预报的中国“江湖”

汶川之后：地震局的艰难时刻

最高立法机关讨论地震预报

中国政法大学：“那确实是极大的震惊和悲痛”

没成想当时报社第一批入川同事已经出发，第二批还未确定行程，这个节骨眼上总不能闲着，得，那就先干吧。

我去西单图书大厦搜罗了一下关于地震的书，大概有个四五本的样子，一股脑拿回家，先补习了下基本名词术语。

弄清楚地震预报ABC之后，我联系了一个中国地震局搞预报的专家陈学忠。陈学忠是一个非常好的采访对象，属于对各种情况都熟悉的人，而且因为他本身是四川人，心中深怀愧疚，记忆最深刻的是他说地震局的人就应该“低头认罪”，但这话实在是有些刺激，最后我写到文章中又删除了。

采访当晚正好是地震局发布成都会有余震的预测，陈学忠的电话此起彼伏，他对朋友们说，凡是预报基本都不准，放心回去睡觉，这话在寂静的咖啡馆中听起来格外地刺耳。

采访陈学忠更多的是构建一个大概的框架，接下来就是疯狂找人的活了。朋友给我提供了一份中科院地质学部院士的名单和电话，我找到跟地震有关的挨个打电话去问，记忆中搞地震的是6个人，最后有3个接受了我的采访，但是其中一个要求匿名。这位匿名的院士说自己不想参与关于地震预报的争论，因为“我们现在根本连方向都没找到”。

我从这几个院士那里得到了更多的书籍和论文，这让我痛不欲生，因为实在是艰涩得很，不过看起来自己学得还不错，可为此证明的是当时某次晚饭时我滔滔不绝的地震知识把北大电子系出身的女友雷倒，这让我心中颇为窃喜了一阵——谁说文科生就不能讲科学？

“接受我的采访或许是洗刷过去污名的唯一机会”

找人之旅还在疯狂地继续，我找到了更多的地震局的人，包括地震局台网中心的首席预报员。我先后采访了他三次，话题非常之广泛，谈开了，一些无奈和迷茫自然就谈了出来。记忆深刻的是他讲到有一个山东的农民，靠看太阳预报地震，居然也能说准一些要素。

这让我听起来自然颇有些不可理解，如果农民都可以预测地震，那么科学在那里呢？不过首席预报员说，什么又是科学呢？“可以说任何一个地震预测方法，我都说不清楚，我相信其他专家也说不清楚。”首席预报员说，还有人通过在家养鹦鹉，然后看早晨鹦鹉跳的频率预测地震呢。

好吧……

在我七七八八地采访了一票人之后，一个名字日益清晰——梅世蓉。梅世蓉是地震局第一任分析预报中心主任，在地震局出版的纪念梅世蓉80岁的文集(这是一本让我咬牙切齿的文集，因为我看了整整两个晚上才极其痛苦地看完它上面关于地震预报的介绍性文章)中，她被称为“宗师”般的人物，几乎所有的采访对象最后都会跟我说，应该去找梅世蓉聊一聊。

地震预报的中国“江湖”

当年勃兴：“不搞出预报死不瞑目”

学科尴尬：“我们跟中医一样”

恩怨情仇：主流“拼盘”与非主流“突击”

最高立法机关讨论地震预报

辗转得到梅世蓉的电话，刚打通说是记者，对方就直接挂掉。后来才知道，原来梅世蓉因为自己一直被媒体形容为唐山大地震的“漏报犯”，所以对记者非常的不信任和反感。

酝酿了半天，再打过去，开口就说：“梅老师，你先别挂电话，先听我说完，我是《南方周末》的记者，你一定要听我说完……”

然后就是讲事实摆道理，从《南方周末》的新闻原则讲到我个人的从业操守，对方仍不松口，百般无奈之下，最后极为不厚道地暗示说，您老人家已经80岁了，人生无常啊，要担心来日无多，而接受我的采访或许是洗刷过去污名的唯一机会。我想是最后这一点打动了她，总之长久的沉默之后梅世蓉终于点头同意。

在一个阴霾的早晨，我们开始了漫长的对话。这是一次持续了一整天的采访，梅世蓉有问必答，诸如政治压力、学科尴尬、个人恩怨、体制变形、痛苦与迷茫、负罪感等等，在80岁的梅世蓉口中一一说出，带着一种历史的窒息。

梅世蓉的采访给我提供了很多核心的材料，此时我的野心也大了起来，我试图给这个领域做一个全景式的报道，最好能带有终结的味道，这需要对地震预报的各个环节都有清楚的了解。

除了学界，我还找到了新疆地震局的副局长和福建地震局的老局长，以此来了解在地方地震预报系统的现状。所幸的是，他们最终都告诉了我。我还采访了一名中国地震局监测预报司的官员，但后来因为误删了他的录音，怕日后他不认账，而未能采用。我最终采访了13个跟地震有关的专家和官员，包括4个院士，其中一个是国家汶川地震专家委员会主任马宗晋。我想，应该够了吧。

一个链条在逐渐清晰，在整个地震预报学界，一个致命的尴尬始终存在——中国地震预报的出发点是，通过发现前兆来预测地震。但监测的这些前兆数据和地震之间到底有什么样的关系，甚至和地震到底有没有关系，学者们却无法确定。

这源于学科理论的欠缺，学者们至今无法准确解释地震发生的机制：大陆板块构造理论是一个，但它太宏观了；另外流行的是弹性回跳理论，它假设地壳为弹性体而且在运动中受压“回跳”发生地震，它画在纸上能说清，但在地下几十公里处，却很难想象岩石介质中有“回跳”的空隙。连如何发生都不清楚，预报理论也便无从谈起。

于是地震预报便成了一个分析前兆的“经验性预报”，但前兆和地震又不是一对一的关系：比如地震之前必然有动物异常，但出现动物异常却不一定有地震。甚或“小震频繁”是前兆，“平静无震”也是前兆。

而无奈之处在于，虽然科学家无法完成任务，但是政府却承担了预报地震的责任，说白了，地震局和政府在共同完成一个现阶段根本就无法完成的任务，而因为这个任务事关人命，便更加具有道德的沉重性，由此导致学界和整个预报体系的扭曲和变形也理所应当。

所谓“争地震”，年度会商的“拼盘”，以及各省局在预报地震中的种种怪现状等等都可以归结到这一症结之上——比如各个省局在地震预报中不提供正式意见而是非正式的“打招呼”，就是因为对自己科学判断的无奈和不自信，这种不自信也导致了决策者对地震局判断的不信任，由此很难做出决策。而在我的采访中，地震预报学界和地震预报系统中的不自信甚至自卑情绪，颇为明显。

找更多的人谈

因为题目的敏感，所有的采访我都要求自己必须谨慎求证，比如我采访中得到的另外一个消息是，2008年地震局的年度会商中，汶川地区没有划入危险区，这说明地震局对此次汶川地震连一个中期预测都没有，几无准备。

纵深

地震预报的中国“江湖”

政治考量：报还是不报

这是一个重要的信息，但因为每年的地震形势年度会商的报告并不公开，所以我只能通过多头采访来印证我得到的消息。我先后找了多个看过会商报告的人，最终才敢确实地把它写入我的报道中。值得感谢的是上述学者都告诉了我这一真相，并未掩饰什么。

另外，我也得到了2005年中国地震局专家给地震局的一份联名信，要求对南北地震带加强检测。事后看来，这是一封有所预见的信，而此次汶川大地震，便是发生在信中提到的南北地震带上。

出于保持文章客观的必然需要，我也采访了地震预报的非主流学者，我们接触了6个人，被其中诸如耿庆国等两位学者拒绝了。

他们有的曾经是现在地震局所谓主流专家们的同事，是曾一起向领袖保证要攻破地震预报难关的战友，而如今已经分道扬镳。非主流学者不断指责主流学者们在撒谎，并说自己预测了某某地震。

地震预报的中国“江湖”
前路漫漫：反思和重振
国际地震预报的百年沉浮
地震预警的现实选择

分界点是关于唐山大地震的预报，非主流学者说之前曾有预报，而主流学者说当时根本就报不出来。恩怨在后来达到顶峰，梅世蓉曾作为中科院院士候选人接受评议，在最后一轮投票之前的晚上，有人把信挨个送到这些投票院士的家里，说梅世蓉是唐山大地震的“漏报犯”，结果梅世蓉就被搁置了。

然而非主流的学者们自身的表现也颇为糟糕，在我的采访中，预报落空的例子比比皆是。有一位非主流学者赌咒发誓说自己某次预报的地震一定会发生，否则就跳楼。而另外一次，一位非主流学者说北京将要发生地震，在春节之时引得市民恐慌万分。当时北京市的官员不敢辟谣——万一要是有呢？最后中国地震局不得不找到中共中央办公厅，在央视上辟谣。如此几次事件下来，政府对非主流学者的厌恶也显而易见。

实际上我对一些非主流学者是有敬意的，他们往往极富道德责任感，痛感地震预报未能成功而带来的生灵涂炭。当然，道德不能代替科学。

另外一些非主流学者给我的印象并不好，他们大多没有专业背景，而且声称预报成功率最低的也达60%。另外一个被非主流学者大力推荐的业余预测者说，自己的地震预测“100%都会发生，只是在准确的时间预报上还有困难”，但他之前是一个县城的会计。

一位著名的非主流学者曾说自己的预报准确率是20%，但是我采访的一位院士说，就预测来说，所谓20%的准确率，跟抛硬币没有区别。我也给日本和美国的两位地震预报方面的权威写了邮件，他们回复的看法和我之前的判断基本相同。

希望能弥补没有奔赴灾难现场的遗憾和羞愧

开始写作的时候我颇有些志得意满，我盘算着逻辑和层次，幻想自己可以一挥而就。然而一个夜晚过去了，写了不到几百字。

地震灾区前线的同事和总部的编辑们已经在“传说”我在做一个“NB的地震预报稿子”，并纷纷来电来信（短信）表示关注，这自然和兴奋的张捷老师的前期宣传不无关系。不过兄弟们的关注也让我焦虑不已。

我发狠，把所有的地震预报论文和资料都铺在客厅的地板上，分别标上记号，十余万字的已经整理出来的采访资料也是如此。白天睡觉晚上写作，就这样，整整写了五天五夜。

只是完成任务的喜极而泣没能实现，乐极生悲倒是来了，因为大灾之后的种种原因，地震预报这样的敏感问题其时已不宜刊出。

太悲惨了，我对自己说，因为这个题目，我最终未能奔赴灾区，如此结果，除了用悲惨来形容，我别无词汇。得知不能发表的当天下午，在女朋友给我电话安慰时，我竟然先行哽咽。所幸的是在几个月后，地震稿终于发出，她当时的高兴程度远大于我。我很高兴能够跟她一起分享这篇报道的快乐与忧伤。

稿子最终发出已经是10月份了，全国人大常委会讨论防震减灾法——这要感谢赵凌老师的提醒——在小组讨论时候激辩地震预报，我做了激辩地震预报的稿子，谢天谢地，全国人大方面也顺利同意刊发，而《南方周末》也由此一起刊发了《地震预报的中国“江湖”》。

感谢报社领导们的决断，最终给了4个版来发表这近20000字的专题，这在《南方周末》实属不易。

后来领导给我短信表示祝贺，说这应该算是你的代表作了。编辑张捷也给我短信说，很高兴看到记者们的代表作一个一个地出现在她的版面上。张捷是一个优秀的编辑，这个稿子我跟她经历过无数次的争论，看到的是她超乎寻常的敬业和专业。另外还要感谢的是我的同事张哲，他做了不少前期的工作。

在北京记者站开会，有同事提议我讲讲操作这种复杂的题目有什么心得。其实所谓心得很普通，第一是找一个对各方面都熟悉的“中间人”，然后找更多的人谈；第二就是把能看的资料都看了，并通过采访一步步印证。下苦功就是了，真的别无良法。

后来考评结果出来，报社给了一个A类稿的评级，评语写得一贯的漂亮，自己自然要谦虚下，不过评语中“记者在相关领域的密集采访程度与逻辑梳理能力令人赞叹”的表述，倒是可以忸怩地接受。

没记错的话，这是《南方周末》有关汶川地震的第二个A类稿，另一个是李海鹏同学享有盛誉的《灾后北川残酷一面》，能够跟海鹏一起在地震报道上获得相同级别的考评，让我倍感殊荣。

对于我来说，最大的安慰是，自己最终在汶川大地震这一新闻事件上，稍稍有所表现，并希望这点表现，能弥补自己作为一个南方周末记者，未能奔赴灾难现场的遗憾和羞愧。

（作者时为南方周末记者）

许霆案：热点新闻我们该做什么？

●杨晓红　周皓

一个24岁的年轻人，只身来到广州打工。一个偶然的机会，小伙子发现了ATM机的秘密：临街一台机器出错了，只需要多按一个0，卡里扣的钱为原数，而机器吐出来的钱却增加了9倍。

这简直如同阿里巴巴发现了神秘宝库。于是这个名叫许霆的山西小伙子一口气连取了171次，非法获得了17多万元钱。同时，他还将这个秘密告诉了同宿舍的兄弟——来自湖北咸宁的郭安山。郭安山以同样的方式获得一笔意外之财。随后两人携款逃离广州。

惴惴复惴惴中，2007年5月，在外地潜逃一年多的许霆终于在陕西被抓归案。半年后，等待他的一审判决结果，竟是无期徒刑。这意味着他必须用一生的自由去赎一时之贪念。2007年12月，在同城纸媒的率先报道、各大网络的热烈跟进中，许霆案成为这个年末一时间众议纷纷的新闻热点。

南都不是最早发掘引爆这个新闻事件的媒体，但在后来的跟踪报道中仍有不俗表现，值得庆幸。但同时，在如今对该案第一轮的充分报道竞争过后，我们需要总结的也实在太多：比如为何不是我们抓到这条新闻大鱼？新闻竞争中落后了又该如何后来居上？以及在热点新闻出现时，我们究竟该怎样有效作为，才对得起我们的职业素养？

2007年12月22日 星期六 编辑 邓志新 版式 关健明 校对 于晓 元方

街谈

失灵的ATM机，摸不得啊

民间的说法：男人的头，女人的腰，军人的黄挎包，这三样东西都是不能随便摸的。现在，恐怕还要加上失灵的ATM机了。

因为ATM机出错，许霆恶意取款17.5万元，挥霍一空后被判无期徒刑。近日，他父亲举债20万之上诉。对许的处罚，舆论一片哗然，普遍认为课以重刑，情理上说不通。法律上的焦点集中在许是否构成盗窃罪，更重要的，盗窃的是否金融机构——如果是的话，按照刑法的相关条文，似乎也有法可依。涉及到法律的专业争论，我们不好随便置喙，但日常经验经常给我们教益，来自于生活常识的思考也有可能是法律的先声——美国最高法院的大法官霍姆斯就曾说过：法律的生命在于经验。

确实有不少想不通的东西。就拿涉案金额来说，周正毅一案，多么大的一单，和他相比，许霆连个零头都算不上。2003年，周被判有期徒刑3年，前不久，“二进宫”被判16年。为什么金额差若霄壤，所受刑罚却不对应而是恰恰相反呢？类似的在老百姓看来“重罪轻判”的案子不少，它让人心里起疑：是不是捞一大票比鸡鸣狗盗更划算，与其这样，干脆直接上层次，专搞大案要案，风险还小些。

有朋友说，这不能比啊！谁叫许霆哪壶不开提哪壶，在银行的柜员机上下手。《刑法》中对金融机构有特别的处罚条款，不知道我们这里“[illegible]”等于是往枪口上撞么？又有同样发生在广东的相反的例子，原中国银行广东省开平支行行长余振东贪污，挪用案，涉案金额高达4.82亿美元，获有期徒刑12年。两相对比，银行内部人员精心策划直接“提”巨款的是有期徒刑，一时贪念发作的客户“提”点在贪官眼里看来的“小钱”则是无期徒刑。即使考虑到余案中国际司法合作需要的“妥协”因素，两相对比，还是罪和罚不成比例。它让人作如是之想：在银行“捞钱”，事发之后，行长余振东比客户许霆要高一等：从里面“捞”比从外面“掏”要实惠。这大概是“窃钩者为盗贼”一类话语的流风遗韵吧。

又有人说，傻啊！许霆，你手伸错了地方，应该到英国去尝试身手。说的是2002年8月，英国一家银行（考文垂建筑金融合作社）电脑故障，导致其ATM机“狂吐”五天，朱伯特一家人取走了13.441万英镑，结果朱伯特和他的女儿被判15个月监禁，儿子被判12个月监禁。13万多英镑，不到200万人民币，赚15个月的号子；17万人民币，领了个让人绝望的无期徒刑。这说明英国佬的自由比钱值钱，落到许霆头上，是钱比自由值钱。

总之吧，许霆以一个错误的身份（普通人），在错误的时间（ATM机失灵），错误的地点，针对错误的对象（国有金融机构而不是其他受次等保护的公私财物），以错误的手段（蚂蚁搬家式的逐次提款而不是大鳄鲸吞）干了一票，他当然错了。

有朋友还议论：换位思考，如果柜员机吐出来是假钞，那算不算银行的诈骗。领导们会教育你：看你这人，什么觉悟嘛？

□三季稻

ATM案变成了新闻“俏姑娘”

广州的媒体竞争之烈，早已不是新闻。在羊城纸媒三家大演义的格局中，往往既出现彼此争夺新闻源互不相让，又出现同时跟风热炒某一新闻事件，此消彼长地共同将事件往某一方向或高度推进的连横现象。分中有合，合中有分，好不热闹。

许霆案最早发掘出来的，是《新快报》。据说是该报跑法院线的记者，在寻常翻阅广州中院已经判决生效的判决书中，翻到这一个案例的。南方都市报最早接触到该案的，应该是部门领导。因为领导往往会对同城媒体的新闻报道第一时间做及时了解。周皓是负责新闻热线的社会记者。12月17日晚上8点多，领导突然Q过来一条消息：《新快报》报道了《男子趁ATM机出错提款171次后潜逃被判无期》，领导要求“把这件事再调查一下”。

周皓查看了该报道的最初雏形，觉得事情看起来已比较明晰，“取款”、“潜逃”、“判刑”，三个词似乎就可以把事情的来龙去脉说清楚了。到了下午，《羊城晚报》再次全文转载了这一案例，而且是署上《新快报》名字后的转载。“羊晚这么做，一般意味着事件比较重要，另外还必定是《新快报》的独家”。

周皓接到线索后，没敢怠慢，马上通过熟人关系找到了许霆的一审判决书，再通过判决书上登录的代理律师联系方式，找到了许霆的代理律师，以及复印到了案件审判中的警方笔供、辩护词，拿到了许霆亲属联系方式等。通过与许霆最接近人群的了解，案件本身的还原已经不存在问题了。12月18日晚，周皓在《南方都市报》第一轮报道已落后的情形下，写出了一个调查

城事 A07

五法学专家羊城论许霆案

许霆案代理律师会上提疑问，多数专家认为该案动用刑法过于严苛

法院二审应充分阐释法理

大家谈孩子的事，去了不大好

你的车险多省15%了吗？

选择氧立得电子制氧机 3大理由

1. 双极制氧，优势多

2. 操作简单，谁都会用

3. 16年品牌，值得信赖

020-83275066

老鼻炎还好吗？

优鼻两瓶装 解决老鼻炎的“烦”问题！

020-87502300

88297521

版的内容《171次恶意取款，始于多按一个0》。

“这个版中，被告许霆本人的各个成长细节、来穗历程、取款详情、逃亡情况等都做了详细的叙述。在编辑看来，被告做为人物而言已经被挖掘殆尽了。”然而正是这种以详尽细节的方式，来调查重现这一案件的报道，使该系列报道进一步跳脱了常规司法报道的生硬、冷漠的面具。应该说《南方都市报》在第一步踏空的情形下，这里扳回了重要一分。

网络随之也注意到了这一案例，并开始不遗余力地去报道事件进程。许霆案升温。

周皓甚至此时已追到了与许霆同时犯案的郭安山的湖北老家……按照常理，广州中院每月每年判决的案子多得是，不说汗牛充栋，堆成小山应该不成问题。但凭什么偏偏这一案例会成为新闻“俏姑娘”呢？

事后想来，有几个天生禀赋是它之所以俏不可回避的因素：一是它的普及意义太强了，即新闻普遍性太强。案中犯事获罪的是一个来广州不久的打工仔，他的犯罪诱因是偶然发现了ATM机出错，并利用了这一漏洞。ATM机，城市人天天与之打交道，推而及之，任何一个发现ATM出错的人，都可能是另一个许霆。这样，这个案例就具有了极强的辐射性，几乎人人都可以装进故事中去，拷问人性。第二个让人感兴趣的是罪与罚的问题。事情出来了，罚到什么程度才为合适、公正，给一个无期是不是太严厉了？银行在这中间有无过错？问题往往害怕深究，多问几个问号，问题就好比塔罗牌翻了个面，事情完全变了样。

同时正因为对利用ATM这一现代金融服务的衍生机构进行犯罪，目前还存在诸多法学定罪的空白，寻常百姓不明白，法学界有困惑，就更使得这个案例具有了进一步发掘的空间。至此，ATM许霆案作为新闻“俏姑娘”已经初长成：人人对之都有比照性，同时又有神秘性，还有大把想象空间，不是一个有魅力的花城小姐是什么？

A08 城事

A09

专家直指银行滥用公众权力

三大焦点引发争论，有专家认为银行"服务不完善"引发责念"，可提起附带民事诉讼

1 案件适用民法还是刑法？

2 银行是否要担责？

3 ATM机是不是金融机构？

怀集新宁村民春节前喝上山泉水

沙巴之旅 让您回归大自然

深圳→亚庇 228

广州市盈毅房地产开发有限公司监事授权律师 郑重声明

全国法学大辩论扳回第二局

ATM许霆案经纸媒率先披露后，代理律师的法学困惑开始迅速向这个群体漫延，广州大大小小的律所开始讨论这个案件：作为一个从前并无犯罪记录的打工仔，利用ATM出错非法获得巨额财产，究竟是罪还是非罪？是民事案件还是刑事案件？银行有无责任？ATM机可认定等同金融机构吗？

在目前国家并没有相关司法解释的情形下，每个在第一线从事法律事务的工作者，都可以从自己的理解，提出自己的看法与判断，甚至观点完全相左。在网络上，网友也是议论纷纷，各顶一派。真理愈辩愈明，在自由充分的网络大讨论中，ATM案引起了更多人的注意：这个倒霉的小伙子是怎样的人？有着怎样的经历？他的家人或律师怎么看这个案子？为什么一样犯罪的郭安山，因为事后自首还钱，仅获得了三年徒刑，而他却判得如此之重？

A08 城事

南方都市报

许霆父亲许彩亮接受本报专访，希望社会能给孩子一个改过机会

“为了儿子，我不能说累”

社会受众在阅读新闻、了解新闻事实的基础上，同时又产生了诸多疑问。而这些疑问又推动着热点新闻进一步向前发展。在此期间，《南方都市报》国内版刊登了英国此类案例的判决、其他媒体报道了出事银行的应对、ATM供货商的反映、网民的争论、许霆家人来穗等一系列动态跟进报道。应该说，这些报道都从不同微观角度共同关注这一事件，并推动这一事件向有可能出现良性结局方向发展。

前一轮的大讨论既已明白这一类案例为法律盲区，也就总有人会出于公益

A10 城事

公安部介入
珠江医院副教授枪击致死案

本报记者赶赴湖北咸宁，了解许霆前同事，广州ATM机案另一被告郭安山归案始末

郭父凑钱劝儿子投案自首

许霆狱中首封家书称
会早日回家人身边

深圳宝安公路局三参赌者被撤职

社会发展滞后阻粤发展

推进这一法律补盲工作。12月中下旬，资深法律媒体工作者郭国松向省高院就许霆案写了一封公民意见书，他希望相关司法机构能认真对待社会上的诸多疑点，解疑释惑，把这个案例办成经典案例。

郭国松在作为公民自行上书后，又积极参与了在华南理工大学举办的法学讨论专场。讨论会上，来自北大、清华、华南理工大学等高校的法学学者更是相当尖锐地对这一法学案例进行了解剖。全国法学家们毫不回避分歧、淋漓尽致地解剖与辩论，让许霆案在理论上再向前行了一大步。

《南方都市报》在法学家大辩论及其后对许霆家人的采访中，及时把握住了这个热点新闻进程中的重点节点，作了放大式充分报道，在同城媒体的同题竞争中，开始反败为胜，步步赶超。谁说普通市民不关心法律政治？如果是有可能与每一个人相关的法律政治问题，则必定是人人关心。

A12 城事

恶意取款13万英镑被判1年

网友认为许霆被判过重，记者发现在英国版“许霆取款案”中刑期只有12~15个月

各方激辩“盗窃罪”

银行称自己是受害者

可以说，整个社会的力量在许霆案后，开始成为推动事件发展的主力，此时的新闻主角，已悄悄换人，不再是许霆，也不是他家人或律师，而是关注中国司法公正的社会良知。

接下来，广州有律师为此事专门上书全国人大，要求对此类案件做出统一的司法解释。从这一件事可以看出广州市民社会的可爱，即非常务实，又绝不狭隘，出于公道人心，他们拥有了比他们脚下土地更开阔的视界和行动。

热点新闻竞争中的新闻智慧

城事 A15

男子利用柜员机出错取出17.5万元被判无期徒刑，有律师认为

“恶意取款不该判无期”

构成盗窃罪，追究刑事责任

PK

他没有犯罪，只是民事侵权

沪指昨日跌破4900大关

地产股、银行股遭大幅抛售，二三线股票逆市上涨

ATM许霆案网上网下热动以来，同城媒体间更是咬准了这一新闻的纵深空间，相互比拼着如何能做得更出彩更吸引眼球。

对热点新闻，媒体竞争是立体的，是分分秒秒间进行着的。这种情况下，自称主流媒体的我们，怎样做才既保证领先、权威，又保证始终赢得读者信赖？记得在ATM案件报道中，我们也曾接收到银行内部员工的报料，披露出该银行疏于管理，经常出现类似事件，某次该行ATM机多汇出400万、用房贴卡也能取现等等。这无疑是一封极具震撼力和杀伤力的举报邮件。可能鉴于该事件越炒越热，银行自身也有被牵连进去的危险，银行对内加大的纪律压力，我们多次联系举报人，举报人却一直没有见面。后来我们主张将对该当事银行及运营公司的采访和该举报信一起刊发，编辑在把关时砍掉了举报信，估计是为了规避法律风险。

但从邮件内容来看，非常明显是针对ATM许霆案而来，而且推论司法机关之所以严判，是为了掩盖某银行内部管理之混乱。这封匿名信算不算真实凭据，至少是不是新闻素材呢？更何况我们是在就每一个问题向当事行核对之后收到的。对于这一点，该不该报道，或者报道后究竟有何不妥，目前从法律上还不是很清晰的。也算是这次新闻报道中的一个疑点吧。

面对竞争媒体对该新闻事件中的每一个新闻点穷追猛打，我们与之对阵的记者也有些急了，每天汇总的稿件不免有了些胡子眉毛一把抓的感觉。周皓曾经问：面对焦点新闻，我们是不是应该穷尽焦点人物身边的每一个细节不放手？其实，事后我个人觉得不必如此慌乱，还是应该有所取舍，主次分清。竞争中的媒体固然各有所能，能上穷碧落下黄泉般穷尽各种边际新闻要素，但一个新闻事件所凸现的核心新闻价值，其实是不变的。

ATM许霆案中，最关键的两个节点，第一个应该是案情经过，及许霆是一个怎样的人；第二个是面对法律空白，这样的司法实践该如何操作？这两个主要

个论 A23

许霆ATM机案：民意为何逐天涯

基层选举为何频出问题

更多的"钉子户"倒在路上

从放假办法改善看社会进步

问题拎清了，整个事件的还原也好，反省也好，最终结论也好，总的脉络结构就是清晰的。毕竟一个僵死的法条，其所牵涉或直接影响的是一个鲜活的人的生命，一个家庭是否完整幸福的悬疑。我相信，即使彼此都无可避免地处于残酷新闻竞争环境，但其实所有媒体的指向都趋于一致：即推动填补法律空白，推动司法进步。

记得温总理在2008年年初的“两会”记者招待会上曾大声讲：“何谓人民的幸福？就是要问那开花的大地，解冻的河流。”中国的司法进步，无疑是眼前还有着很长路要走的那条解冻的河流之一。许霆案已经让我们看到了一点点希望，2008年1月16日下午，许霆辩护律师收到广东高院裁定书，裁定案件“事实不清，证据不足”，发回广州中院重审。

（作者为南方都市报记者）

窦唯与八卦焦虑症

●钭江明

其实我一直觉得“窦唯烧车事件”并不是一个合适的讨论诸如媒体自律话题的机会。这一事件就这一议题而言根本不够典型。窦唯受迫害程度远不及当年被拍裸照又见诸报刊的香港女星刘嘉玲，怀着“不良兴趣”报道窦唯八卦甚至假新闻的媒体与《东周刊》的罪大恶极程度也实在无法相提并论。

但很奇怪，这一事件出来后却被媒体频频拿来议论，纷纷义愤填膺。这种情形好像中国媒体进行了整体的道德主义培训，娱乐新闻的道德感也是日上三竿。最奇特的新闻是以八卦新闻为主打的《明星big star》的偷拍记者王小鱼声称退出王菲生子事件的狗仔队伍。

当然我并不是说“窦唯事件”发生就发生了，我们不必对此有所反省。我很想说，如果我们愿意并且能够自省，那么我们会从窦唯事件获益良多：比如，学会如何在和谐社会中保持自己的独立人格，比如，如何令个人的趣味在权势施虐和商业利诱的双重挤迫下不致返酸变味……

而且，即使缘于一个非典型事件的诱因，媒体当然也可以借此自省。因为自省从来都是必需的，无论何时何地，如果一家媒体总是能够自省，那么对于它的受众一定是善莫大焉。

而如何自省，当然不是惺惺作态地宣布不再偷拍王菲生子这样就可以轻松解决。作为一个娱乐新闻工作者，我从这个姿态撩人的摆拍甫士，同时看到的是某种对八卦新闻欲迎还拒的焦虑。我记得窦唯事件的当事报社《新京报》的编辑曾经写过一篇《狗仔的伦理学》（http://ent.thebeijingnews.com/0007/2006/0330/015@170990.htm），读读这篇文章，应该可以缓解一下这种焦虑。

我很尊重的一位同事的一段话也可以在此引述："我们可以做我们自己认可的符合新闻伦理道义的事，但不要试图站上道德的制高点：一、我们没有那样的资格；二、在当下社会，这样的企图通常都会破产，会死得很难看；三、我认为最重要的一点，还是罗素的那句话，生活的参差多态乃幸福之本源；我们还不是活在一个过度开放（尤其是精神领域）的社会而是相反。现在的媒体形态不是过多过滥而是还远远不够丰富多彩，我们用我们的自我道德约束去框范别人，一不小心就会成为了另一个'刘忠德'。"

八卦新闻是否该退出公众视野，就我个人而言，我是坚决反对的。即使我没有这样的兴趣，我也没资格轻视别人有此类兴趣。当然，我很想看到八卦新闻这一门类也能与时俱进，文体革新。如果一则八卦新闻能够成为人性

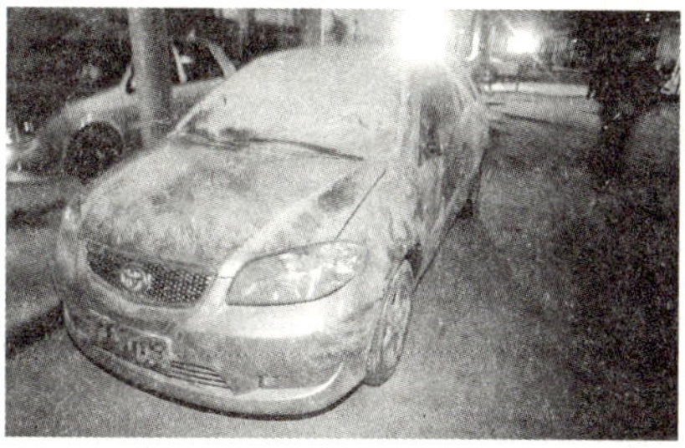

呈现与体察的某种样本，这样的八卦新闻一定会很有趣。可惜，就我视野所见，是太多无趣的八卦。

（作者时为南方都市报总编辑助理）

行走江湖，安全第一

●杨学涛

窦唯被抓进派出所的时候，守候在外的众位记者露出了胜利的微笑：这个疯子的面子再大，哪有我国的王法大，让你丫猖狂！

在这个形势大好、人心大坏的时代，我更倾向于相信记者们所释放的快感，并非源于“正义战胜了邪恶”，而是因为窦唯被抓，又有了一条大新闻。

各位记者兄弟，没冤枉你们吧？

在所谓新闻伦理仅只是大学课堂的一个教条之时，在各行各业都以经济建设为中心之时，在道德被奉为最高行为标准被赞赏、而非作为最低行为准则被遵守之时，请允许我对这个行业的道德问题存保留意见。况且，动辄把乱象的恶因简单地归为道德，是一种方法论的困境。

我宁可把远未规范的新闻行业比喻为又一个江湖。在这个江湖里，记者、采访对象和读者，像是剪刀、石头和布，共同主演一个个故事，同时又相互牵制、出卖甚至暗杀，让中国的传媒业一会儿张灯结彩、欢天喜地，一会儿又兵戎相见、血雨腥风。

走在这个江湖里，安全乃第一要务。那么，记者和采访对象该如何防范风险，避免跌进“不道德”的危险泥淖中？如何给自己的道德加装上防火墙，不至于一世英名毁于一旦？

掌握了以下所列三项原则，则记者与采访对象，尽可落得一身清洁、两袖微风、三生宁静、四体通泰、平安大吉。

一、予时，需备正当防卫

窦唯是个男人，是个相当有才华、曾受万人敬仰的男人，但现在，没人再关心他的才华和作品，出现在公共视野里的，只是一个被戴了绿帽的可怜男人，更为惨绝人寰的是，送绿帽的男人被多数人瞧不起，他还当着全国人民的面娶走了王菲、抢走了女儿、搞大了肚子、生下了李某人。

所有这些被摊在阳光下供人品尝的饭后甜点，无一不是媒体的功劳。诸位看官，要是你生活中曾被记者这样搞过，相信你不仅是想泼水、放火，可能连杀他祖宗十八代的心思都有了吧。

问题的关键还不在于此。要知道，80%的娱乐记者都挂着“知情权”的羊头，卖着“绝对隐私”的狗肉，你要是期望记者能在采到“猛料”之后，居然还能为采访者讳，并主动隐去一些可能对被采访者不利的消息，那你的幼稚程度就跟《无极》有得一拼了。

在窦唯事件中，记者完全没错，他拿到了他想要的东西，发表了他可以发表的东西，既充实了自己的腰包，也滋润了人民群众渴望八卦的心。而窦唯说出了自己想说的东西，同时也看到了自己不想看到的报道。谁亏了？谁之过？

答案很明显。要是窦唯不想让读者看到相关内容，他完全可以选择不对记者透露相关内容，既然一时冲动说漏了嘴，那就别怪记者朋友严格贯彻“真实是第一生命”这个伟大原则了。

经常被当作被采访对象的国人并不多，因此，很多人并没有培养起与记者斗智斗勇的经验。采访的时候，为了表示对记者的信任以及受宠若惊，什么私房话都敢拍着胸脯讲给你听。等到记者发稿时，却又拼命打电话、看稿子，恨不得把一篇檄文改写成一面锦旗，恨不得把时光倒流，让记者重听一个全是反义词的故事。

常言道："行走江湖，安全第一。"窦唯小朋友缺乏战斗经验，逞口舌一时之快致引火烧身，实堪嗟叹。劝江湖人士多研习正当防卫之术，不予敌人可乘之机，方可保一方安宁。

二、取时，需予正常尊重

2006年"五一"期间，一名北大学生在游览云南之时遭祸身亡。《华夏时报》记者车东哲装扮为死者叶坚颖的同学，溜进叶的宿舍，向其室友套取了大量关于叶的个人信息后，发表在该报上。

事后，该宿舍被骗的同学在网上发表抗议："我们对这一行为感到震惊和愤慨……刚才我们已经给《华夏时报》的编辑部主任打了电话。做人，做记者，不能这么无耻，我们一定会追究到底的！"

我并不清楚这位编辑部主任对义愤填膺的同学们说了些什么，我又不惮以最坏的恶意来猜测：这位记者的稿子受到了表扬，那些没拿到料的记者，捶胸顿足地慨叹自己为何没能想到如此之高招。

不管左手还是右手，或者是"第三只手"，能拿到好料的手就是高手。在"成者为王，败者为贼"的荣辱观之下，目的第一，手段则全然看自己的造化了。所以，有人偷偷跑进邓丽君的殡仪馆，拍下一代歌后的遗容；有人专等张柏芝倒垃圾，以便能从鼻涕纸、卫生巾里发现点什么猛"料"……

"盗亦有道"。虽然新闻采访中经常要用到三十六计，但针对的应是公共事件，好比陈水扁家族弊案，假设当权者为记者采访设置重重障碍，你完全可以玩些坑蒙拐骗的伎俩，比如说化妆为李登辉混进陈水扁官邸，"语重心长"地套一些大案、要案出来，那民众一定把你奉为神灵，而不是千夫所指的窃贼。

而一旦报道进入私人领域，你的采访权就消失了，私人也不再尽任何被采访义务。你是求人的一方，被采访者是被求的一方，基于最起码的江湖道义，你必须尊重别人，只因别人给你恩惠。

突然想起CCTV那位姓朱的文艺节目主持人，做节目的时候勾引别人掉眼泪，做完节目后却说"那傻×还真配合"，假设崔永元此番话语是真，那这位朱先生可真是"德艺双馨"的典型。

想想我们自己，是不是约人采访的时候低声下气，采访完了就弃人如敝屣，果真如此的话，我等的道德水准也跟朱先生不分高下。

另有一厦门记者，大雨天蹲在路边守株待兔，拍下了一个人骑自行车摔在坑里的全过程，网民骂他“早知道有个坑，为啥不去把它填起来”；湖南嘉禾高考作弊事件中，也有人指责记者为什么有时间偷拍，却不事先举报；还有曾获普利策奖《饥饿的小女孩》的作者凯文•卡特，也因为无法承受舆论的压力而选择了自杀……这些误会的产生，实际上是因为大众对记者这一职业赋予了过高道德要求，故不在本文讨论之列。

常言再道：“行走江湖，安全第一。”车东哲小朋友虽然爱岗敬业、冰雪聪明，但走路偏斜，故激起江湖中唾沫无数。为安全起见，建议记者朋友心中常存一杆秤，自利与利他常掂量。

三、论时，只需出语正确

在《梦想中国》重庆赛区，主持人李咏用“毒舌”说了一句“看了你的舞蹈，我今晚回家会做噩梦”，随之而来的，是女选手的号啕大哭，以及网络上排山倒海的“下课”声。

然而，事情并未像大多数的网络群体事件一样“多数人的暴政战胜了少数人，多数人从此过上了幸福的生活”。李咏没有道歉，节目组也拒绝说抱歉——一档以评论、筛选为核心内容的节目，假如连自由评论的权利都没有，它还有什么存在的价值？况且，这还是一档娱乐节目！俗话说，没有高潮的婚姻是不道德的婚姻，没有笑声的娱乐是不道德的娱乐。在这件事情上，网民太缺乏娱乐精神，连这点精神都不具备的中国，怎么有勇气来操办那么大型的娱乐节目——假如它算是娱乐节目的话。

在香港，类似的节目有《残酷一叮》，主持人用于侮辱参赛选手的词语可能穷尽了所有人的想象力，但没有观众投诉，因为它不过是一档娱乐节目；在台湾，吴宗宪直接告诉节目嘉宾“你的胸那么小，建议台湾再建一个机场，以利两岸三通”，说者自乐，听着自嘲，没有人要想着去告他诽谤；甚至有一个《康熙来了》，索性直接叫大牌明星来互相揭露隐私，互相捅八卦……前提是不要造谣。

好比我们的国粹娱乐——相声，作为一门讽刺艺术，它以针砭时弊、满足听众的发泄欲为目的。但联欢晚会偏要它讲好话，反映社会中“不断涌现出来的好人好事”，慢慢地它就变味了、变态了，沦为了一门马屁艺术——艺术不允许批评？谁给“艺术家”这个权利？

所以，常言又道："行走江湖，安全第一。"李咏小朋友只要言之有理，谁让你睡不着你尽可大声叫，谁让你内分泌失调你尽可勇敢地反对，千万别委屈了自己的身体，同时糟蹋了娱乐。

常言最后道："出来混，总是要还的。"但如果你根本不曾亏欠过谁，谁还会向你讨债？道德的问题说简单一点就是将心比心，新闻伦理亦作如是观。

（作者时为《mangazine•名牌》编辑部主任）

第五章
沟通是采访的最高技巧

成功的报道总是相似的，失败的报道总是有各种各样的原因。鲍小东说："世事多艰，多少采访都必须如此曲曲折折地进行，从外围渐渐逼近核心；其实，采访并无技巧，只有沟通。"袁小兵说："在到达新闻现场之后，不仅要想着怎样从深度角度去挖掘，还要担当起往后方传递最新消息的任务，这既是新闻竞争加剧的必然，也是尽快满足读者知情权的需要。"

想象最坏的结果，规划采访方案

●鲍小东

一

我是一个胆小鬼。

比如2008年7月2日，我住在安徽省阜阳市的A宾馆，下午，我又在B宾馆开了一个房间，为的是当晚见一个叫做张治刚的人。

晚上9点多钟，张治刚来了。当地朋友周道付不放心，他隔着一条街，观望着我窗口的动静，直到深夜11点多钟采访结束。

而我打开了一只录音笔，塞进床底，另一只录音笔关闭着，随意地摆放在桌面上。我对张治刚的采访就在这样的场景下进行。

张治刚是安徽省阜阳市颍上县城建局局长、工业园党工委书记。其实，这个人并不可怕，可怕的是他的家族，他的家族中，有多人在当地身居要职。如你所知，在一个小县城里，假如谁家有多人身居要职的话，那么如公安、工商等国家机器往往就是私有的。

实际上，这些也未让我十分害怕，让我真正害怕的是张治刚的三弟。在当地，几乎无人知道他的真名，但都知道他的绰号“三毛”。在许多人的表述里，这是一个无恶不作的黑社会头目，比如曾在光天化日，在人群众多的医院里，不慌不忙地掏出刀子，在某人的屁股上连捅几刀，等等。

A10 深度

安徽阜阳“白宫主人”张治安被停职前后

颍上张家——一个政坛家族的典型画像

【上篇】

举报风波：张李恩怨

【中篇】

颍上张氏发家史

【下篇】

为官之道：张家大手笔

A11

这些未经证实的传言，一直压抑着我，甚至决定了这次报道的采访方式，以及采访成本的增加。

二

我之所以赴阜阳市，是因为张治刚的堂哥张治安，他原来是阜阳市颍泉区党委书记。

我和张治安曾在2007年见过一面。那时，因日本《产经新闻》报道称，颍泉区有钱建豪华办公楼，却无钱修建杨庄小学的危房，杨庄小学只好向日本驻上海领事馆申请国际援助。

张治安没有接受我的采访，但张治安排了颍泉区委办公室主任张西海等人请我吃饭，他中途出现，连敬了我四杯白酒后，和张西海离开了。张治安没有再回来，张西海回来了。饭后，几个人一起回到我房间。

张西海打了一个电话，司机便拎着一只手提袋进来。张西海说，是几条内裤。我说，这是我老婆关心的事情。

我拒绝了“内裤”，也就拒绝了张治安的盛情。不能做朋友，就只能是敌人。张治安找到了得力的关系，我的稿子因此被压住不发。但是经过我4个月的努力，稿子终见天日。

这就是我和张治安短暂的第一次。

现在，我期待和张治安第二次见面，但没有机会了，因为他被安徽省纪委带走了。他因涉嫌迫害致死举报人李国福，被停职并接受调查。

在写这个手记的时候，张治刚告诉我说，张治安已经被批捕了。这就是说，“涉嫌”二字可以去掉了。

按照我的判断，张治安这样做，太不值得了。李国福举报他的问题，无非是他在任期内开发五大形象工程时，存在挪用资金和违规使用土地的问题，这样的事情，到处都有。

之前，先后有《三农》杂志、中央电视台，以及《南方都市报》报道过张治安的豪华办公楼事件，但对他毫发不损；更早前，媒体还报道过他被牵扯进原颍上县委书记张华琪的受贿案中，但他竟得到了提拔。

《南方周末》还曾报道过他制造的储怀刚冤案，而这个冤案几乎是在阜阳市委政法委甚至在阜阳市委市政府的发展经济的名义下、制造出来的。报道出来后，张治安亦未受到任何影响。

再者，张治安开发的五大政绩工程得到了上级政府的认可。所以，张治安制造出一个李国福案，让人难以理解。

但是，一旦梳理出颍上张氏家族的政坛发迹史，你就会发现，张治安开发五大政绩工程，并制造李国福案、储怀刚案，皆有因果。更深远的背景则是，颍上政坛的张氏家族是传统的政绩观、发展观下的必然产物。

张治安的父辈张家顺、张家旺二兄弟，凭“全球环境五百佳”起家，以文盲或中学文化水平，进入阜阳市颍上县政坛，分别创造了“小张庄神话”和号称“天下第一农民公园”的南湖公园。

历经二三十年的经营，如今，张家在颍上县政坛根深叶茂，他们的第二代中，加上儿女亲家，共有二三十人分布在颍上县各重要部门。他们在他们主政的地方，大肆圈地，开发生态园、大型广场等形象工程。他们的手法与其父辈如出一辙，即挪用各种专项资金，集中大量财力，甚至不惜以发展的名义，侵犯农民等弱势群体的合法权益。

6月10日，我从广州出发，经合肥，到阜阳。而后，奔走于阜阳市和颍上县之间，追寻张家发迹的脉络。

三

7月2日前，我的采访都潜伏在地下，我先后换了10次宾馆，每次都用当地人的身份证登记住宿。我还接受了各位受访者的建议，住在阜阳市区，包车去颍上县采访，因此，这次采访包车费用高达2200多元。

6月17日，我包车去颍上县，当地人谢守辉带着我，以游人的身份，实地了解迪沟镇的生态园、竹音寺的情况，这都是张治刚在迪沟镇主政时期，挪用了煤矿对塌陷区农民的赔偿款以及其他很多专项资金建成的。

A12 深度

南方都市报

2008年7月15日 星期二 编辑 吴倩 版式 郭敏良 校对 黄永文

“丰碑”八里河

小张庄公园内的“望富山”就是集中农民的劳动，肩土堆起来的。

1997年，小张庄、韩西庄农民住进了别墅。如今，这些住着别墅的农民，仍然靠打工、务农维持生计。

小张庄的仿建悉尼歌剧院，只能租出去作为娱乐城，其实里面仅有唱歌这一娱乐。

以发展的名义挪用

“只求发展，不讲章法”

形象工程何时休？

“因为我们拼命干工作，如果不干工作，就不会有人反映这么多问题。干了这么多工作，却被反映问题，还被媒体做负面报道，这对我们是不公平的。现在治安指其堂兄出了这个事情，更多人反映问题，更使我们孤立无助。”

——对于张家人所受到的种种非议，张治刚告诉南方都市报记者，近期的经历，打击了他的工作热情

尽管我们小心翼翼，但最终还是被张家人发现了。晚上，我和司机刚刚准备回阜阳时，就发现有人跟踪，一辆车速度十分缓慢地时前时后，也许是犹豫了很久，最终并未对我们采取什么行动，消失在我们身后的夜色里。

不久，我的采访对象谢守辉、靳亚章等人，均打电话告诉我，张治刚已经打电话询问他们，是不是有记者来采访。他们都假装不知道。

但第二天，张治刚和一个姓郭的律师，来到阜阳市区，找到我的朋友周道付，要请他吃饭。

周道付立即打电话给我，让我赶紧换宾馆，张治刚已经知道我的住处了。

是谁透露了我的住处呢？知道我住处的人，都是那些常年举报、上访的人，他们怎么会透露我的住处呢？

我想，也许是颍泉区委宣传部副部长叶陆苗。因为我曾用手机短信联系过颍泉区委一位领导，想约他私下见面。这个领导没有和我见面，但发来三个字：“感谢您！”

然后，他安排颍泉区委宣传部部长吴某和副部长叶陆苗请我吃饭。并在电话里说，他安排的人，一定可靠。

我和吴某是第一次见面，和叶陆苗是第二次见面。稳妥起见，饭桌上，我除了和叶陆苗叙旧之外，没有就采访事宜提一个字。

饭后，我仅带叶陆苗到我房间继续“叙旧”。

7月7日，我和叶陆苗再次见面，终于证实，确实是他将我的住处告诉了张治刚。但叶说，因为张找到了他，他也没办法。

再回到6月18日，张治刚、郭律师和周道付一起吃饭时，竟然掏出了我的名片，并称，我是一个很难缠的记者。他想让周道付约我见面，还说，如果我不和他见面，他也会找到报社的。而且还说，他和新闻出版总署的某领导熟悉云云。

交谈过程中，周道付表示他和我相熟，但不知道我又来了阜阳，不过，仍然愿意给张治刚帮忙。

我的外围的采访尚未结束，此时和他见面，既不能与他进行深入的交谈，还可能会给下一步采访带来障碍。

所以，我让周道付转告张治刚：我因紧急采访任务去了四川，但几天后会回来，一定与他见面。

作为一个男人，不该戏弄别人，但是我没有别的办法。显然，我不能这样告诉张治刚：等我的外围采访充分后，再来找你吧！

四

6月19日，谢守辉反馈说，张治刚打电话询问他，我是不是戴着眼镜。周道付反馈说，张治刚又打电话给他，已经知道我是安庆人了。

可见，张治刚做了很多功课。

接下来的几天，我不断接到多个来自广州的电话，他们有的是我的同事，有的是在别的媒体工作的安徽籍人士，他们分别受人之托，了解我在阜阳做什么，是单位委派，还是个人行为等等。

他们还约了几个在广东政坛工作的安徽籍人士，要请我吃饭，问我何时回广州。我说："很快了。"

6月24日早晨，我又包车去颍上县，去采访一个叫"马连康"的人。我和此人没有直接联系，而是通过靳亚章联系的。

当我到了我们约定的地点后，迟迟不见马连康出来。后来，连手机短信也不回了。我只好打电话给他。马连康说："对不起，我家有客人"，并加重语气说："好几个城建局的人在我家！"

张治刚就是颍上县城建局局长。

难道靳亚章的手机被监听了？我让司机立即开车返回阜阳。当我们刚刚走出县城时，三辆黑色轿车飞速赶到，并从我们车头处迅速掉头，又飞速开回去了。我认为这是他们向我示威，司机并不以为然。

但第二天，我和马连康等几人，约在一个更加偏僻的地方见面时，马连康说，前一天，先后有七八个人去了他家，进进出出，不停地打电话，寻找一辆红色轿车。而我包的那辆车就是红色轿车。

6月27日，《南方都市报》深度新闻部在广州开会，陆晖要求所有出差的记者，都必须回到广州。所以6月27日中午，我得以在广州，和几个在粤工作的安徽籍人士一起吃饭。

因为都是安徽人，所以氛围很轻松，大家相互敬酒、相互介绍，消耗了大量时间。其间，一位负责联系的人约我到旁边的沙发上小聊，称阜阳市市长托他找我，他们是大学同学。

他说，我们都是安徽人，不要做太多安徽的负面新闻，尤其是阜阳，近年，因为负面新闻太多，形象受到很大影响，希望我“手下留情”。

我坚持不戏弄人的原则，所以我没有说放弃这个报道，但我十分诚恳地表示，我会非常慎重的。并说，这个报道，《南方都市报》不做，也会有其他媒体关注，与其让媒体在信息不对称的状态下“乱做”，不如双方坦诚沟通，将负面影响降到最低。

其实，当天上午，我的朋友、新华社安徽分社记者周立民已经打电话给我，他也是受阜阳市市长之托，想让我“手下留情”，我同样表达了和市长直接沟通的愿望。

但这个愿望最终没有实现。

五

深度新闻部的会议结束后，我立即回到阜阳，采访仍然是秘密进行，但很快广州的电话又打过来了，他们询问我是不是又到阜阳了。

7月1日，我又包车一整天，将张家两代人兴建的几个大工程，全部实地调查了一遍。当我从张庄公园出来时，司机说，有4辆车同时跟踪我们，在我们的车前停了十几分钟后，又一起离开了。

之后，我又接到《南方都市报》执行总编辑庄慎之的电话，颍上县委书记通过同学关系，间接找到了他。庄了解我的采访内容，并提醒我，因涉及拆迁，采访一定要扎实。

对于一个出差在外的记者来说，这就是最大的鼓励。

再继续地下状态已经没有意义了，我想通过庄慎之约见颍上县委书记，但没能如愿。与此同时，我开始约见张治刚。

7月2日晚，我们第一次见面。张治刚带了6条中华香烟，很随意地放在我房间的电视柜旁边。采访结束后，我极力让他把香烟带走。

在他离开十几分钟后，我这才离开B宾馆，打了一辆的士，到白金汉宫酒店，又换了一辆的士，回到我住的A宾馆。

此后，我又和张治刚见面4次，交流的内容越来越多。他详细打听我的经济状况，比如我在安庆有没有房子，在广州有没有房子，有没有车子，以及按揭情况，我的收入，等等。

最后一次见面分手时，他向我的出租车里塞进一包“土特产”，从手感判断，那是报纸包着的一叠人民币。我退还给了他。

经过一个月的跌跌撞撞，这个报道终于在7月15日见报了。总结得失时，想起林语堂的一句话，大意是，中国人一般不能享受进食的快乐，因为我们追逐食物的过程太过艰辛。世事多艰，多少采访都必须如此曲曲折折地进行，从外围渐渐逼近核心。其实，采访并无技巧，只有沟通。

（作者时为南方都市报深度记者部记者）

讲述唐山心灵成长
——唐山地震30年报道记者手记

●南香红

一

唐山，一个灾难深重的城市。

去唐山之前，对唐山的了解仅仅是这样一个概念。

为了更了解唐山，我在北京国家图书馆翻阅了唐山大地震30年来的《唐山工人日报》、《唐山晚报》、《河北日报》，重点翻阅地震后5年、10年、20年的报纸，但是得到的是深深的失望。

所有的报纸基本上看不到灾难，看不到受灾的人，看不到唐山的血和泪，而只能看到一个“坚强”的唐山。

《别看我们受了灾，大庆红花照样开》、《四眼井街道赛诗会——唐山街头的一次军民赛诗会》，这是某报发某通讯社对唐山地震报道的标题。

第一吨“抗震争气水泥”、第一吨“抗震争气钢”，等等。我们看到唐山很快有了电，1976

唐山 重生 30年 南方周末

引子

用了30年的时间，这个残破的家庭又生长成了一棵枝繁叶茂的大树

张家五姐弟的后地震生活

永远的阴影

使劲地活着

把自己嫁出去

年9月4日9所中小学就全部开了课，一座城市在经历毁灭之后很快就重生了起来。很快，唐山地震10年到了，报纸上整版的唐山新貌的照片，黑白的；20年时，又是整版的唐山新貌的照片，全部是彩色的了，感觉这座城市突然之间鲜亮起来。

灾难就这样在报纸上被翻过去了。

一些东西肯定被忽略过滤了。人的感受，人的痛苦，唐山人走过的30年的路，心里走过的路。

二

唐山并不因为是自然灾害或者因为过去了30年时间，就成为一个没有禁忌的话题。

这在我接受这个选题的时候，就已经被告知了。

我们所能伸展的空间特别小。这样一个人人都关心，肯定会成为一时热点的题目，我们必须在有限的空间里行动。

很快，唐山孤儿的题目已经有媒体抢先了；唐山残疾者救助、唐山城市重建等等可能的方向都有人在进行。作为《南方周末》，我们要讲什么成了一个至关重要的问题。事后从媒体的呈现也可以看出，各家都调动了很大的力量进行了前期的策划。同集团的《南方都市报》、《新京报》的大篇幅的策划，几乎涵盖了唐山可以讲的所有内容。与此同时，网络媒体、电视媒体等等的报道更是铺天盖地。

我在做唐山报道上表现出了犹豫。我曾经向编辑部建议过《南方周末》放弃这个题目。我的理由是：要做就要有版面、人力保障，否则就会被众多的报道所淹没。它实际上是这样一个问题：一家媒体该以什么样的姿态面对唐山这样集中的、大规模的“报道事件”？一家媒体对唐山这样的“报道事件”的行动体现着这家媒体的职业判断、职业素养和精神气质，它是对媒体和记者的考验。你可以失语，不做“发言”；你可以“发言”，但必须想好说什么。

三

编辑与我反复讨论过我们要做什么，最后定在讲述唐山人心灵的弥合。

采访唐山矿工耿小凤的时候，他身上的那种混杂了痛苦、恐惧，用几十年的努力去遗忘、埋葬，挣扎着活下去的极其复杂的东西，让我相信我们找到了一个讲述唐山的好角度。

这个矿工身材高大不爱言语，坐在宾馆的椅子上，两条长腿往前伸着，头始终垂着。

地震后他从600米深的井下出来，第一眼看见了唐山矿钢筋混凝土的办公大楼全塌了，第二眼看到的是整个唐山城不见了，第三眼看到的是妻子浑身是血地躺在瓦砾中，他没出世的孩子，高高耸立于没来得及穿衣的妻子裸露的肚子里。

他后来又结了婚，妻子也是在地震中失去丈夫和孩子的。他们生活得很好，两个孩子一个工作了，一个马上就要大专毕业了。但是，他说他“常常想故人”，越老了越想，每年一到7月，就会不自觉地想，做梦，整整一个月。

但是他不会告诉他的妻子，他和他的妻子都“不拉”这件事，他不会说，她也不会说她失去的亲人，“回避”维持着两人现在的家庭平静。

在讲这段的时候，我和耿小凤都眼含着泪水。我努力让泪水不要流下来，我想他也是。

在那黑暗的瞬间，唐山成为废墟，唐山人的心灵经历了什么？

30年后的今天，在唐山你很难找到当年地震的痕迹了。新的城市拔地而起，一幢幢震后重建的居民楼一如工厂的车间般齐整排列。每到夜晚，唐山人在抗震纪念碑前的广场跳舞、打牌、纳凉，安详而随性。灾难似乎早已坠入岁月的烟尘，变成一件模糊而淡然的往事。

但是在夜的深处，在唐山一个个普普通通的十字路口，在那个整座城市的祭日，会有明明灭灭的烛光闪动，纸钱飞舞。唐山会换上另一张面孔：黑色的、肃穆的、哀伤的、泪光闪闪的。

灾难不仅仅重创了一个物质的城市，还重创了这个城市人的心灵。

四

我们应该感谢钱钢和他的《唐山大地震》。只有它记录和描摹了唐山毁灭的瞬间，只有它记录了唐山人在灾难面前的种种情态。我在去唐山之时反复阅读的就是这本书，我一次次为唐山流泪。

我们设想记录一个人、一个家庭、一座居民楼、一条街道的毁灭与生长。在钱钢的《唐山大地震》的索引下，我们找到了人和家庭——张氏五孤儿；我们找到了一座居民楼和一条街道——五七楼的故事。

它们都是难得的好故事。张氏五孤儿当年最小的8岁，最大的15岁。他们受到了地震最深重的打击，失去了双亲庇护，地震改变了他们人生的轨迹，他们见证了唐山最艰难的时刻，现在他们都有儿有女，一家五姐弟相亲相爱，让人感到艰辛又温暖。

从他们每个人的人生关节点开掘进去，你就会发现他们的每一步都体现着“唐山地震后”的特征：为了生存，他们都将自己的年龄改大，进了工厂，早早就体会到了人生的艰辛；四个姐妹都草草将自己嫁了出去，甚至没有嫁妆婚礼；她们都没有嫁到比她们条件更好的人家，她们对爱情的要求仅仅是安全感；她们都初中毕业，没有接受更高的教育，如果不地震，她们中可能会有人上大学；她们无师自通地成了母亲，自己将孩子抚养大；五姐弟都有特别强的自尊心，最怕的就是被人说没妈没爹的孩子没教养，所以他们在人面前活得特别努力；他们特别注重姐弟之间的感情，最大的理想就是有一所大房子，一家人生活在一起。

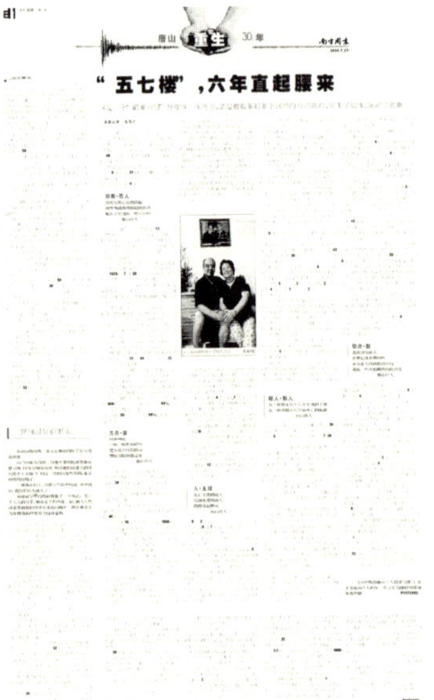
唐山 重生 30年
南方周末
“五七楼”，六年直起腰来

五七楼的故事更多涉及的是地震社会学的命题：震后自救与救人。邻里之间互相的帮助——这种帮助有物质层面的，一口水、一碗饭，更多的是精神层面的，互相宽慰与心理疗伤，互相支撑着度过地震后最艰难的几年。

一座城市于废墟上的生长是快速而显见的：高楼大厦、道路交通、工厂矿山，等等。人的心灵的重建是缓慢而艰难的。我们用一个人、一个家庭、一座居民楼的故事讲述这种人心的重建。

唐山 重生 30年
南方周末
7月28日将至，中央电视台的几个栏目陆续开始播出唐山大地震30周年纪念节目　关于唐山大地震，还有"新闻"可言吗　影像能反映些什么

荧屏上的唐山大地震

老军人的"极度恐惧"

活着的人，水和衣服

记录灾难　记住灾难

唐山人用了30年的时间修复着心灵之伤：一个又一个崩解的家庭重新组合；一个又一个孤儿长大成人；一个又一个伤残者找到了生之方向；一个又一个老人带着平静祥和而不是黑暗恐怖离开世界。

我这样理解唐山：灾难用万钧之力将人的心灵击碎，看人怎么把死亡与毁灭重塑成永生。

这是另一个唐山，一个隐形的唐山。唐山人的种种努力让世界看到了人类在现实之外的所有可能性：生命的柔弱与柔韧，人的粗糙与力度，心灵对血泪的承载力。亲情、爱情、家庭、邻里，在唐山都有了别样的解读。正因为这样，唐山有了一种别样的沉重、厚度、品格和风范。

我感受到唐山的这种疗伤是静默的、悄然的、哀婉的，它需要记者仔细地倾听与感受。

我在唐山采访到了河北理工大学教授王子平，他用20多年的研究证明，地震让唐山人的精神成为一片废墟。唐山人的精神痛苦一直以来被忽略了，唐山人的精神重建比物质重建更重要、更丰富，对人类更有价值的是因为灾难而形成的文化。

《南方周末》本次的唐山报道篇幅并不很大，但我们达到了我们的目的，许多人给我发短信说含泪看完了整个报道。

（作者时为南方周末记者）

《南方周末》“加沙”采访攻略

●张哲

2009年1月中旬，以色列的“铸铅”军事行动正在加沙地带如火如荼地进行。而国内大部分的媒体对巴以冲突的报道“太硬”，除了每天的伤亡数字更新，就主要是各方政府的说法，各种机构发言人的政治说辞，或者学者观点和历史背景介绍。“我们想要‘人’的故事。”编辑郭力说。

从1月中旬的选题策划、前期准备，到3月4日启程前往耶路撒冷，14日返回北京开始写作，再到19日、26日两期报道刊出，中间经历了大约2个月的时间。

3月19日的报道刊出后，不少同事和其他媒体同行大多给予了报道热情的肯定，包括“最过瘾的巴以问题报道”、“国际新闻就应该这么做”等过奖之辞。

同时在南方周末内部的评报中，也有同事给出了“缺乏历史知识背景交代”、“采访深入度不足”、“图片使用不当”等批评意见。还有的同事或同行提出，我们不能“为了战地而战地”，应该把报道精力放在与中国国家利益更加密切相关的国家和地区。

此外，我接到了以色列驻华使馆新闻官的电话，他对图片的使用（尤其图示标注为“哈马斯士兵”而非“恐怖分子”）、巴以双方报道内容的比例等问题提出了异议，称这组报道在中文媒体中前所未有，让他在外交部和军方面前“非常难堪”。

我想如果就这次报道要总结经验教训，可以从采访安全、国外采访的一般经验和采访资源的发掘，以及最终报道呈现等几方面来谈。

南方周末

艰难时世:大学毕业生的“生死”抉择 A6-8

本报记者现场直击

“世界最大监狱”加沙

用舌头来反对
总理记者会上激动的同行
“中南海保镖”
2009年两会十大言者 [B9-12]

[A4] “我是艾滋我怕谁”
谁投了两高报告反对票？

[A5] 狂犬病疫苗中的“三聚氰胺”

[C13] “民营航空狂人”兰世立折翅

[C19] 借免费体检“卖病”
老人屈卿真被搞残？

[D23] 谁把聂绀弩送进了监狱？

一场关于墙的战争

战火“双城记”

定价3元

安全第一

编辑部发到我手中一份“赴加沙采访报道方案”，其中最后一句话是：“安全第一，有任何问题，毫无保留地回来，即便一条稿子也不做。”同去的摄影记者麦圈第一次打电话给我就说：“兄弟，咱俩还都没结婚，可千万要完完整整地回来啊！”

决定去以后，我们首先想到的是上保险。但从国外的保险公司到国内的保险公司，“战争、军事冲突、恐怖袭击和武装叛乱”一律都在“责任免除”之列。于是我们对保险意兴阑珊，甚至最后连最普通的出国旅行人身意外险都由于时间仓促没有来得及买，现在看来，不免有些后怕。建议同事们今后若出国采访，一定要买好境外旅行保险。

保险之外，我们当时想到的是防弹衣和头盔的准备。去之前跟凤凰卫视曾经去加沙采访的记者周轶君通电话，问到防弹衣时，她说：“从对你安全负责的角度考虑，我不能让你不带，但你要真碰上空袭什么的，都是导弹，你穿防弹衣也没用！”最终，虽然带了防弹衣去，但我和麦圈都没有真的穿，一是太热，二是行动不便，三是穿防弹衣与当地人太有距离感，采访不便。

再次就是一些小细节，比如编辑郭力告诉麦圈，让我们在身上准备一面五星红旗，必要时可以拿出来挥舞（可惜麦圈忘了）；又比如，在加沙尽量不要脱离当地向导单独行动，以防语言不通（当地人大部分只讲阿拉伯语）带来的麻烦。

实际上，在采访哈马斯政府发言人和他们的武装人员时，当时并没有考虑太多安全问题。但我和麦圈事后交流，都很难说完全不紧张。尤其是他们互相之间用阿拉伯语沟通的时候，我们完全不知道将要发生什么事。

比如，麦圈当时一直在担心，政府发言人的办公楼可能被以军侦查系统侦破、锁定方位而被导弹袭击，说在我采访时他一直在用耳朵仔细听窗外是否有“导弹划破空气的尖锐的声音”。但不管怎样，我们并没有由于危险而缩短采访，而是一直聊到发言人要去开会而被迫终止。

去加沙与埃及边境的走私地道采访时，当地的走私贩子告诉我们，就在这里，前两天还被以色列的空军炸过一次，而现在，随时随地，都可能有导弹打过来。送我们到加沙边境的是以色列外交部的车，司机临别时告诉我们怎样通过检查站进去。最后一句是：“After there,you are all your own.Take care!”（过了那儿，你们就全靠自己了。保重！）当时，突然有一种悲凉的感觉在心头划过……

但这些都不是在我们控制范围之内的事。不论怎样，从安全方面来说，

A2 纵深
——专访以色列外交部发言人 Yariv Ovadia
『建设加沙，还是毁灭以色列？他们可以选择』
“他们只想杀死更多的以色列人”
“孩子们该拥有梦想，而非恐怖主义”
“他们唯一想往加沙走私的东西是武器”
——专访哈马斯政府发言人 Taher al-Nooro
『我们将用尽所有办法建立我们的国家』
“我们的火箭弹还在向以色列发射”
“我们用石头传达一种信息”
“我们不要美国的钱”
与哈马斯士兵面对面
“我们永远在等待以色列人”
没有年龄下限也没有上限
耳边30厘米的枪击

我们能准备的非常有限，更多的时候是在听天由命。

现在回想起来，很多安全问题无法预测，有一点缺失是行前的心理准备。如果我们能做更多情况下的问题讨论和心理准备，我想可能在遇见类似哈马斯的组织时心态会更平和一些，也许采访也会更加深入。

衣食住行及其他

在语言方面，我们遇到的挑战是事先难以想象的。

并不是所有的以色列人都懂英文——很多普通百姓，尤其教育程度较低的，比

如出租车司机等，英文程度完全不足以交流。在加沙，情况则更为糟糕。除了在国际组织工作的，当地人很少能讲比较流畅的英文。商贩、服务员或是有的工作人员会用英文讲一些基本的语句，但也很难做采访式的细致交流。

所以，如果没有当地的向导在身边，手机里随时储存几个当地懂英文的朋友的电话，遇到交流困难（尤其是给出租车司机指路时），临时请朋友做些翻译是非常必要的。

通讯也是比较现实的问题。出国前，我们打听过关于手机的制式，知道国内的手机在那边可以使用。于是就方便得多，只需要在当地买好SIM卡，充值就可以使用。

此外，出国采访另外一个需要注意的问题是电源适配器（adaptor）。不同国家和地区使用的插座插口的规格都不一样，有所谓“美标”、“欧标”、“英标”等等不同的。我和麦圈都比较大意，我带了一个美标的适配器，麦圈带了一个欧标的，但在以色列两者都不能使用。

饮食方面，出国就不要有太高要求了。基本上，和国内的东西比较起来，国外的食物有两个主要特点：一是贵，二是难吃。我和麦圈连吃了10天阿拉伯的大饼之类的东西，做梦都想回国吃中餐。

当地的风俗习惯，尤其是与宗教相关的习俗问题应该在事先做些了解。

在加沙的一所小学里，我对一位女性的英语老师做了采访，整个采访进行得很愉快。结束采访后，我习惯性地伸出手想要跟她握手道别。但她立即感觉有些尴尬，冲我连连摆手说，“我们不这样做”，脸都有些涨红了。

向导告诉我们，在当地，非夫妻关系的男女是不能在街上同行的，更别提手拉手或是其他亲密举动，否则有可能被警察送进监狱。对于外国人，政策可能会宽松一些，但还是应当注意为妙。好在我和麦圈是两个男人，并没有这方面的顾虑。

找谁寻求帮助

在一个陌生的国度，要应对语言、人文、交际资源的种种樊篱，应付完全陌生的交通、通讯、货币、饮食起居等环境，还要在短短的时间内完成采访任务，难度不可谓不大。

从这次的经验来谈，我想首先是要在出国前做尽可能细致的准备。因为以色列和巴勒斯坦不同于欧美等比较为中国民众熟悉的境外旅行国家，所有

的环境、习俗甚至生活常识都需要了解，多做些心理准备。

在出发前，除了与以色列当地的中文媒体驻站记者通电话，还与曾在以色列和加沙驻站的多名记者进行过电话和面对面的交流，要来了以色列的地图、当地一些联系人的电话，并详细询问了各种细节问题。与中东问题专家、中国社科院殷罡老师的两次深夜长谈让我受益匪浅。

很重要的一点，要与驻华使馆随时保持沟通。以色列驻华使馆不但帮我们办理了签证，还帮我们联系了以色列外交部的采访，给我们写了需要在以色列国内使用的推荐信，这给我们在当地的采访带来了巨大便利。我想，这也是为什么以方最终发现我们并没有写出偏向以方的报道，而感到不愉快的原因之一吧。

在国外，最重要的采访经验就是要倚重当地媒体同行的资源。由于与当地媒体不存在竞争关系，总体上，媒体同行间更多的是“春天般的温暖”。

此前从未谋面的国际广播电台驻耶路撒冷记者不但带我们找旅馆、指路、兑换货币、请我们吃饭，还带我们去约旦河西岸的城市拉马拉采访，提供了加沙当地向导的联络方式，给我们帮了大忙。

外媒同行的帮助也让我们从中获益良多。麦圈联系了自己的偶像，一名美联社的著名摄影记者。他不但告诉我们哪里可能有好的新闻线索，还介绍了美联社和路透社的记者同行，带我们去巴以边境参与报道了一起示威活动。

2008年11月我们去美国报道总统大选时，提前和《洛杉矶时报》驻华盛顿的记者写过几通E-mail。到华盛顿后，他不但请我和同事喝咖啡、带我们去报社参观，还提供了不少美国选举的报道指南，比如如何迅速掌握选举信息、去哪些地方采访、找什么人，甚至直接带我去了一个选举站，介绍工作人员给我认识，并帮我索要联系方式。

此外，这次我们出门太过匆忙，忘记准备一些小礼物。我想，如果出国采访时能够给当地媒体同行准备一些报社的小礼物，哪怕是一些有中国特色的小礼品，甚至是茶叶，都会是很有帮助的。这样我们可以和当地的同行或者其他采访对象更好更迅速地拉近关系，获得采访帮助。

稿件呈现

出发前的策划里，报道主题被集中在两个方面：一是加沙地区的战后重建，包括基础设施的重建与“人心”的重建，即当地民众从战争状态中走出的心理恢复；二是巴以矛盾的现实状况，在这里，编辑提出的要求不是国际政治层面上的、坚硬的巴以矛盾，而是在活生生的人的层面上，能触及心灵的巴以矛盾。

相应的选题则被策划为4条稿子：1. 写战地家庭的特稿，要求将巴以矛盾具体化，最好能选取巴以双方各一个家庭进行描写，告诉读者真正的战争是什么；2. 战地加沙观察稿，侧重于介绍加沙现状，人们在想什么、干什么，怎样重建；3. 访谈——采访对象首选巴以政要，尤其是哈马斯的发言人和官员；4. 战地的国际人道组织，以国际红十字会或医生无国界在极端环境下的工作体会，反映出他们对战争、人道、民族矛盾等宏观话题的思考。

我们在加沙实际上只有不到3天的工作时间，我们更多地是把精力放在了解这个地区的整体情况，尽可能多地跟当地普通人交流，即与第二条稿子相关的采访工作，即在《南方周末》3月19日头条报道《直击世界最大“监狱”加沙》中的大部分内容。由于并没有找到具有典型性的，可以以特稿方式进行描写的家庭，因此第一条稿件并没有很好地完成。

访谈的两篇稿件则中规中矩。虽然没能约访巴以双方的高层政要，但无论对当地媒体还是国际媒体而言，哈马斯政府发言人和以色列外交部发言人已经是媒体常规采访中相当权威的讲话者。比较遗憾的是，由于双方都比较情绪化且预留的时间不是十分充裕，这两个访谈并不深入，没能起到与主稿配合并拉开层次，深层剖析中东局势的作用。现在看来，如果能够在以色列约访希伯来大学的某位学者，在加沙地区采访某位公共知识分子或社会贤达，想必会有更加出色的访谈稿。

A8写真

加沙·困坐危城

至于战地国际组织的报道，刊发于《南方周末》3月26日时局版。比较遗憾的是这篇稿子采访的并不充分——本有机会在加沙采访到联合国近东巴勒斯坦难民救济和工程处(UNRWA，在加沙其地位几乎相当于当地的第二政府。)驻加沙的负责人约翰•金(John Ging)，可是他的秘书1点半打电话要求我们3点前去采访，而当时我们正在前往埃及边境的走私地道途中，无法赶回。

现在看来，如果调整好采访行程，是有可能做出相对比较深入的描述加沙国际组织的稿件的。此外，如果通过当地向导尽早联系当地的官员，比如加沙城的市长，或哈马斯武装的相对高层人物，进行采访恐怕也不是完全不可能做到的。

出发前我和国内的中东问题专家殷罡老师、《南方周末》的李红平老师交谈时，他们都认为如果能去到一个哈马斯士兵的家里，进行单独聊天，甚至能跟他们的家人、母亲谈谈，自然是最好的。

但当哈马斯武装人员蒙面、荷枪实弹出现，甚至随便朝天空或是地下乱开枪时，这样的采访现场也就超出了我们之前的预计，难免有些不自在。有些问题问了心里都有点没底，比如我问他们知不知道被别人叫做“恐怖分子”时，麦圈事后说，当时简直害怕他们不高兴就直接开枪把我们杀了。

并且，没有预想到的是，他们极其讲究“采访纪律”，采访时必须一个小组一起，而且头领也在现场。一半以上的问题，“小弟”们的讲话会被头领打断，由头领来进行非常有宣传口吻的表述。可以说，谈话的“场”并不是很好。

当然，事先我对如何与这些被西方主流媒体叫做“恐怖分子”的人交谈，准备得也不是很充分。如果行前能对问题进行更好的设计，也许效果会好些。

马后炮

此次加沙报道，是《南方周末》第一次进行出国战地报道的尝试。事后总结起来，我想教训一定是多过经验的。

关于国际新闻报道，尤其是到高危地区采访，参加一些培训是非常必要的。据我事后所知，有专业的安保咨询公司（主要是外国的），可以提供从安保计划、风险评估、目标隐蔽，到应对爆炸、恐怖袭击、绑架，以及最基本的医疗救护常识的相关培训。

之所以说这些培训相当重要，是因为我们在国外的战地或其他高风险地区采访，所遇到的困难是不能与国内相比的——即使是汶川大地震的现场。在国内，我们有长期以来积累的丰厚资源、经验和崇高声誉，且绝大多数情况下人身安全的威胁并不突出。

在国外的高风险地区进行采访，且不说面对可能发生的枪伤、爆炸冲击伤，或是恐怖分子的绑架，在我们一无保险、二无基本自救常识，当地又缺乏必要医疗条件的情况下，就是简单的在树林或废墟中骨折受伤，恐怕后果都难以设想。

另一个"政府"：国际组织在加沙

G20 峰会：华丽的前景

巴以问题的出路：一国方案？二国方案？三国方案？

当然是否愿意投入相关的成本，继续尝试在世界其他地区报道，取决于媒体对自身的定位。媒体在国际报道的比重和投入上，有不同的道路可供我们参考。

一种是《纽约时报》、《时代》周刊的道路，它们自身并不定位于美国的媒体，而定位于国际媒体，关心全世界的一切热点问题。在取得巨大话语权的同时，他们的国际影响力也不言而喻——它们几乎在为全世界的其他媒体设置议程，它们自身一点一滴的故事也成为全世界媒体、公众和研究学者关注的焦点。

另一种则是《华盛顿邮报》这样的报纸，它非但不把自己定位于“国际”，甚至不把自己定位于“美国”，而只是在自己的一个区域精耕细作：《华盛顿邮报》密切关注的是华盛顿地区。白宫、国会、法院和其他的政客、智囊和政治组织的边边角角几乎都被这家报纸吃透。他们甚至会让一个记者紧盯一个国会议员十几年，直到对他的一言一行了如指掌。当然，即便如此，《华盛顿邮报》对国际新闻报道也是颇为用心的，在全球各地的分站建设中，它也并不甘于落在竞争对手之后。

我想，此次加沙报道，对《南方周末》更多的意义在于“吃螃蟹”。这组报道远远说不上完美，有着各种各样先天和后天的问题。但在中国的企业和国民越来越多地走出国门、中国的国家利益在全球各地迅速拓展之时，对《南方周末》国际新闻和海外高风险地区新闻的报道方式、参与程度与关注角度进行更多地讨论，并尽早着手进行各种准备，恐怕是应当提上日程的。

（作者为南方周末记者）

突发新闻的长期经营
——“坪石监狱紧急大转移”的采写体会

●贺信

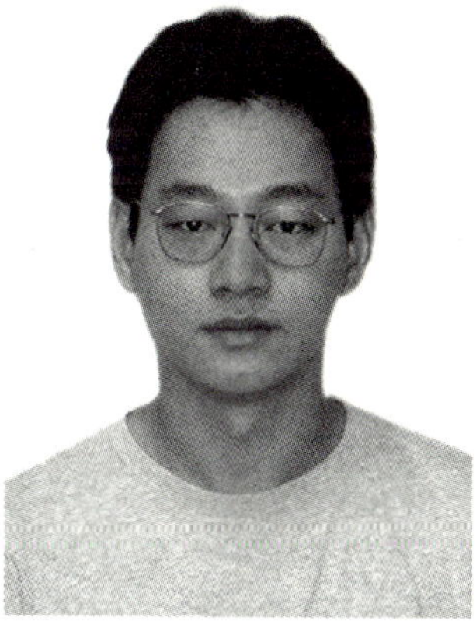

听到坪石监狱受到洪水袭击，围墙倒塌、监仓进水，1663名服刑人员被洪水“驱赶”到山上，我甚至为此感到“狂热”。

把记者的“思考”变成通讯员的“思考”

7月和8月是广东的台风季节，洪水灾害年年都有。媒体已经习惯了从“三防”指挥部获得关于全局的情况，习惯了挖掘抗洪部队发生的英雄主义故事，每年都会有一次“一方有难、八方支援”的“大合唱”。如果不能在洪灾当中找到重大事件，抗洪新闻报道就很难取得新的突破。监狱受灾、罪犯转移以前没有发生，或者发生过却没有报道过。有机会接触这样的题材，对记者来说是一个全新的领域，也给记者提供了令人兴奋的空间。

我把当时的“心理活动”公布出来，预计可能在小范围内会引发一场关于“新闻伦理”的讨论。所以这里有必要做一点解释。

坪石监狱筹建于备战备荒的年代，若干关押点分散在一道狭长的河谷中。当时的观点是：只要在河谷两侧的山头上布置火力点，就能有效防止犯人脱逃和外敌入侵。到了现在国内外局势相对稳定的和平年代，过去的观念已经显得陈旧落后。从20世纪80年代开始，国家提出了监狱系统的“两个战略转移”，即将监狱场所从边远山区向城市和交通沿线转移、产业结构从野外农业生产向监内工业生产转移。然而现实变化对新观念的反应总是要落后的，甚至是远远落后。

坪石监狱迟迟没有迁移就是个典型的案例。这次洪水将过去选址造成的弊端暴露无遗，洪水也必将促使有关部门加紧实施对边远山区监狱的搬迁工作。从这个意义上说，记录1663名服刑人员的紧急转移，能够透视监狱变迁的历史，折射国家刑罚执行的未来。所以不能简单地把记者关注这一题材理解为“唯恐天下不乱”。这次采访当中，有的同城媒体没有在获得通知后的第一时间派出“精兵强将”，陷入了比较被动的局面。我想对方除了内部协调问题外，对这一题材的重要性理解不够也是一个重要的原因。

这些是我日常工作的思考。对于这篇报道的成型来说，能否把记者的“思考”变成通讯员的“思考”——哪怕只是他思考的一部分——显得至关重要。监狱是一个严格保密、相对封闭的系统，采访监狱高度依赖通讯员。没有通讯员的协助就无法得到信息，更不可能实现“贴身”观察。

“稳定第一”、“限制报道”，是通讯员获得消息后最自然的反应。一些公开报道之后可能产生的负面效应，通讯员必须考虑——会不会引起同一地区其他监狱或者同一监狱其他关押点犯人的不安？家属看到报纸后，会不会蜂拥而至要求会见，整个场面变得更加混乱？最糟糕的情况是，如果转移过程当中发生意外，记者参与会不会把事情变得更加复杂？

2005年“6·2”洪灾的时候，我和通讯员就去过连平监狱。整个过程中，我们一直在讨论这样的题材应该怎样把握。我的意见是，通讯员的顾虑和因此产生的犹豫，记者应该体谅，但这并不代表记者可以无所作为。

表现刑罚执行当中的人道主义精神

换个角度思考行不行？以此次坪石监狱受灾为例：前方传来消息说，1663名服刑人员和70多名监狱警察已经在风吹雨打中艰难度过了10个小时。他们每个人只能分到半块方便面，每20个人才能分到一瓶矿泉水。服刑人员和监狱干警“分分钟”面临着断水断粮的威胁。监狱干警坚守岗位、服刑人员团结互助的感人故事正在等待着记者。再上升到一定的高度考虑：坪石监狱1663名犯人的紧急转移，是回击国际反华势力利用人权问题进行攻击的绝好素材。“拿捏”突发事件的过程中，记者和通讯员之间应该保持顺畅的沟通。新闻媒体的要求和通讯员的诉求并不矛盾，于是双方便有了合作的基础。

后来发生的事情证明，这种相互的信任对于之后的审稿也不无裨益。我在第一稿中提到了“监狱干警没有按照规定给正在押解的服刑人员戴上手铐”，“为了保证迅速撤离监狱警察没有使用任何警械”这一细节。监狱管理局有的领导审查稿件时，出于“法律效果的考虑”，主张删除这一部分。我对此提出了不同意见：只有保留这一细节，才能体现刑罚执行当中的人道主义精神，体现一个国家的司法文明程度。

我从事司法系统的报道已经有三年的时间。监狱报道要不要体现“人性化”、怎么体现、体现到什么程度，一直是同行们长期讨论的话题。一位监狱长曾经跟我提到过他的观点：对于罪犯的管理应该做到“宽不过囚”和“严不过人”。这让我想起歌德的一句名言：“无论是惩罚人，还是关爱人，必定把人当人看。”丧失自由就是对一名罪犯最大的惩罚，他在服刑期间有理由获得基本的生活保障。更重要的是，罪犯应该享有通过自身努力不断争取更好境遇的权利。需要警惕的是：监狱当中的人权状况不能超越社会普遍的人权状况，否则监狱便无法体现出惩罚的功能。

按照这一逻辑，监狱报道突出“人性化”是值得肯定的。在我国罪犯改造理论逐步同国际接轨的时代，如果还沿用为了多少个“阶级敌人”的思维认识坪石监狱的紧急转移，显然是一件非常别扭同时也贻笑大方的事情。服刑人员不戴手铐，和警察们手拉手冲出洪水的包围，这在我看来是被管理者和管理者在自然灾害威胁下结成的矛盾共同体。这一共同体包含了“司法人性化”的色彩，反对者的顾虑在于，“共同体”的出现是否超越了“司法人性化”的上限。我认为这一顾虑没有必要，因为洪水围困下的转移需要“对于情况的特殊处理”。在写稿人和审稿人意见冲突的时候，通讯员能否发挥折中调和的作用，可以说决定了这篇文章的成败。我很感谢通讯员做到了这一点。

文章见报后，很快引发了一场各大报纸的“改写潮”。省监狱管理局转引司法部的消息说，甚至连美国媒体也进行了“正面改写”。用“百度”搜索一下，以自己记者署名方式刊登“坪石监狱紧急大转移”的媒体不少于10家。能够为同行们提供一个值得“再加工”的题材，也算的上“几个月或者几年一遇”的“荣幸”吧。为了这一题材，我和通讯员守候了一年。2006年“7•15”洪灾，我们反应更加迅速而已。

（作者时为南方日报记者）

现实的困境和媒体的选择
——谈黄静案报道

●王雷

黄静案恐怕是我报道过的争议最大的新闻了。我对这个案件的认识，从一开始到现在，也在不断修正。这样持续的观察已经4年了，一共发了两篇深度报道，5条消息和1篇手记。

黄静案中错综复杂的事实与其背后的观念冲突，使这起案件一直保持了很高的公众关注度。作为日报的一名记者，我可以根据发展事态，选择多种报道方式。并且由于能持续地近距离观察当事人，我对这个事件的认知也能不断修正，从而无论是在时效性还是对事件的深度分析上，都能略胜一筹。

日报操作这类持续变化的题材，占有巨大优势。

一

在黄静案发生不久，我们就看到了相关报道，但当时它所呈现出的形态，还是一个单独的个案，即黄静家属质疑公安机关徇私枉法。在此期间的众多报道，重点是追问案件本身。由于采

南方都市报 A04 重点

黄静案宣判

女教师裸死案被告

全新车生活，优越源自从容！

访的调查难度，这些报道往往止步于怀疑、质问的层面。

当时的舆论几乎一边倒地同情和支持黄静家属，无论是网络里的“民声”，还是专家教授的言论，都认为黄案存在黑幕，嫌疑人姜俊武应该受到制裁。以客观、公正为基石的媒体也受到了这种影响，不仅立场偏倒在黄家，而且在报道中，也出现了一些失实描述。

按照我们这个时代的生存常识，黑幕无处不在，潜规则才是主宰命运的真正法则。而黄静母亲信誓旦旦的控诉和姜、黄两家貌似巨大的阶层差距，都是引发公众同情的导火线。何况，黄静尸体上的伤痕，法医鉴定结论的矛盾，公安的冷漠傲慢沉默，和政法委逼迫火化尸体的嚣张，都是被公众看到的事实，这些都是网络上出现一片喊打喊杀声的原因。

媒体应该采取什么样的立场？

我们倡导法治，法治相对于人治，最根本的区别是法治是众人之治（民主政治），法治的依据是反映人民大众的法律，人治的依据是领导者个人的意志。在司法领域，司法应该独立，案件的调查、审理应该按程序办理，并且公开透明。

事实上，我们距离法治还比较遥远，现实中也缺少对抗人治的力量，但黄静案的发展，让我们看到了一种新的力量，这种力量在2003年初开始清晰呈现，那就是由网络凝聚起的“公意”。

我曾经为寻找那种力量而采访过城市小区维权业主、农民们自发组建的“农会”、工厂门可罗雀的工会，现在我为网络的这种力量兴奋，在黄静案中，网络已不仅仅只提供“声音”，从请律师、联系尸检、发起募捐，到出谋划策，以及后来的人力资源支持——志愿者的出现，都离不开网络。

所以，一开始，我也是带着立场去报道黄静案的。

正是在这种态度下，我写了第一篇深度——《网络世界里的女教师裸死案》。这篇报道虽然持有立场，但对案件本身却秉持中立，所有的描写都是事实，对事件也没下主观定论。

我引用艾晓明教授的话作为结尾，原话是："更多的团体、个人通过网络加入到社会事件的处理过程中，最终的决策将更加公正。"我的理解是，这句话的重点是"更多的人应该有机会参与处理社会事件"，更多的人参与意味着公开、透明，从而才能公正，而网络提供了这种可能。没想到一些网站在转载时，把标题改作"网络推动黄静案公正解决"，这不是我的本意。虽然当时我为网络力量振奋，但也隐约感觉到，其中也包含一种简单、粗暴、武断的力量，这是我所警惕和反感的。

《网络世界里的女教师裸死案》刊发后，网络民意是否干扰了司法独立，网络在黄静案中起到的作用，就成了一个长期的、最具争议性话题。从这点来说，这篇报道成功地设置了议题。

二

虽然《南方都市报》对黄静案报道告一段落，但作为日报的记者，我们可以很方便地持续报道，从而保持公众对这一事件的关注度。例如黄静母亲在广州火车站被窃，行李里装有黄静案大量资料。一份周报、周刊是不可能报道这类"小事"的。

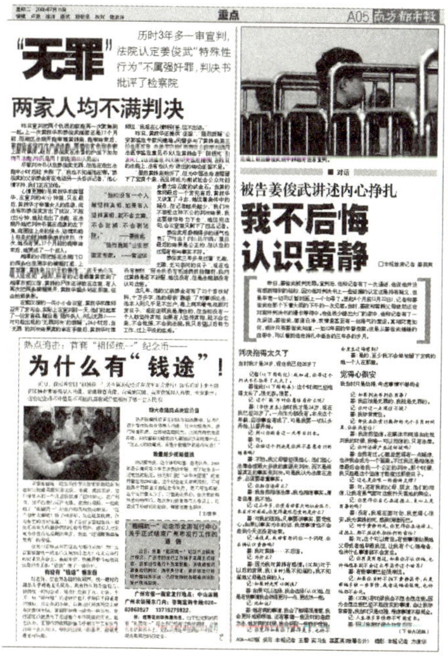
重点 A05 南方都市报

"无罪"

历时3年多一审宣判，法院认定姜俊武"特殊性行为"不属强奸罪，判决书批评了检察院

两家人均不满判决

被告姜俊武讲述内心挣扎

我不后悔认识黄静

为什么有"钱途"！

当黄静案发生一年后开庭时，日报的灵活机动性更显露无疑。

开庭是案件审理的重要法律程序，理论上，所有关于案件的重要证据都应该在法庭上出示，嫌疑人姜俊武将面对法官陈述当晚案发过程，公诉人和辩护律师还要展开辩论。这应该是报道的重要内容，但事前我们得知，这将是一次不公开审理，记者不能旁听。

当时《南方都市报》决定，如果有足够多的内容，就做一篇深度报道，如果内容有限，就按日常新闻处理。我提前两天到湖南，在开庭前一天采写了一条2000字的消息稿，预告了开庭消息，并介绍了黄静家属的诉讼要求。这条新闻成为最早报道黄静案开庭的消息。

开庭当天及第二天，我又采写了两条消息。通过3条消息，虽然我没有进入法庭，但通过双方律师及当事人，还是了解到了庭审情况及双方辩护的意见。

在采访开庭的几天里，全国有近20家媒体前去报道，纸媒中没有一家周报、周刊。可见，周报、周刊都意识到，在“抢”动态新闻上，是竞争不过日报的，只能等待机会，做出独树一帜的深度报道了。

周报、周刊以深度报道见长，以前网络不发达，一省发生的事往往不被其他省所知，这给周报、周刊提供了巨大空间。加之周报、周刊有时间和能力把一条新闻挖掘到一定深度，所以那时的周报、周刊总充满了好看的新闻。

但是随着越来越多的日报雄心勃勃地开设“深度”、“核心报道”、“调查”等栏目和网络的普及，周报、周刊的竞争对手越来越多。首先，要和日报的“深度”报道竞争，大家都做同样的事情，但日报没有发稿时间的约束。其次，要和网络竞争，一条重要新闻一上网，哪怕只是一条消息，周报、周刊也必须采访到更多内容，写出更好的文本。也许是以上原因，一些周报、周刊的新闻越来越“软”，偏向制造概念，而不是报道事实。

黄静案开庭时，关于网络的争论，表面上依旧是最激烈的争论之一。

姜俊武的辩护律师把姜称作“网络窦娥”，而黄静家属的律师则感谢网络在这个案件中发挥的巨大作用。双方立场不同，得出的结论截然相反，在争论的背后，言论自由与司法独立，媒体自由与司法独立的边界冲突，才是问题的实质所在。

如果我们享有充分的言论自由，媒体采写不受限制，司法可以独立调查、审判，那这些争论就很好解决。但现实是，这些“自由”与“独立”的边界其实并不清晰，由此又引发新的争论：舆论是否能影响案件审理；如果舆论能影响案件，那么是否还有其他力量也可以命令法官；既然司法不能独立，为什么不允许网络介入案件；网络介入是否使事情更加公正或相反……

但受现实制约，关于这些问题的思考又不能见诸报端。

三

虽然开庭时，大家还对网络的作用争论不休，但我对黄静案的认识却发生了改变。

作为一个普通公民，我希望司法独立，除了证据和法官的良心，没有任何东西能影响审判，从这个意义上说，我不希望因为那100万条的网友留言而把姜俊武关进看守所。他的律师正是抓住这点，强调他是一个“网络窦娥”。

两个家庭的“申冤”路

被黄静案彻底改变的父亲母亲们

但我知道，独立办案原则大多数时候只停留在法条上，否则湘潭警方、检察院就不会因为领导的批示而立案、抓捕。他们指责媒体和网络制造舆论，却不检讨自己害怕权力。姜俊武的父亲在数十次信访中，得到的唯一一个明确的答复是一名公安局副局长给他的：“回家等，如果错了以后申请国家赔偿”——尽管湘潭警方一开始就认为证据不足，不予立案。

事实上，关于黄静案的报道虽然引起巨大反响，但警方和检察院并不害怕舆论，他们面对舆论可以保持极强的“独立”，但相关领导批示后，他们很快就败下阵来，在案发99天后突然抓捕姜俊武，随后是超期羁押、诱供、超长时间的审判和宣判，对这些违反程序的行为，公安、检察院、法院没有对公众做任何解释。

公开指责司法不独立要承受很大风险。面对现实的困境，媒体做出了不同选择。

黄静案宣判后，有些媒体“独辟蹊径”，开始总结：警方和检察院开始不同意立案，后来迫于舆论压力才不得不抓捕，由此暗示，姜俊武受到的不公正对待，媒体和网络舆论应该负责。

也许它们没有勇气报道司法系统承受不了权力的重压才放弃独立，从而把矛头对准了不会带来风险的网络和同行。

在宣判前一个月，我与同事姜英爽做了一轮前期采访。在宣判前一天，我率先发了预告宣判的消息，宣判当天，又发了一条动态消息。宣判当天，我采写的深度——《两个家庭的伸冤路》和姜英爽采写的对话——《我不后悔认识黄静》与消息稿一同刊发，第二天被广泛转载。和庭审时的状态一样，周报、周刊又一次彻底放弃了对“最新消息”的争抢。

当有些媒体还在讨论网络是否影响案件公正处理，有些媒体只能重复拼凑、解读那些并不重要的细节时，经过三年的跟踪采访，我对黄静案的认识已经有了不少修正，彻底放弃了那些已不新鲜的命题，从另一角度观察并解读了黄静案。

《网络世界里的女教师裸死案》里，我为网络力量而振奋，后来我发现实际决定一个人命运的终极力量仍旧是高深莫测的“权力”，于是在《两个家庭的伸冤路》里，网络已经不再重要，重要的是通过黄静案，我实实在在看到法治和我们的距离：不管是黄静的妈妈，还是姜俊武的爸爸，都成为这种现实下的受害者——无论姜俊武是否清白无辜。

《两个家庭的伸冤路》发表后的一周，我又有机会再次重申我的立场。摄影记者方谦华想发一组黄静案目击照片，需要我写一篇千字配文。我在这篇记者手记里写到：“尽管法官把自由和清白还给了姜俊武，但仍然没有把真相呈现给公众。”

我不再关心网络介入案件的程度，我关心的是“为什么五份尸体鉴定结论竟然相互矛盾？为什么在案件没有调查清楚前就威胁火化尸体？为什么至今没有公布黄静死亡时的照片？为什么不公开办案过程？为什么法院从审理到判决拖了那么久时间？为什么在中央领导批示后立即立案，是发现了新证据，还是仅仅因为惧于压力应付权力？姜俊武是否被诱供？尸体为何只保存了半年就高度腐败？‘特殊性行为’这个不规范的用语是怎么发明出来并写进死亡鉴定书的？在没有新证据的情况下，检察院为何擅自修改了公安部门提交的起诉书内容？最高人民法院是否参与了判决书的拟订，这样做是否剥夺了双方当事人上诉的权力？……”

当有些人在夸夸其谈舆论干扰司法独立这个伪命题时，我的怒火和力量却指向了深藏不露、无处不在、为所欲为的权力机关：“这些问题没有回答清楚前，对黄静案的判决就绝不是结束，而是一个新的开始——要求司法程序公开透明的开始。”

我从关注网络力量这个新热点，回到了质问权力机关暗箱操作的老路上。

（作者时为南方都市报深度记者）

《南方都市报》深度报道天地广阔

——我写重庆最牛钉子户报道的两点体会

●袁小兵

日报带来的无上优势

2007年2月初，国内一些论坛上开始流传重庆杨家坪“史上最牛钉子户”孤悬空地的照片，就像著名的重庆“彭水诗案”一样，这种后来让广大媒体趋之若鹜的题材，一开始却没有引起媒体从业者的过于注目。实际上，我的“网眼”栏目同事早已监测到这个消息，但直到3月8日才在《南方都市报》见报。这也是传统媒体首次对钉子户进行报道，进而掀起了钉子户事件的第一波热浪。从一开始，南都就走在同行最前列。

这第一波浪潮仍然有限，当3月中旬我受命来到重庆，只有央视、《南方都市报》、《南都周刊》和本地几家媒体介入此事，当地九龙坡区法院也忽略了这个事件的爆炸性意义。3月19日下午，当庭裁定吴苹必须于3月22日前自行搬迁。这个被很多记者评论为“愚蠢”的裁定，直接引爆

A32 网眼

网上惊现
"史上最牛钉子户"

重庆一处楼盘十米深的地基中央留下一栋拒绝拆迁的房屋，网友争睹这一奇观

此前最牛的
"钉子户"

"最牛钉子户"是怎 样炼成的

重点 A05

最牛钉子户
挺过"大限"

昨晚12时户主在屋中坚持，市民网友记者近千人聚集，截稿时强拆没有发生

中国南方电网

临时停电通告

奥运主题金卡面世

专家道出投资关键

了长期积压在公众心头对强拆的不满。中央驻渝各大媒体紧密跟进，与《南方都市报》一起掀起了舆情第二波热浪。

网络上铺天盖地的转载和议论，成为当时第一热点。而3月21日下午，杨武潜入孤楼，挥动鲜红国旗宣告誓死捍卫私有财产，再促事件进入白热化，第三波热浪兴起。从网络与媒体反应看，公众一边倒地支持钉子户，这个时候，法院会进行强拆吗？我的后方，网眼版编辑王星在手舞足蹈，更多的媒体则星夜兼程，从美国，从欧洲，从澳洲，也从一向让人感觉僻远的贵州（如《贵州政协报》）赶了过来。

作为传统媒体对钉子户事件的最先报道者，《南方都市报》一直没有放弃对这个优势的把握，在一波又一波的舆情热浪兴起时，《南方都市报》不仅是其中的跟进者，更是引领者。所有关键的现场，比如法庭、工地，第一时间我都在那里，杨武爬上孤楼后，我还是唯一一个进入楼内，零距离与之接触的记者。

3月22日，自行搬迁的最后期限，孤楼命运牵起众人视线，一些论坛上快速刷新着网友在现场发布的最新消息，这应该是最紧张的时刻。第二天，南都推出深度报道《最牛钉子户是怎样炼成的》（下简称《最》），给读者及时解渴。这是众传媒中对钉子户事件的第一篇深度报道。

这个报道鲜明体现了作为日报的深度报道的特点。由于截稿时间的优势，我们的报道的开头和结尾都讲述了当天的现场，这其实就是最新情况，结尾处我还这样写道："时间指向3月23日零时，强拆的时效开始启动，可是法院的人依然没有出现……"而"贪心"的编辑还特意在当天深度栏目之前的"重点"栏目，授意我写了一篇千字现场消息，与深度报道形成对照。

A32 网眼

南方都市报

『最牛钉子户』拔了

协议达成，杨武撤出，昨晚10点37分，"钉子"被彻底拔出

同天，《南都周刊》也刊发深度报道。此后，《南方周末》、《新京报》、《中国新闻周刊》、《凤凰周刊》、《三联生活周刊》相继推出深度报道。直到4月2日钉子户事件和平收场，《南方都市报》都在不断报道最新消息。

作为日报，《南方都市报》深度报道不是独立于日常消息的，而是与之一起构成完整的报道形态。我们深度报道记者，在到达新闻现场之后，不仅要想着怎样从深度角度去挖掘，还要担当起往后方传递最新消息的任务，这既是新闻竞争加剧的必然，也是尽快满足读者知情权的需要。

深度报道本是周报、周刊的拳头产品，但近几年，一些市场化日报也在进入这个领域，并有与周报、周刊一比高下的气势。这其中，日报有它不可比拟的优势，即它是一份日报，深度报道的出街完全不受出版时间的限制，甚至可以选择最关键、最热的时点，比如《最》文见报时正逢事件进入最关键、最热阶段（当然这也有运气成分在内）。而且，在深度报道推出之前、之后，记者还可以消息形态进行完整讲述，或以评论辅之。在《最》文之前和当天，南都评论栏目不惜版面，连推两篇社论，更有同一天刊发4篇评论的惊人之举。

我特意统计了一下，从3月19日法院裁定到4月3日召开最后一次新闻发布会，我一共发表消息10篇，深度报道1篇，图片若干。从综合效果看，《南方都市报》无疑是同行中报道最及时、最深入、最完整的媒体，而这显然是它作为一份日报带来的无上优势。

社论

钉子户，挺住！

"史上最牛钉子户"的战斗，在昨天凌晨时分达到高潮。与来自全国各地的记者一起，与热烈跟帖的上万网民一起，与密切关注的无数民众一起，重庆市民杨武、吴苹夫妇挺过了法院要求"自行拆迁"的限期，那栋已经被视为私人物权纪念碑的小楼依然屹立在工地大坑之中，等待着尚且未知的命运。依据重庆九龙坡区法院的裁定，法院将强制执行拆除该房屋。

中国网民已经很久没有这样亢奋了。网友自发在论坛上做现场直播；跟帖涨至结扎；那张国旗挥舞的图片随处可见；有人写文章，有人自制示意图，有人转国外案例，有人条分缕析说道理——更多的人很简单，只是顶！钉子户，你不是一个人在战斗，网民支持你——网络难得没有争论，异口同声，群情高涨，众志成城。

各大媒体齐聚重庆。职业的敏感告诉他们，这是最好的新闻，这对极具个性的夫妇，是在为他们自己争取权益，也是为中国所有的物权人争取权益，更是在为刚刚通过的《物权法》争取尊严；这栋小楼的结局，将被公众当作符号来体会，将被历史当作标本来解读。新闻是历史的初稿。即使史上最牛钉子户不能改写中国物权改革进程，也必将作为最具说服力的案例被写进历史：中国此时的物权状况，民众的维权意识，都在这个故事里。

《物权法》审了8次，自起草起经历了13年，媒体把种种历史性的宏大话语都反复用过了几遍，最后在毫无悬念的情况下，迎来了一部"原则性"的法案。《物权法》满足了社会发展的现实要求，但媒体显然更加看中它的符号性意义。毕竟这一步已经迈出去，而且似乎这一步迈得越是大张旗鼓、郑重其事，未来就越是一往无前、义无返顾。

这大张旗鼓、郑重其事的气氛，带给民众的就是一种理直气壮、天经地义的情绪：我的财产就是我的，我对它的权利是受法律保护的，任凭你是政府还是开发商，是国王还是法院，都不能随便拿走、随便侵犯。这种激昂的、类似自卫的、略带英雄主义的情绪，在杨武、吴苹夫妇身上有，在众多跟帖网民的发言中有，在媒体亢奋的热情中也有。这一次，情绪和理性是统一的，它不仅合理、合法，而且指向未来，大势所趋。在一个舆论与政策合理互动的社会里，这情绪足以改变它所指向的规章和制度。

"史上最牛钉子户"与《物权法》的巧合让人激动，让人有试水的冲动：保护私有财产，到底只是说说看，还是真要做起来？虽然《物权法》要到10月才开始施行，虽然在事件之初人们并不清楚杨武、吴苹夫妇的要求是否合理，虽然这栋小楼的拆迁并不能检验《物权法》的承诺，但是人们还是很激动，媒体很激动，没有比这更好的案例了。

媒体想说的话很多：中国现行的拆迁条例对被拆迁人不利；《物权法》的颁布不会直接改变现实；公民要懂得用法律保护自己；权利要自己去争取；最牛钉子户就是网民的榜样。和以往一样，媒体力图借题发挥，开启民智。现在至少这个目的已经达到了：更多的人都明白了私有财产的正当性、正义性和神圣性；更多的人知道了英国的老妇、德国的磨房——人们已经开始提议，要把这栋房子永久地保存起来，作为中国的物权法纪念碑。

重庆市杨家坪鹤兴路17号的命运，至今还很难看清楚。它今天不被拆掉，也许明天就被拆掉了，或者后天——其实这和昨天凌晨拆掉没有分别；或许开发商与房管局迫于压力会重新考虑业主的要求，或许双方会达成协议——那么这个个案是胜利了，但是私人物权的现实还在等待改进。不论这个故事的结局如何，一切都才刚刚开始，但是一切已经开始。这个红旗招展的浪漫开头给了我们足够的信心和斗志，一往无前，义无返顾，我们能够猜到那个结局。

超越庸常，理念取胜

在很多人眼里，日报的深度报道往往比周报、周刊显得浅显和浮躁，认为这是激烈竞争形态下，日报过于追求时效性带来的必然不足，事实上，《南方都市报》深度组也一直存在着速度与深度的两难命题。但我以为，追求深度并不一定就牺牲速度，而超越庸常的理念和出众的叙述技巧更能在同题报道中脱颖而出。

新闻要求记者保持中立、客观冷静，可其实谁都知道，记者的偏向性无可避免也无可非议，这一点在深度报道中尤其明显。从《南方都市报》多篇评论来看，《南方都市报》对钉子户的态度可谓旗帜鲜明，社论《钉子户，挺住！》更是大张旗鼓地表态支持。这在同行中很是特别。

现实中的吴苹其实并不讨人喜欢。可能很多记者和我一样，在接触双方以后，声援吴苹对质开发商的固有想法很快会动摇，因为开发商温文尔雅、有理有据，在钉子户面前似乎忍气吞声；而吴苹随着媒体蜂拥而至，把她塑造成一个英雄形象之后，她似乎也愿意这么看待自己，随之抬高身份，显得和普通人很不一样。她态度倨傲，接受采访时总是抛出一堆杂碎的理由，可能因为要接受记者采访太频繁，她的讲述有些杂乱，东一榔头西一棒子，让记者们云里雾里，甚至让人怀疑她讲的是否真实。

我个人感觉，吴苹确实与常人思维方式不一样，她应该是为了抬高谈判筹码而以种种理由故意刁难开发商，她刻意保持距离、容易发怒、对问题扩大化、盛气凌人、死缠烂打的性格实在不讨人喜欢。在与开发商面对面的一间咖啡屋里，对方显得很苦恼，反问我："你觉得吴苹怎么样？"我直言："如果论做朋友，我更喜欢和你们打交道，但这不影响我做这个报道的基本立场。"

我认为，作为一名独立记者，应对当前话语有较清晰的把握。目前中国拆迁制度明显不利于拆迁户，谈判中，拆迁户几乎没有博弈的能力，而随着城市化进程和人权意识的普及，拆迁矛盾将愈演愈烈。虽有《物权法》颁布，而公共利益未能界定清晰，其涵义更可能被地方官员独家操控，在这个大背景下，一名拆迁户的揭竿而起难能可贵，实应给予正面积极评价。而这个人的行事风格，讨不讨人喜欢，乃至品质道德，都不是影响这个评价的因素。作为职业记者，更应超越这些因素。

事实上，根据多年职业经历，似乎凡能与强权对抗、成就一番大事的底层百姓，多为性格偏执者。按常人理解，其性格有明显弱点，道德品质、为人做派上也多有瑕疵，而正是这些，支撑着他们超越庸常，一跃而成为与落后、反动制度的对抗者。所以不难理解，对吴苹，为何媒体受众热血沸腾高呼其为英雄，而了解其为人者则多心平气和，静观其变。就连我，在采访中也常为庸常所扰，而对外界一边倒的高亢热情颇有些吃惊。可能我还没修炼到家，是个庸人吧。

很感谢《南方都市报》这个平台，并深以自己在这里为荣。我们在坚持客观报道的基础上，摒弃事件中的细枝末节和个人恩怨，在更高层面上对事件有了清晰把握，对基本理念有了应有阐述，虽招致一些非议，但不后悔。

我想再次引用我的报道的结尾一段话："夜色吞没了这座孤岛和守卫在里面的杨武，而它周围的海洋不再局限于那个深坑，开始延伸，延伸至整个城市，延伸至整个国家。"我想，在众多风格不一的报道里，《南方都市报》做到了自我，体现了一份有责任日报的应有之义。

（作者时为南方都市报深度记者）